너 자신의
뉴욕을
소유하라

시크한 신자유주의 도시 뉴욕에 관한 편파적 보고서
너 자신의 뉴욕을 소유하라 ⓒ 탁선호, 2010

2010년 5월 4일 1쇄 찍음
2010년 5월 10일 1쇄 펴냄

지은이 | 탁선호(taksunho@yahoo.com)
펴낸이 | 강준우
기획편집 | 정지희, 이지선, 김미량, 이혜미
디자인 | 이은혜, 임현주
마케팅 | 이태준, 최현수
관리 | 김수연

펴낸곳 | 인물과사상사
출판등록 | 제17-204호 1998년 3월 11일

주소 | (121-839) 서울시 마포구 서교동 392-4 삼양E&R빌딩 2층
전화 | 02-325-6364
팩스 | 02-474-1413

www.inmul.co.kr | insa@inmul.co.kr
ISBN 978-89-5906-145-7 03940

값 18,000원

이 저작물의 내용을 쓰고자 할 때는 저작자와 인물과사상사의 허락을 받아야 합니다.
파손된 책은 바꾸어 드립니다.

너 자신의 뉴욕을 소유하라

시크한 신자유주의 도시 뉴욕에 관한 편파적 보고서

탁선호 글 · 사진

 뉴욕을 보는 다른 시선

그날 뉴욕의 밤은 아름다웠다. 바람이 서늘하게 옷 사이로 스며들었고, 가로등 불빛이 은은하게 공원을 감쌌다. 길게 그림자를 늘어뜨린 다람쥐 한 마리가 경쾌한 발걸음으로 공원길을 가로질렀다. 흥겨운 음악과 가벼운 웃음소리가 뒤섞였다. 검은색, 하얀색, 노란색, 갈색의 피부, 아이의 손을 잡은 아버지, 개를 데리고 나온 여자, 노년의 부부, 레즈비언 연인. 서른 명 남짓의 사람들이 웃고 춤추고 박수치는 소리가 가을밤의 공원을 채웠고, 기타와 색소폰 소리가 달빛에 흔들렸다.

공원의 악사들이 연주하는 음악을 듣다 몇 걸음 물러나 벤치에 앉았다. 옆 벤치에는 두꺼운 겨울 점퍼를 입은 중년의 흑인 남자가 앉아 있었고, 그 앞에는 가방과 비닐봉지가 주렁주렁 매달린 카트가 놓여 있었다. 홈리스 생활을 시작한 지 얼마 안 되었는지 그의 차림새는 비교적 깨끗했고 짐도 잘 정돈되어 있었다. 조금 뒤 한 흑인 남자가 다가와 그와 잠시 대화를 나누더니 "조심하게"라는 말과 함께 지갑에서 지폐를 꺼내 손에 쥐어주고 떠났다. 뉴욕의 가을밤은 그렇게 깊어갔다. 나는 자리에서 일어서며 1달러짜리 지폐 두 장을 꺼냈다. 한 장은 거리의 악사들에게, 다른 한 장은 거리의 집 없는 남자에게 주고 공원을 나섰다. 하나는 아름다운 음악에 대한 성의였고, 다른 하나는 아름다움의 한쪽 끄트머리에 매달린 불편함을 떨쳐버리기 위한 행동이었다. 그날 뉴욕의 밤은 정말 아름다웠을까?

지난 10여 년간 한국 사회는 '뉴욕을 했다do New York'. 뉴욕을 보고 듣고 입고 먹고 모방하고 공부하고 여행하고 이야기하면서 욕망했다. 백화점 문화센터에 '뉴욕 라이프스타일 배우기'라는 강좌가 개설되는 곳은 아마 대한민국밖에 없을 것이다. 이 같은 키치적 현실 속에서 많은 사람들이 뉴요커를 꿈꾼다. 1930년대 식민지 경성에 '모던 걸'과 '모던 보이'가 있었다면, 2000년대 세계화 시대의 한국에는 '뉴요커'가 있다. 뉴요커는 문화적 소비가 일상화된 시대의 대중이 욕망하는 주체다. 물론 백화점 문화강좌에서는 삶의 공동체인 도시에서 살아가는 사람들의 모습이 아니라, 시크한 코즈모폴리턴 뉴욕에서 무엇이 어떻게 소비되는지 가르쳐주었을 것이다. 그뿐만이 아니다. 이제 뉴요커의 시선·입맛·취향을 사로잡기 위해 예능 프로그램에서부터 재벌기업과 국가까지 '무한도전'한다. 한국에 "시선을 사로잡혀야 하는" 그 뉴요커가 눈 한번 잘못 흘겼다간 온 나라가 까무러칠지도 모른다.

이런 현실에서 많은 사람이 '진짜'와 '제대로'를 이야기한다. 진짜 뉴요커, 진짜 파리지앵, 진짜 런더너에 대해 제대로 알려주겠다고 나선다. 나는 무엇이 진짜이고 어디까지가 제대로인지 알지 못한다. 나는 소수의 뉴요커밖에 모르며, 뉴욕에 관한 나의 지식은 단편적이고 산만

할지도 모른다. 뉴욕 생활이 3년도 채 안 되기 때문에 그런 것은 아니다. 뉴욕에 대해 알면 알수록 오히려 '진짜'와 '진짜가 아닌 것'의 경계를 가르는 힘이 있음을 느끼기 때문이다. 더욱이 '진짜 찾기'를 둘러싼 욕망의 놀이가 1990년대 이후 한국 사회에서 형성되고 고착화되는 어떤 게임의 규칙에 따라 이루어짐을 알 수 있었다. 이 책은 그 게임의 규칙에 관한 이야기다.

뉴욕에 관한 두 가지 다른 서사가 있다. 하나는 범죄가 만연하고 타락한 뉴욕이 루돌프 줄리아니 시장의 범죄소탕 작전으로 안전하고 활기찬 도시로 새롭게 태어났다는 것이다. 이 첫 번째 서사 속의 뉴욕은 화려한 대중문화의 배경이다. 또 '법과 질서'를 강조하는 '제로 톨레랑스Zero torelance' 담론 속에, '세계명품도시'를 지향하는 도시 발전전략과 마케팅 속에 등장한다. 다른 하나는 연대와 관용을 자랑스럽게 내세웠던 도시 뉴욕이 점점 상업화·물질화되면서 미국의 다른 도시와 비슷해져간다는 서사다. 한때 미국에서 가장 급진적이고 민주적인 제도를 구축했던 뉴욕이 1970년대 이후 신자유주의의 실험장소였으며, 여전히 그것이 뉴욕이란 도시의 외형과 내면을 바꾸는 강력한 힘이라는 주장이다. 뉴욕에 대한 높은 관심에 견주어볼 때, 한국에서 이 이야기는 대중적으로 잘 알려지지 않았다.

뉴욕은 시크chic한 신자유주의 도시다. 뉴욕은 지난 30~40년간 전 세계를 휩쓴 자본주의의 지배적 발전전략인 신자유주의의 중심에 있었다. 이는 단순히 투기적 금융자본의 비대해진 힘이 뉴욕의 월스트리트를 중심으로 움직이고 있음을 의미하지 않는다. 연대와 관용, 복지의 질서를 해체하고 새로운 사회 질서를 구축하려는 전투가 가장 격렬하게 벌어졌던 곳이 바로 뉴욕이라는 것이다. 뉴욕의 시크하고 힙hip한 문화와 생활방식 이면에는 법과 처벌을 강조하며 사회적 약자를 배제하고 추방하는 냉혹한 현실이 있다. 20세기 후반 뉴욕이 이룩한 진정한 미학적 성취는 빈곤율 20퍼센트가 넘는 도시를 시크해 보이도록 만든 것이다. 이제 이방인에게 거리의 홈리스는 두려운 대상이나 사회문제가 아니라 세계 최고의 부자와 가장 가난한 사람이 '공존'할 수 있다는 자본주의의 가장 낭만적인 이야기를 구성하는 무대장치가 된다. 빈곤과 실업, 범죄와 집 없는 사람들의 문제를 사회적이고 집합적인 노력으로 해결하기보다는 개인적 책임으로 환원하는 가장 미국적이고 신자유주의적인 제도와 윤리가 확산된 결과다.

현란한 형용사에 매혹당한 한국 사회는 뉴욕의 창조성, 예술, 문화, 라이프스타일에 관한 이야기에만 취해 있다. 진짜와 가짜를 규정하는 게임의 규칙은 이런 상태에서 매끄럽게 작동한다. 이것이 신자유주의의 또다른 모습이다. 이 책은 뉴욕을 말하고 있지만 곳곳에 한국에 관한 이야기들이 담겨 있다. 어쩌면 뉴욕을 보며 우리가 살고 있는 한국을 보는 듯한 착각에 빠질지도 모른다. 뉴욕을 '제대로' 이해하는 일이 가능하다면, 한국 사회를 반추하지 않고서는 불가능하기 때문이다. 역으로 키치적이고 포스트모던한 한국 사회를 제대로 이해하기 위해서는 시크한 신자유주의 도시 뉴욕을 들여다봐야 한다. 전 지구적 자본주의 시대에 뉴욕과 한국은 일상적 삶의 수준에서 긴밀히 통합되어 있기 때문이다.

여기서는 매끈하고 깨끗한 거울로 아름다운 도시 뉴욕을 비추는 대신, 투박하고 굴곡진 데다 어쩌면 금까지 가기 시작한 거울 앞으로 독자들을 안내할 것이다. 이 책이 우리가 살아가는 시대에 관해 생각하는 데 조금이나마 도움이 되었으면 하는 바람이다.

이 책을 쓰면서 도움을 받은 이들에게 고마움의 말을 전하자면 끝이 없을 것 같다. 먼저 늘 걱정만 끼쳐드린 아버지와 어머니, 가족들에게 감사의 말을 올린다. 또한 언제나 격려해주신 장인장모님에게도 감사드린다. 믿고 응원하며 옆에서 자극이 되어준 아내 재연에게도 이 책이 따뜻한 선물이 되었으면 좋겠다. 그리고 글과 사진이 하나의 책이 되어 세상에 나오게끔 도와주신 김미량 님과 정지희 님을 비롯한 인물과사상사 편집부와 강준우 사장님께도 감사의 마음을 전한다.

2010년 4월 서울에서
탁선호

 contents

[FIRST PIECE] NEW YORKER

- 4 뉴욕을 보는 다른 시선
- 16 브런치, 별날수록 더 좋다
- 31 웰컴 투 더 뉴욕 브런치 월드
- 47 이민자와 노마드들의 도시
- 67 세상 모든 사람은 뉴요커다
- 86 1달러짜리 꿈을 꾸는 사람들
- 102 혁명은 텔레비전에 나오지 않는다
- 115 폐허의 도시에서 태어난 힙합

[SECOND PIECE] NEW YORK CITY

- 136 너 자신의 소호를 소유하라
- 158 젊음이 없다면 광장도 없다 · 유니언광장
- 173 타임스광장, 사라진 것과 사라지지 않는 것
- 189 보복주의자들의 시크한 도시
- 210 센트럴파크에 잔디를 허하라
- 232 양키스 세금보조로 지은 집을 갖다
- 250 아이 러브 유 뉴욕

[THIRD PIECE] NEW YORK LIFE

- 274 필요한 것은 지속가능한 삶 · 뉴욕 학교의 두 얼굴
- 290 더 높은 점수를 향하여
- 304 전쟁은 평화다 · 오웰리언의 미국, 뉴욕
- 325 If You See Something, Say Something
- 344 주류언론의 위선을 '보도'하는 짝퉁 뉴스앵커
- 357 뉴욕의 커뮤니티 라디오 WBAI
- 375 〈데모크라시 나우!〉 전쟁과 평화를 말하다

- 390 endnote

[FIRST PIECE]
NEW YORKER

그리니치빌리지의 레스토랑 앞에서 브런치를 먹기 위해 기다리는 사람들(위), 첼시 지역의 한 교회 앞에서 무료급식(soup kitchen)을 기다리는 사람들(아래)

월스트리트의 노점에서 점심을 사려고 기다리는 사람들(위), 타임스광장 지역에서 열린 한 기업의 현금지급 행사에 참여하기 위해 기다리는 사람들(아래).

브런치, 별날수록 더 좋다

한국에 불어닥친 브런치 열풍

2007년 11월 2일자 『뉴욕 타임스』에 한국의 브런치 열풍에 관한 기사가 실렸다. 기자는 서구와 완전히 다른 음식문화를 가진 한국인들이 어떻게 브런치 문화를 빠르게 받아들일 수 있었는지 궁금해했다. 그는 주 5일제 도입 등으로 확보된 여가시간, 해외여행과 유학생활을 통한 서구문화의 경험, 그리고 〈섹스 앤 더 시티〉 같은 대중문화의 영향 등을 이유로 들었다. 그의 지적대로 세계화가 급격히 진행되면서 미국 문화를 비롯한 타문화의 수용과 융합 속도가 빨라졌고, 일상생활에서 대중매체의 파급력이 더욱 커졌다. 게다가 중상류층은 '구별짓기'를 위해 브런치와 같은 글로벌하고 시크한 기호와 상품의 소비를 늘린다. 『뉴욕 타임스』 기사는 서구 문화를 급하게 소화하면서 생긴 촌극도 소개했는데, 주말 아침 레스토랑에서 브런치를 후딱 해치우고 빨리 직장에 가려고 하는 어느 가장의 모습이 그것이다.

2000년대 중반 이후 많은 신문과 잡지들이 푸드와 문화 섹션에서 브런치에 관한 기사를 쏟아내지만, 대부분의 한국인들에게 여유롭게 브런치를 즐기는 모습은 여전히 비일상적 풍경이다. 브런치가 표상하는 우아한 라이프스타일은 대도시의 극소수 계층만이 누릴 수 있다. 뉴욕의 문화와 예술, 브런치와 패션 등 뉴요커의 라이프스타일을 다룬 어느 시사 주간지의 커버스토리 「서울, 뉴욕에 빠지다」를 읽고 한 시민이 보낸 독자투고 글을 한번 보자.

커버스토리 「서울, 뉴욕에 빠지다」를 읽고 의문이 들었다. 서울 강남 사람 중 극히 일부에서 일어나는 현상을 일반적인 것으로 다룬 게 아닌가 하는 생각에서였다. 낮에는 브런치를 먹고, 저녁엔 칵테일로 우아하게(?) 생활하는 사람이 몇이나 될까? 그리고 스타벅스 커피를 마시며 회의하고 파티를 자주 하는 것이 뉴욕 스타일이란 말인가? 스타벅스 커피가 아닐지라도 오래전부터 회의에는 차가 등장했고, 굳이 파티라는 말을 붙이지 않더라도 집들이 등 우리 고유의 어울림 문화는 있어 왔다. 문화예술의 도시로서 뉴욕을 소개한 내용 등에는 공감하지만 전체적인 내용은 현실과 동떨어진 듯해 피부에 와닿지 않았다.[1]

이 독자는 특정 계층의 '문화'를 일반 현상처럼 다루는 상업 대중매체의 문제점을 정확히 지적하고 있다. 2000년대 들어 한국의 대중매체와 문화산업은 '뉴욕 스타일'로 통칭되는 특정 기호와 문화상품에 주목하기 시작했는데, 대표적인 것 중 하나가 브런치다. 한국의 대중매체가 뉴욕의 보편적 문화인 것처럼 묘사하는 브런치는 주로 중간계급 이상의 전문직업인, 예술가, 대학생 등 충분한 여가시간과 경제적 능력을 가진 계층이 선호하는 라이프스타일이다. 뉴욕의 맨해튼 지역에 브런치를 파는 레스토랑이 많기는 하지만, 많은 뉴요커가 그런 삶의 방식에 익숙하지 않거나 느긋하게 즐길 수 없는 입장이다.

그러나 브런치 열풍을 주류 상업문화로 기울어진 언론의 문제로만 보고 넘길 수는 없다. 우리는 지금 '뉴욕제과'에 앉아 소박하게 '파리바게트'를 먹는 시대에 살고 있지 않다. 뉴욕과 뉴요커에 관한 기호·이미지·담론은 TV 화면에서, 신문 지면에서, 잡지와 책의 갈피마다 출몰한다. 이것은 또한 도시공간과 온라인의 그물망 곳곳에 흩어져 있으며, 우리의 언어 깊숙한 곳까지 들어와 있다. 뉴욕은 더이상 이역만리 이국땅 '아메리카'가 아니라 우리의 일상 속에 편재한다. 이미 한국 사회는 '나이스'와 '나이키' 신발의 소유 여부가 아니라 '뉴요커'와 '진짜 뉴요커'의 라이프스타일을 체화했느냐에 따라 계급이 구별되는 시대로 진입했다. '진짜 뉴요커'와 '진짜 파리지앵' 등과 관련된 기호와 이미지, 언어를 소비하는 방식을 학습하고 그들의 내밀한 취향·태도·욕망·분위기 따위를 몸에 익히는 것은 한국 사회에서 '구별짓기'의 중요한 전략이다.

브런치의 대중화

『뉴욕 타임스』 1939년 2월 12일자 기사 「일요일 아침 브런치」의 부제는 이렇다. "이 말이 우아하게 들리지 않을지도 모르지만, 집이나 레스토랑에서 아침과 점심 사이에 특화된 맛있는 식사를 말한다." 이를 보면 처음에 브런치라는 말에는 우리가 '아점'이라고 말할 때의 어색함과 촌스러움이 묻어 있었던 모양이다. 우리가 늦잠 자고 일어나 찬밥으로 대강 김치볶음밥을 만들어 먹듯이, 브런치는 서구의 산업화된 도시에서 일요일 아침을 한가하게 즐길 수 있는 사람들이 잠옷 바람으로 간단하게 집에서 먹던 식사였다. 그 기사에 따르면 브런치는 원래 집에서의 식습관을 가리켰는데, 수년 전부터 고급 레스토랑과 호텔에서 특별한 메뉴를 개발하고 음악·춤 등의 엔터테인먼트를 곁들여 하나의 '사회적 행사'로 만들었다고 한다.★

1930년대 상업화된 형태의 브런치가 나타났지만 대중화되진 않았다. 사람들은 일요일 아침 교회에서 예배를 보고 난 뒤 늦은 아침식사를 하거나 어머니의 날 Mother's Day 같은 기념일에 브런치 외식을 하기도 했지만, 브런치로 떠들썩한 사교모임을 하지는 않았다. 지금 같은 스타

★ 브런치(Brunch)라는 말은 1895년 영국 작가 가이 브링어의 책 『브런치-하나의 청원』에서 처음 쓰였다고 한다. 그는 "브런치는 유쾌하고 사교적이며 분위기를 고무시킨다. 그것은 대화를 이끌어내고 당신을 기분 좋게 만든다. 브런치는 당신과 동행을 만족시키고, 한 주의 혼란스러움과 걱정을 없애준다"라고 말하면서 브런치가 삶을 더욱 풍요롭게 만든다고 예찬했다. 실제 브런치라는 말과 식사문화가 널리 알려진 것은 제1차 세계대전 이후 미국으로 건너온 뒤다(William Grimes, "At Brunch, The More Bizarre The Better", *The New York Times*, July 8, 1998 참고).

일의 브런치는 1980년대 대학교수·학생·예술가 보헤미안들이 많이 모여 살던 맨해튼 어퍼 웨스트사이드의 암스테르담가(街) 쪽에서 생겨나 확산되었다고 알려져 있다. 당시 브런치 풍경은 대개 일요일 늦은 아침에 가족이나 가까운 친구들과 함께 간단한 식사를 하면서 느긋하게 대화를 나누는 것이었다.[2]

1990년대 뉴욕에서 브런치는 중요한 식사, 사교문화로 발전한다. 1998년 7월 8일자 『뉴욕타임스』의 기사 「브런치는 별날수록 더 좋다」는 "기묘한 브런치의 세계가 이전에는 절대 아침에 접하지 않았던 맛과 재료를 포용하고, 기이하고 새로운 생활양식을 만들어내면서 계속 커지고 있다"고 전한다. 처음에 브런치 메뉴는 보통의 아침식사처럼 베이컨이나 계란, 샌드위치나 토스트 한 조각과 수프 따위였지만, 점점 저녁식사처럼 화려하고 다양해졌으며 가벼운 술도 곁들여지기 시작했다. 이제 많은 레스토랑들이 샴페인과 오렌지주스를 섞은 '미모사'나 숙취해소에 좋다는 '블러드 메리'와 같은 칵테일을 무제한으로 제공하며 손님들을 유혹한다.

브런치는 이제 단순히 식사가 아니라 사교모임을 즐기는 이들의 라이프스타일이며, 가정의 '따뜻함'과 '풍요로움'을 중요시하는 중간계급의 가치를 반영하는 문화다. 『뉴욕 타임스』는 젊은 연인에서부터 아이와 함께 온 가족, 부모를 모시고 온 부부, 동성애자에 이르기까지 다양한 사람들로 브런치 레스토랑이 붐빈다고 묘사한다. 그러면서 줄 서서 기다리는 것과 음식이 늦게 나오는 것에 짜증내기로 유명한 뉴요커들이 브런치를 위해서라면 순순히 오래 기다리는 일에 익숙해지고 있다고 전한다. 그 기사는 "따뜻함과 풍요로움, 집과 같은 편안함을 의미" 하는 브런치를 통해 즐거움을 찾는 뉴요커의 모습을 보여준다.

일요일 늦은 아침의 간단한 식사였던 브런치가 사교활동의 한 형태가 되고 그럴듯한 레스토랑에서 즐겨야 하는 라이프스타일로 자리잡으면서 조금씩 문제도 드러났다. 앤서니 부르댕이라는 요리사는 2000년 『뉴욕 타임스』 베스트셀러가 된 『주방의 일급비밀』이라는 책에서 일요일 브런치에 사용하는 재료들은 대개 주중에 쓰다 남은 것이기 때문에 신선하지 않다고 말해 브런치를 즐기던 사람들에게 충격을 주었다. 매주 초에 재료를 공급받는 레스토랑의 입장에서는 일요일 브런치를 통해 남은 재료를 모두 쓰는 데다가, 보통 문을 닫던 일요일 아침에 영업한다는 이점도 있다. 이 책을 읽고 나서 일요일 브런치를 먹지 않겠다는 사람들이 생겨나기도 했다.

어떤 이들은 번잡스러운 행사가 되어버린 브런치가 싫다고 공공연히 말하거나 브런치를 없애야 한다고 주장하기도 한다. 『뉴욕 타임스』의 스타일 칼럼니스트 밥 모리스는 브런치가 본래의 목적에서 벗어나 쓸데없이 정력을 낭비하는 일로 변해버렸다고 비판한다. 그는 문화적 클리셰cliché가 된 브런치가 희망을 잃은 부르주아의 자부심에 불과한 것이 아니냐고 묻는다. 느긋하고 편안해야 할 브런치가 구별짓기 욕망으로 인해 지나치게 상업적이고 요란한 문화가 되어가는 현실에 대한 반발이었다.³

누구보다 브런치를 싫어하는 이들은 레스토랑 노동자다. 일주일 중 가장 바쁜 토요일 저녁 근무를 마치고도 레스토랑 직원들은 일요일 브런치를 위해 새벽부터 출근해야 한다. 브런치를 먹으러 온 사람들은 평소보다 더 까다롭게 요리를 주문하지만, 레스토랑 직원들에게 이렇게 요구사항이 많은 손님은 성가실 뿐이다. 게다가 브런치 손님들은 대개 오랫동안 자리를 차지하고 앉아 있지만, 직원들에게 더 많은 팁을 주지도 않는다. 레스토랑에서 일하는 이들에게 일요일 브런치는 여러모로 고달프기만 하다.

'하이퍼 뉴욕' 만들기

한국에서 브런치는 뉴욕 스타일이라는 수식어와 결합해 중상류층이 소비하기를 욕망하는 글로벌 기호가 되었다. 이 과정에서 급하게 브런치를 먹고 자리를 뜨는 한국적 문화도 나타났다. 와인이나 고급예술 열풍이 "압축성장, 사회변동, 역동성에 친화적"인 한국 사회의 중간계급에게 나타나는 키치적 문화라고 지적한 강준만의 말대로, 브런치 열풍 또한 한국적 키치 문화의 일부분이다.[4] 한국의 중간계급은 '브런치'를 통해 서구사회 특정계급의 라이프스타일을 모방하면서 구별짓기의 욕망을 충족한다.

한국 사회에서 브런치와 같은 글로벌 기호들은 물신화된 형태로 나타난다. 우리가 여행서, 드라마와 영화, 신문잡지 기사를 통해 보는 뉴요커란 일요일 아침에 느긋하게 브런치를 즐기는 뉴요커, 스타벅스 커피를 들고 맨해튼의 거리를 경쾌하게 걷는 뉴요커뿐이다. '시공간의 압축'으로 세계가 더욱 가까워지면서 지리적으로 멀리 떨어진 국가나 도

시에 대해 더욱 잘 알게 되었다고 생각하지만, 그에 대한 우리의 앎은 대부분 관광객을 위해 상품화된 지식이나 중상류층의 삶의 방식을 묘사하는 정보에 의존한다. 거기에 의존하면 할수록 우리의 상상력과 감수성은 빈곤해지고, 구체적 시공간 속에서 살아가는 사람들의 이질적 삶의 모습을 바라볼 수 없다. 다시 말해 우리는 영국의 사회학자 존 어리가 말한 '관광객의 시선touris gaze'으로 다른 세상을 경험한다.

관광객의 시선은 내부화해 한국 사회의 일상공간을 축성하는 중요한 힘으로도 작용한다. 존 어리는 소비문화가 확산되고 이미지, 기호, 상품과 인간 육체의 '이동성mobility'이 증가하면서 관광객의 시선이 보편화되었다고 말한다. 관광은 원래 고단한 일상생활과 비일상적 장소에서의 쾌락이라는 구분 위에서 이루어지는 활동이었지만, 소비문화가 일상공간에서 범람하는 시대에 이러한 이분법적 구분이 무의미해졌다는 것이다.[5] 안과 밖의 경계, 일상과 관광의 경계가 흐릿해지고 유동적이 되면서 사람들은 이제 현실에서 '영원한 관광객'이 되기를 자처한다. 국가와 도시는 내·외부의 잠재적 관광객 혹은 영원한 관광객을 끌어당기고 붙잡아두기 위해 지리적으로 멀리 떨어진 곳을 평가·비교·참조해 공간의 모습을 변화시키는 경쟁에 뛰어든다. 또한 정치적·사회경제적 권리를 주장하는 시민보다 도시 경관을 소비하는 관광객을 위한 정책을 추진하고 정당화한다.

이러한 시대에 한국 사회가 적극적으로 참조하는 공간이 바로 '시크한 디즈니랜드' 뉴욕이다. 뉴욕은 브로드웨이 뮤지컬, 소호와 5번가의 쇼핑거리, 첼시의 화랑, 눈부신 타임스광장, 월스트리트의 부, 윌리엄스버그의 예술가 동네가 한데 어우러진 '도시로만' 재현된다. 어떤 이들은 뉴욕에는 브런치 레스토랑이 줄지어 서 있고, 거리마다 예술과 창조의 에너지가 샘물처럼 솟아오르는 듯 묘사한다. 한국 사회를 움직이는 많은 이들이 이를 도안 삼아 정책을 짜고 기사를 쓰고 비평을 하고 홍보를 한다. 물론 말끔히 미백된 그 설계도에는 일하는 이들의 모습이 빠져있다. 사람들의 숨소리와 땀냄새는 사라지고 오직 소비하는 상품, 소비하는 장소, 소비하는 자의 쾌락만 배치된다. 낭만적인 이야기가 그 설계도에 예쁘게 색을 입힌다. 그것은 뉴욕이라는 도시에서의 삶과 문화를 체화하려는 특정 계층의 욕망과 미국 같은 사회를 만들려는 사회적 프로젝트의 산물이다. 또 이러한 욕망을 확장하고 정당화하는 힘이다.

설계도에 그려진 뉴욕은 실제 '뉴욕'보다 더 뉴욕 같다. 프랑스의 사회학자 장 보드리야르가 실재보다 더 실재처럼 재현된 것을 '하이퍼리얼리티'라고 불렀듯이 한국 사회가 만들어낸 뉴욕은 '하이퍼뉴욕 hyper-New York'이라고 할 만하다. 맨해튼 섬이 중상류층의 거주지역과 상업시설로 채워진 테마파크로 변해가고, 수많은 영화와 드라마가 그것을 낭만화해 재현할 때, 한국 사회는 온갖 환상과 욕망을 거기에 투사한다. 뉴요커라면 누구나 브런치를 먹고, 박물관과 미술관에서 예술을 즐기고, 센트럴파크에서 휴식을 즐길까? 우리는 대중문화·잡지와 신문을 통해 지리적으로 멀리 떨어져 있는 뉴욕을 경험하지만, 그 경험의 과정은 데이비드 하비가 말한 것처럼 "기원의 흔적을 철저하게 은폐시키며, 그것들을 생산해낸 노동과정이나 생산에 내포된 사회적 관계들의 흔적도 모두 은폐시킨다."[6]

우리는 이제 뉴욕에 가지 않고서도, 뉴욕이라는 도시공간과 뉴요커의 일상에 대해 속속들이 안다. 어쩌면 이미 아는 것을 확인하려고 뉴욕에 가는지도 모른다. '잠들지 않는 도시'라는 뉴욕에서 24시간 계속 운행되는 지하철을 도대체 누가 운전할까? 센트럴파크를 깨끗하게 청소하는 사람들은 어떤 조건에서 일할까? 빈곤인구의 비율이 20퍼센트가 넘는 뉴욕에서 모든 뉴요커가 브런치를 즐기는 게 가능할까? 은폐가 철저해질수록 우리는 이런 단순한 질문조차 대답하지 못한다. 아니, 아예 그런 질문조차 허용되지 않는 시대인지도 모른다. 주간지에 실린 뉴욕 관련 기사를 보고 독자가 마음이 상한 이유는 이 은폐의 질서를 공고히 하는 데 골몰하는 한국 사회에서 살면서 느끼는 불만과 이물감 때문일 것이다.

웰컴 투 더 뉴욕 브런치 월드

우아한 브런치를 만드는 사람들

맨해튼 2번가에 있는 이탈리안 레스토랑 '미미즈'. 인근의 중간계급과 관광객을 고객으로 하는 작은 레스토랑이다. 웨이터 시에드와 틴자, 웨이트리스 산드라는 테이블에 천을 깔고 포크와 나이프를 그 위에 올리고 작은 장식물을 배치한다. 바텐더는 바에서 술병과 술잔을 정리하고 버스보이 busboy 는 각종 음료를 나르면서 부산하게 움직인다. 좁은 주방에서도 준비가 한창이다. 판초라고 불리는 접시닦이는 각종 요리기구를 준비하고, 요리사 페드로와 샐러드맨 에두바르도는 주방에서 재료를 다듬으며 손님 맞을 준비를 한다.

전 세계 음식을 맛볼 수 있는 뉴욕의 맨해튼은 레스토랑의 천국이다. 이민자들은 자신이 살던 지역의 음식문화를 가져오고, 이것이 뉴욕이라는 다문화 공간에서 다른 음식문화와 융합해 새로운 맛을 창조해낸다. 뉴욕은 미식가를 위한 천국이고, '머스트잇must-eat' 한 곳 가운데 몇 군데만 선택해야 하는 관광객들에게 행복한 고민을 안겨주는 거대한 식당가다. 또 그만큼 고객을 유치하려는 레스토랑 사이의 경쟁이 치열하기 때문에 많은 레스토랑 주인들은 노동비용을 절감하여 고정비용을 낮추려고 한다.

레스토랑 일은 저임금의 고된 노동을 동반하는, 흔히 말해 '희망이 보이지 않는 밑바닥dead-end' 직업이다. 뉴욕이 제공하는 많은 삶의 기회들은 사실 이러한 저임금 노동으로 유지된다. 뉴욕의 레스토랑 노동자 3분의 2가 이민자다. 큰 기술이 없고 영어를 쓸 줄 모르는 이민자들이 미국에 처음 와서 가장 쉽게 할 수 있는 일 중 하나이기 때문이다. 20세기 들어 유럽 출신의 이민자들이 많아지면서 레스토랑에서 일하던 흑인 노동자들을 대체했고, 1980년대 이후에는 히스패닉이나 아시아인 이민자들이 다시 이들을 대체하고 있다. 현재 뉴욕의 레스토랑에서 일하는 이들의 상당수가 정식 노동비자를 가지고 있지 않거나, 멕시코 등 중남미에서 건너온 미등록 이주노동자다.

레스토랑의 규모와 특성에 따라 노동의 분업구조와 문화가 조금씩 다르지만, 레스토랑에서의 노동은 일반적으로 '프런트front of the house'와 '백back of the house'으로 구분된다. 프런트는 웨이터나 웨이트리스, 바텐더, 호스티스, 버서busser, 러너runner 처럼 손님들과 마주치는 곳에서 일한다. 프런트 중에서도 상대적으로 지위가 높고 임금이 많은 웨이터나 웨이트리스, 바텐더는 미국 출신이 꽤 있다. 특정 국가와 민족의 음식을 전문적으로 파는 에스닉ethnic 레스토랑의 경우 웨이터와 웨이트리스는 주로 자국민 출신이다. 예를 들어 차이니즈 레스토랑에서는 중국인이, 코리안 레스토랑에서는 한국인이 웨이터와 웨이트리스 일을 한다. 반면 버스보이나 러너처럼 프런트 중에서도 지위가 낮은 일은 대부분 히스패닉이 한다. 백은 주로 접시닦이, 샐러드맨, 요리사, 배달원처럼 손님과 접하지 않는 곳에서 일하는데, 유명한 요리사나 주방장을 제외하곤 대부분 이민자다. 이런 노동분업과 서열구조는 대규모 고급 레스토랑으로 갈수록 뚜렷해진다.

레스토랑의 분업구조, 프런트와 백

웨이터와 웨이트리스는 주문을 받고 요리를 접대하는, 흔히 우리가 '서빙'이라고 부르는 일을 한다. 이들은 손님이 요리에 관해 물으면 친절하게 설명하거나 식사하는 손님들에게 가끔씩 다가가 필요한 것이 있냐고 묻는다. 이들의 가장 중요한 임무는 손님이 최대한 편안하고 즐겁게 식사하도록 돕는 일이다. 칵테일 등 각종 술과 음료를 제공해야 하는 바텐더 또한 손님들과 원만하게 지내는 능력이 있어야 한다. 서빙과 바텐딩은 손님을 직접 대하면서 대화해야 하는 일이기 때문에 능숙하게 영어를 구사하고 접대 예절을 숙지해야 하는 등 어느 정도의 문화적 자본이 필요한 일이다.

웨이터와 웨이트리스는 레스토랑의 페르소나다.
그들의 말투, 억양, 예절, 피부색 등은 고급/대중 레스토랑을 가르는 하나의 기준이 된다.

미미즈의 웨이터 시에드와 틴자는 방글라데시 출신이지만 뉴욕에서 15년을 살았고 현재 대학원에서 공부하고 있다. 이들은 웨이터나 웨이트리스로 일하는 데 몇 가지 유리한 조건을 가지고 있다. 영어를 구사하는 데 어려움이 없고, 오랜 미국 생활로 미국 문화에도 익숙하다. 웨이트리스 산드라는 알바니아에서 온 백인 여성으로 미국에서 태어난 세 살과 다섯 살짜리 아이를 데리고 사는 주부다. 그녀에게는 영어나 에티켓만이 아니라 백인이라는 인종적 요소도 중요한 문화적 자본이다.

샤론 주킨은 미국에서 1970년대 후반 이후 레스토랑이 대중의 문화 소비 장소가 되었기 때문에 식사비, 인테리어 스타일과 더불어 레스토랑 직원들의 페르소나가 중요한 상징이 되었다고 말한다. 레스토랑은 단순히 음식 가격의 높고 낮음이 아니라, 거기서 이루어지는 서비스와 분위기에 따라 지위가 결정된다. 무엇보다 손님을 직접 대하는 웨이터나 웨이트리스의 인상이 레스토랑에 대한 평가를 좌우하는 경우가 많기 때문에, 고급 레스토랑은 푸른 눈과 흰 피부를 가진 백인이나 미국 문화의 에티켓과 영어능력 등의 문화적 자본을 충분히 갖춘 이민자를 선호한다. 따라서 같은 이민자라 하더라도 백인이 다른 인종에 비해 상대적으로 웨이터나 웨이트리스 일을 구하는 것이 수월하다.[7]

웨이터나 웨이트리스, 바텐더가 받는 임금은 고용주로부터 받는 고정급 house pay 과 손님들이 지불하는 팁으로 구성되므로, 다른 레스토랑 노동자에 비해 수입이 상대적으로 높다. 부양가족이 없을 경우 학업을 병행하거나 어느 정도의 돈을 저축할 수도 있다. 미미즈에서 일하는 시에드와 틴자도 일주일에 사흘 웨이터로 일해 번 돈으로 대학원 학비를 내고 방세와 생활비를 충당한다.

버스보이나 버스걸busgirl이라고도 불리는 버서는 다 먹은 요리접시를 주방으로 나르고 테이블을 정리한다. 이들은 식탁을 살피면서 컵에 물을 계속 채우고, 영업이 바쁠 경우에는 웨이터나 웨이트리스의 일을 돕는다. 버서는 프런트와 백을 오가며 주방과 홀에서 일하는 직원들의 요구에 응해야 하기 때문에 레스토랑에서 가장 스트레스 강도가 높다. 러너는 요리를 내오고, 주방장 옆에서 요리를 장식하거나 소스를 뿌리는 일을 돕기도 한다. 버서와 러너는 프런트이긴 하지만 손님과 직접 대화하는 경우가 거의 없다. 손님과 접촉하는 것도 물을 채우거나 나이프나 포크 등을 가져다줄 때가 전부다. 이들은 손님 접대가 자신의 일이 아니라는 걸 알고 있기 때문에 손님의 말에 거의 대꾸하지 않는다.

따라서 영어에 익숙하지 못한 이민자들, 특히 히스패닉계 노동자들이 버서와 러너 일을 많이 한다. 멕시코에서 온 호세는 버스보이로만 20년간 일했고 방글라데시에서 온 모하메드는 버스보이로 15년을 일했다. 호세와 모하메드는 시간당 4달러의 고정급과 웨이터와 웨이터들이 받는 팁 중 15~20퍼센트를 추가로 받는다. 레스토랑마다 조금씩 차이가 있지만 그 비율은 대개 함께 일하는 웨이터와 웨이터리스가 결정한다. 웨이터와 웨이트리스는 그날 매상에 따라 그리고 함께 일한 버서가 얼마나 열심히 도와줬는지를 판단해 팁을 나누어준다. 때문에 버서와 러너가 받는 임금은 웨이터나 웨이트리스보다 적고, 레스토랑 안에서의 지위도 낮다.

고임금을 받는 유명 요리사나 주방장을 제외하면 샐러드맨, 접시닦이, 보조 요리사 등의 처지도 마찬가지다. 접시닦이는 레스토랑 일 가운데서도 가장 임금이 적고 지위가 낮아 대개 처음 들어온 사람들이 한다. 접시닦이로 경험을 쌓으면 버서가 될 수 있다. 그러나 경험을 많이 쌓은 버서가 웨이터나 매니저 등 상대적으로 임금과 지위가 높은 일을 하기란 쉽지 않다. 미미즈에서 일하는 도미니카공화국 출신의 한 남성은 20년 동안 접시닦이 일만 했다. 그는 오랫동안 뉴욕에서 살았지만 여전히 영어를 제대로 못하기 때문에 다른 일을 할 기회가 거의 없었다고 한다. 이러한 저임금 노동력층이 양극화된 사회경제적 구조의 밑바닥에서 빠져나오기란 쉽지 않다.

레스토랑 노동자들의 권리 찾기

이민자들의 저임금 노동력 때문에 뉴욕 일반 레스토랑에서의 한 끼 식사는 미국의 다른 대도시와 비슷하거나 오히려 싼 편이다. 그러나 열악한 노동조건으로 인해 고용주와 노동자 사이의 갈등이 계속 일어나고 있다. 레스토랑 노동자들에게 고용과 교육의 기회를 제공하고 그들의 권리향상을 추구하는 단체 '뉴욕레스토랑고용기회센터ROC-NY'가 2005년도에 내놓은 보고서는 임금·노동조건 규정의 위반, 건강 안전 규정의 미준수, 고용과 승진에서의 차별, 언어폭력 등이 뉴욕의 레스토랑에서 광범위하게 일어남을 보여준다. 레스토랑 노동자들의 설문조사를 바탕으로 작성된 이 보고서에 따르면, 빈곤선 이하의 임금을 받는 레스토랑 노동자는 57퍼센트에 달하고, 이중 13퍼센트는 최저임금 이하의 임금을 받는다. 그리고 59퍼센트에 달하는 노동자가 초과근무 임금 규정 위반을 경험했다고 답했다. 레스토랑에서 일하는 많은 이들이 휴식시간이나 식사시간 없이 장시간 일해야 하는 것은 물론이고, 대부분 건강보험이나 유급휴가 등의 혜택을 받지 못한다.

레스토랑에서 일하는 이들 중 1퍼센트 미만만이 노동조합으로 조직화되어 있는 데다가 미등록 이주노동자나 합법적 노동신분이 아닌 이가 많기 때문에 레스토랑 노동자가 집단적으로 레스토랑 업주에게 항의하고 싸우기란 쉽지 않다. 그러나 최근 이민자단체나 인권단체의 도움을 받아 노동법을 위반한 레스토랑에 소송을 거는 일이 많아지고 있다.

2008년 10월, 베트남 레스토랑 '사이공그릴'에서 일하던 36명의 배달원들이 업주를 상대로 건 소송에서 이겨 460만 달러의 배상판결을 받았다. 이들은 시간당 2달러 미만의 임금을 받으면서 하루에 11~13시간을 일했다(2009년 뉴욕주의 법정 최저임금은 7.25달러, 웨이터나 배달원처럼 팁을 받는 경우는 4.65달러다. 뉴욕주의 최저임금은 2007~2008년에는 7.15달러, 2006년에는 6.75달러, 2005년에는 6달러였다. 법정 최저임금 지급위반은 청과상·식료품점·레스토랑·네일숍 등 규모가 영세하거나 경쟁이 치열한 업종의 한인 상점에서도 자주 발생한다. 많은 이들이 노동비자가 없는 데다가, 업주들이 손님에게 받는 팁으로 임금을 대신하려는 경향이 있기 때문이다). 2007년에는 뉴욕 명사들이 많이 찾기로 유명한 일식 레스토랑 '노부'의 웨이터들이 초과근무 수당을 제대로 받지 못했고 매니저들이 자신들의 팁 일부를 가져갔다는 이유로 레스토랑에 소송을 제기했다(뉴욕 주법은 매니저가 웨이터와 웨이트리스의 팁을 공유하는 것을 금지한다). 같은 해 3월에는 뉴욕의 중국음식 체인 '올리즈 누들숍'에서 시간당 1.4달러를 받고 일하던 44명의 노동자들이 회사를 상대로 소송했다. 그중 한 명인 귀밍 리는 배달원으로 일하면서 한 달에 750달러를 받았는데, 배달에 사용하는 오토바이의 가스비와 유지비를 자신이 부담했기 때문에 훨씬 더 적은 임금을 받았다고 한다.

임금규정 위반뿐 아니라 레스토랑에서 벌어지는 각종 차별에 대한 소송도 있다. 2006년에는 유명한 프랑스 레스토랑 '다니엘'의 노동자들이 인종차별을 당했다며 소송했다. 7명의 히스패닉과 방글라데시인 노동자들은 레스토랑의 주인이자 유명 요리사인 다니엘 불르가 '퍼킹 히스패닉 Fucking Hispanic' 같은 인종차별적 말과 학대를 했다고 주장했다. 이들은 저임금을 받고 일하며 노동착취를 당했으며, 경험이 훨씬 적고 자격을 갖추지 못한 백인 동료들은 쉽게 승진하는 데 비해 자신들은 승진 기회를 얻지 못했다고 말했다.

법정 투쟁만이 아니라 새로운 레스토랑 사업 모델을 만들어 레스토랑 노동자의 열악한 노동조건을 향상하려는 시도도 있다. 2006년 뉴욕 레스토랑고용기회센터의 회원들이 중심이 되어 노동자들이 공동경영하는 '컬러즈'라는 레스토랑을 맨해튼 노호 지역에 열었다. 이 프로젝트에 참여한 이들 대부분은 2001년 9·11 공격으로 무너진 세계무역센터의 꼭대기에 있던 '윈도우즈 온 더 월드'라는 레스토랑의 노동자였다. 이들은 직장과 73명의 동료를 잃은 상실감을 딛고 민주적이고 노동친화적인 근무환경을 만들려는 시도를 했다.

컬러즈는 생계임금 living wage을 고려해 주방노동자가 받는 최저임금을 13.5달러로 책정했다. 웨이터나 버서 등 프런트에서 일하는 직원의

뉴욕의 레스토랑 배달원들은 대부분 자전거나 도보로 이동한다.

고정급은 법정 최저임금을 준수하고, 팁은 일반 레스토랑에 비해 공정하고 합리적으로 분배했다. 컬러즈에서는 버스보이, 웨이터, 매니저, 요리사 등 8개의 직종을 대표하는 직원들이 참여하는 운영위원회에서 모든 것을 결정한다. 이곳의 모든 노동자는 건강보험·유급휴가·연금의 혜택을 받는다.[8] 개점 이후 경영난을 겪은 컬러즈는 시간당 최저임금을 한시적으로 9.45달러로 낮추고 메뉴의 가격을 낮추는 등 레스토랑들 사이의 경쟁이 치열한 뉴욕에서 살아남기 위한 노력을 펼치고 있다.[9]

한편 뉴욕레스토랑고용기회센터의 노력으로 2007년 5월 뉴욕 시의회에서 '레스토랑책임법안'이 발의되었다. 이 법은 사업자면허를 갱신하는 레스토랑이 시·주·연방 정부의 노동법 위반사실 여부를 면허관리 당국인 시정부에 보고하게끔 강제한다. 시정부는 이를 고려해 사업자면허 재발급 여부를 결정한다. 또한 이러한 정보를 온라인으로 공개해 시민들이 자신이 찾는 레스토랑이 노동자를 착취하는 것은 아닌지 확인할 수 있도록 한다. 뉴욕레스토랑고용기회센터 측은 뉴욕에 있는 레스토랑의 노동조건을 개선하기 위해 이 법안이 통과되어야 한다고 주장한다. 레스토랑 업주들이 강하게 반발하고 있어 통과 가능성은 낮아 보이지만, 앞으로 뉴욕에서 서비스·맛·가격·분위기를 기준으로 매겨지던 기존의 레스토랑 평가를 넘어 노동조건까지 고려한 새로운 레스토랑 평가가 나올지도 모를 일이다.

글로벌시티 뉴욕의 저임금 노동자들

뉴욕의 다른 많은 일터에서도 노동조건 관련 법과 규정 위반이 빈번히 일어난다. 뉴욕대학교 NYC 로스쿨 브레넌정의센터 The Brennan Center for Justice 의 보고서 『글로벌시티에서 규제되지 않는 노동』은 뉴욕시의 저임금 업종에서 최저임금 및 초과노동에 대한 임금지급 규정, 건강 안전 관련 규정, 노동재해에 대한 보상 규정, 노동권 보장 규정의 위반과 각종 차별이 광범위하게 일어남을 보여준다. 13개의 업종(식료품점과 슈퍼마켓, 소매상, 레스토랑, 건물 수리와 경비, 공공지원 육아보조, 가정부, 가정방문 건강관리사, 주택건축, 식품·의류 공장, 세탁소와 빨래방, 택시와 달러밴, 자동차 수리, 세차장, 주차장, 네일숍과 미용실 등)을 3년 동안 현장조사해 만든 이 보고서에 따르면, 이런 위반은 소규모 영세 업체만이 아니라 큰 업체에서도 많이 일어난다. 노동조건의 악화는 금융·지식서비스 산업 위주로의 경제구조 변화와 글로벌화한 시장경쟁으로부터 가중되는 압력, 노동조합의 약화, 하청구조의 확대 등 노동비용 축소를 통한 이윤추구가 계속되기 때문이다. 법의 사각지대에 놓인 저임금 노동에 종사하는 사람들 중에는 이민자, 마이너리티 인종, 여성이 많다. 특히 가정부, 가정방문 건강관리사와 의류공장, 네일숍과 뷰티살롱 등에서 주로 일하는 여성들이 각종 규정 위반과 차별에 더 많이 노출되어 있다.[10]

우아한 브런치를 접시에 내놓기 위해 누군가는 일해야 한다. 한 사람의 라이프스타일은 다른 사람의 노동을 통해서만 추구되고 충족될 수 있다. 식료품점에서 물건을 정리하거나 레스토랑에서 물을 따라주고 가는 히스패닉계 노동자들, 네일숍에서 손발을 다듬고 매니큐어를 칠해주는 아시아 여성 노동자들이 없다면 우리가 상상하는 뉴요커의 삶은 결코 있을 수 없다. 다른 도시에 비해 임대료가 훨씬 높은 뉴욕에서 일반 레스토랑의 식사비가 다른 도시와 비슷하거나 오히려 더 낮은 이유는 저임금을 받고 일하는 이민자들이 있기 때문이다. 네일과 마사지 서비스에 대한 가격이 상대적으로 저렴한 것도 마찬가지다. 그러나 이들의 삶은 매끈하고 부드럽게 다듬어진 뉴욕 풍경 뒤로 자취를 감추고, 오직 화려한 뉴욕의 모습만이 우리 앞에 재현된다. 그 풍경에는, 누군가의 우아한 삶을 위해 일하는 사람들의 고단함은 없다.

이민자와 노마드들의 도시

차이나타운의 트랜스피겨레이션 교회

　뉴욕을 상징하는 건축물 목록을 만든다면 1886년 세워진 '자유의 여신상'과 1931년에 완공된 '엠파이어스테이트빌딩'이 앞자리를 차지할 것이다. 오른손에는 횃불, 왼손에는 독립선언서를 든 자유의 여신상은 미국 민주주의의 핵심 가치인 '자유'를 상징한다. 가난과 종교박해에서 벗어나기 위해 유럽을 떠난 이들은 수평선 너머로 떠오르는 자유의 여신상을 보며 비로소 자유와 기회의 땅 미국에 도착했음을 실감했을 것이다. 102층 높이의 엠파이어스테이트빌딩은 마천루로 대변되는 근대 도시문명을 상징한다. 사람들은 오랫동안 맨해튼 한가운데 거인처

럼 우뚝 선 엠파이어스테이트빌딩을 보며 수직성의 미학에 매료당했다. 그것은 쉽게 거부하기 힘든 근대의 매혹이었다.

   이런 랜드마크 말고도 뉴욕의 역사를 상징적으로 보여주는 건축물이 곳곳에 흩어져 있다. 잘 알려지지 않았지만 맨해튼 남부의 차이나타운에 있는 '트랜스피겨레이션 교회 Church of the Transfiguration'도 그중 하나다. 1801년에 지어진 이 작은 교회는 자유의 여신상이나 엠파이어스테이트빌딩처럼 압도적 외형이나 상징성을 지니고 있진 못하지만 인종적·민족적·문화적 배경이 다른 사람들이 빚어낸 뉴욕의 역사를 나름의 방식으로 보여준다. 영국인이 지은 이 교회는 아일랜드인의 것이

되었다가 다시 이탈리아인의 소유가 되었고, 지금은 중국인이 차지했다. 트랜스피겨레이션 교회는 이렇게 뉴욕에 삶의 터전을 잡은 사람들의 흔적을 품고 있다.

뉴욕은 떠나는 이와 들어오는 이들의 삶이 교차하고 포개지면서 발전해왔다. 네덜란드인과 영국인을 비롯한 백인 청교도들은 아메리칸 인디언을 힘으로 몰아낸 뒤 미국이라는 나라를 세웠고, 이들이 구축한 '와스프WASP'라는 질서는 여전히 미국을 지배한다. 그러나 누가 권력을 쥐든 간에 단 하나의 가치와 질서로 뉴욕을 표현할 순 없다. 뉴욕은 인디언의 도시이고, 아프리칸 아메리칸과 유대인의 도시이고, 아일랜드인과 이탈리아인의 도시이기도 하다. 그리고 라틴아메리카 출신의 히스패닉, 아시아인, 웨스트 인디언(자메이카인 등 아프리카 뿌리를 가진 카리브 지역의 흑인)의 도시이기도 하다. 총을 들고 왔든 몸뚱어리 하나로 들어왔든 한 집단이 뉴욕을 온전하게 차지한 적은 없었다. 또 성공해서 떠났든 새로운 사람들에게 떠밀려갔든 그들은 반드시 흔적을 남기고 사라졌다.

맨해튼을 떠나가는 자, 들어오는 자

1801년 영국계 루터파는 맨해튼 남부의 모트로路에 교회를 짓고 주변의 농부들을 신도로 받았다. 트랜스피겨레이션 교회의 시작이었다. 이때만 해도 맨해튼 인구의 90퍼센트가량이 앵글로색슨 청교도였다. 1820년대부터 뉴욕은 비약적으로 발전했는데, 당시 미국 수출품의 3분의 1, 수입품의 3분의 2가 뉴욕 항구를 통해서 드나들었다. 금융업과 상업이 팽창하면서 많은 빌딩이 지어지고, 새로운 길과 하수도 시설이 건설되면서 뉴욕은 세계적 대도시의 꼴을 갖춰갔다. 이 무렵 독일과 아일랜드 등에서 건너온 많은 사람이 뉴욕을 통해 미국 땅을 처음 밟았다. 도착하자마자 내륙으로 떠나는 이가 많았지만, 그대로 정착하는 이들도 있었다. 가톨릭을 믿는 아일랜드 이민자들이 모트로 주변지역에 모여들자 쿠바에서 추방당한 신부 펠릭스 바렐라는 여기에 가톨릭 교구를 세웠다. 1827년 로마 가톨릭교회는 루터교로부터 트랜스피겨레이션 교회 건물을 임대해 아일랜드인을 위한 미사를 열기 시작했다.

　뉴욕은 성장하고 있었지만 일자리보다 구직자 수가 더 많았다. 노예제에서 해방되어 자유인이 된 아프리칸 아메리칸들과 유럽에서 건너온 가난한 이민자들은 제한된 일자리를 놓고 경쟁했다. 맨손으로 건너온 아일랜드 이민자들은 아프리칸 아메리칸들보다 더 적은 돈을 받고서라도 일하려고 했고 상인들과 사업가들은 이를 이용해 노동비용을 절감했다. 이들 사이의 긴장과 갈등은 높아졌다. 아일랜드인들은 또한 아프리칸 아메리칸들이 모여 살던 맨해튼 남부의 파이브포인츠 지역에도 몰려들었다. 1850년대 파이브포인츠는 가난한 아일랜드 이민자들이 모여 사는 빈민가가 되었다. 한동안 파이브포인츠는 눈부시게 발전하는 뉴욕의 어두운 이면을 보여주는 최악의 슬럼으로 악명을 떨쳤다.

　1820년대부터 본격적으로 시작된 아일랜드인의 이민은 아일랜드대기근이 발생한 1845년부터 10년간 최고조에 달했다. 모트로와 파이브포인츠 인근 지역에 아일랜드 이민자들이 더욱 많아지자 1853년 가톨릭교회는 아예 트랜스피겨레이션 교회를 인수한 뒤 건물 위에 첨탑을 올렸다. 이 무렵 뉴욕의 아일랜드 이민자들은 부패로 악명 높던 정치단체 '태머니홀'을 통해 민주당에 투표했고, 그 대가로 여러 가지 혜택을 받았다. 1880년 윌리엄 그레이스는 아일랜드인들의 지지를 얻어 뉴욕의 첫 아일랜드계 가톨릭 시장으로 당선되었다. 또한 많은 아일랜드인이 이 무렵 창설된 뉴욕 경찰국NYPD과 뉴욕 소방국FDNY 등 공공기관에서 일자리를 얻었다. 1900년경 뉴욕 경찰의 80퍼센트가량이 아일랜드계였는데, 지금도 뉴욕의 많은 공공기관에는 이들의 전통이 남아 있다.

그러나 아일랜드인들이 영원히 맨해튼 남부의 주인일 수는 없었다. 1880년대부터 40년 동안 550만여 명의 유럽인이 뉴욕에 정착했지만, 이번에는 독일인이나 아일랜드인보다 남부 이탈리아인과 러시아 등 동유럽계 유대인이 많아졌다. 이탈리아인은 남시실리, 동시실리, 나폴리, 제노바 등 출신지에 따라 모여 살며 맨해튼 남부에 리틀이탈리아를 형성했다. 이탈리아인이 많아지자 트랜스피겨레이션 교회를 비롯한 뉴욕의 가톨릭교회에 이탈리아어 미사가 생겼다.

1924년 이민자를 제한하는 '존슨리드법The Johnson-Reed Act'이 통과한 뒤 뉴욕의 이민자의 수는 감소하기 시작했다. 1910년 무렵에는 뉴욕 인구의 40퍼센트가량이 미국 밖에서 태어난 이민자였지만, 1965년 무렵에는 그 비중이 20퍼센트 정도로 감소했다. 1965년 유럽인에게 유리했던 출생국과 가족 재결합 중심의 기존 비자할당을 부족한 인력 중심의 비자할당으로 바꾸는 이민법이 통과되면서 많은 히스패닉과 아시아인, 웨스트 인디언이 미국으로 들어왔다. 중국인들이 맨해튼 남부에 이

미 형성된 차이나타운에 몰려들자 차이나타운은 인근의 리틀이탈리아와 유대인 커뮤니티의 경계를 넘어 커지기 시작했다. 현재 트랜스피커레이션 교회 신도의 90퍼센트가 중국인이고 미사는 영어와 광둥어, 만다린어로 진행된다. 이 같은 변화과정은 뉴욕에서 그리 희귀한 일이 아니다. 지금도 한국어 미사, 중국어 미사, 히스패닉을 위한 에스파냐어 미사 등이 이탈리아인이나 아일랜드인이 많이 모여 살던 지역의 성당 지하예배당에서 진행된다. 새로운 이민자들의 수가 기존에 거주하던 사람들의 수를 넘어서면 그들이 본당으로 올라올 것이다.

  뉴욕에 먼저 온 자는 자신의 흔적을 도시에 새겨놓고 떠나고, 뒤에 온 이들은 안정된 생활을 일구기 위해 삶의 투쟁을 시작한다. 떠나는 이들이 남겨놓은 삶의 질서가 들어오는 이들의 삶을 제한하지만, 반대로 그 유산이 조금씩 침식당하기도 한다. 물론 이질적 개인과 집단이 아무런 갈등 없이 마냥 어우러질 순 없다. 미국에서 지금은 '백인'으로 구분되는 아일랜드인·이탈리아인·유대인 등의 이민자들은 한동안 앵글로색슨 청교도와 같은 백인으로 대우받지 못했다. 지금은 가장 열심히 일하면서도 사회적 갈등을 적게 일으킨다는 이유로 '모범적 마이너리티 model minority'로 규정되는 중국인들은 1882년 '중국인배척법안 Chinese Exclusion Act' 통과 이후 오랫동안 시민권을 가질 수 없었다. 물론 한국인을 비롯한 많은 아시아인들이 중국인의 범주에 묶였었다. 아프리칸 아메리칸은 노예제에서 벗어난 뒤에도 오랫동안 미국 사회의 뿌리 깊은 인종차별을 겪어왔다. 지금은 히스패닉계 이민자들이 아프리칸 아메리칸들과 밑바닥의 일자리를 놓고 경쟁하고 있다. '용광로

melting pot'라고 일컬어지는 뉴욕의 역사는 한편으로는 기득권자와 새로운 정착자 사이의 갈등, 지배 엘리트와 노동계급 간의 충돌 그리고 이민자들 사이의 긴장의 연속이었다.

이민자들의 도시 뉴욕

20세기 중반 이후 뉴욕을 떠난 이들 대부분은 교외의 안락한 삶을 찾아가는 미국인이고, 들어오는 이들 대부분은 새로운 삶의 기회를 찾아온 이민자다. 1990년대 130만여 명이 뉴욕을 떠났지만, 뉴욕시의 인구는 줄어들지 않았다. 120만여 명의 새로운 이민자들이 뉴욕에 정착했고, 25만여 명의 미국인들이 뉴욕으로 이사했기 때문이다.

이민자 중에는 부유한 이도 있고, 중간계급인 이도 있고, 밑바닥에서부터 새로운 삶을 시작하는 이도 있다. 이들이 미국으로 건너오기 전에 했던 일도 제각각이다. 농촌 출신이 있는 반면, 공장노동자였던 이도 있고, 고소득 화이트컬러였던 이도 있다. 초등학교조차 졸업하지 못한 사람에서부터 박사학위를 딴 사람까지 교육수준 또한 모두 다르다. 변호사·의사·금융인·엔지니어·패션디자이너·예술가 등 전문직 종사자들은 같은 분야에서 계속 일하는 경우가 대부분이지만, 전문기술이 없는 사람들은 새로운 직업을 얻는 경우가 많다. 이민자들은 미국 교육제도 안에서 다시 학위를 따서 직업을 바꾸려고 하기도 하고, 한 번도 경험해보지 않았던 업종에서 일하기도 한다.

이민자들의 배경은 출신국가에 따라 조금씩 다르다. 한국을 비롯해 일본・필리핀・인도・파키스탄・구소련 출신의 절반가량이 대학교육 이상이지만, 중국・멕시코・라틴아메리카에서 온 이민자의 70퍼센트 정도는 고등학교 졸업 이하의 학력수준이다. 농촌 출신이 많은 멕시코 인의 경우 최종학력이 초등학교 졸업 이하가 40퍼센트에 달하고, 다른 국가 출신에 비해 불법체류자의 비중이 크다.[11] 학력수준이 높은 이민 자라고 해서 미국 사회에 안정적으로 자리 잡는 것은 아니다. 영어를 능 숙하게 구사할 수 없는 이민자들이 정착하기란 결코 쉽지 않다. 1970년 대 초부터 본격적으로 뉴욕에 정착한 한국인들은 고학력임에도 불구하 고 언어장벽 등의 이유로 화이트칼라 직업을 얻을 수 없었다. 이들은 주 로 청과상, 델리deli, 세탁소, 식료품점, 네일숍 등 소규모 상점을 운영했 다. 처음에는 유대인 등 백인 상인들이 떠난 저・중소득층 지역에 들어 가 가게를 열었고, 한국인 특유의 계를 통해 소자본을 마련했다. 한국인 은 자영업 비중이 가장 높은 이민자 집단 중 하나다.

일본인을 제외한 이민자 집단의 평균소득은 미국 본토에서 태어난 뉴요커보다 낮다. 물론 미국에서 태어난 이들을 백인과 흑인으로만 나 눠 생각한다면, 대부분의 이민자 집단은 흑인보다 평균소득이 높다. 이 민자들은 출신배경과 언어능력, 뉴욕에서 얻는 직업에 따라 수입이 다 르다. 가장 특이한 것은 중국 이민자들인데, 교육・영어・소득 수준이 가장 낮은 집단임에도 불구하고 경제활동 참여율은 가장 높고 실업률 은 가장 낮은 편이다. 많은 중국 이민자들이 영어를 쓰지 않아도 되는 중국인 커뮤니티의 의류공장, 레스토랑 등에서 저임금을 받으며 일하 기 때문이다.[12]

이민자들은 역사적 기억이나 문화유산을 공유함으로써 미국인이 되기보다는, 안정된 삶을 일구는 과정에서 미국인으로서의 정체성을 확립한다. 자유·기회의 땅과 아메리칸드림이라는 이념이 세계 각지에서 온 사람들을 미국인으로 만드는 것이다. 그러나 언어와 문화적 차이를 극복하지 못한 대부분의 이민 1세대들은 진정한 미국인이 되는 것을 2세의 몫으로 남겨둔다.

활기찬 뉴욕, 고단한 뉴욕

뉴욕에는 전 세계를 누비며 떠돌아다니는 '글로벌 노마드'들도 있다. 이들은 전문직 종사자이기도 하고 예술가이기도 하며 관광객이나 유학생이기도 하다. 어쩌면 이들에게는 자유와 기회의 땅이라는 전통적 미국 가치보다 트렌디한 뉴욕 라이프스타일이 더 큰 영향을 미칠지도 모른다. 이들은 계급·인종·성별이 다르지만 비슷한 취향을 공유하며, 그러한 태도와 욕망의 추구를 통해 '뉴요커'라는 정체감을 가진다. 이들은 '취향의 공동체'를 형성하지만 경제적 지위나 직장의 위치에 따라 사는 곳이 다르다. 맨해튼의 핫hot한 장소에 아파트를 얻어 뉴욕 거리를 맘껏 활보하며 사는 이들이 있는 반면, 이민자들이 많이 정착하는 브루클린·퀸스·브롱크스에서 사는 이들도 있다. 또 교외의 뉴저지나 롱아일랜드에 살면서 메트로폴리탄 뉴욕의 삶을 즐기는 이들도 있다.

같은 뉴욕시라 해도 맨해튼과 맨해튼 외곽(브루클린·퀸스·브롱크스·스태튼아일랜드)에서의 경험의 차이는 엄청나다. 맨해튼 중심지는 업무지구이고 중상류층의 거주지인 동시에 관광지다. 맨해튼은 보고 듣고 즐길 것이 지천에 널린 소비와 관광의 천국이다. 아침이 되면 맨해튼은 사무실·식당·상점에 일하러 가는 사람들로 붐빈다. 조금 뒤면 거리는 바쁘게 걷는 뉴요커들과 카메라를 든 관광객들로 북적인다. 세련된 뉴요커도 있고 지쳐 보이는 뉴요커도 있다. 또 교외지역에서 놀러온 촌스러워 보이는 미국인도 있고 아시아에서 온 멋쟁이 관광객도 있다. 흰색·검은색·노란색·갈색의 피부가 뒤섞여 있고 사람들이 쓰는 언어도 모두 다르다. 티베트 승복을 입은 승려가 활보하고 특유의 검은 슈트를 입고 모자를 쓴 정통 유대인도 걸어다닌다. 야외 레스토랑에 느긋하게 앉아 식사를 즐기며 맥주나 와인, 칵테일을 곁들이는 이가 있는 반면 노점에서 유대인이 퍼뜨린 베이글이나 무슬림의 할랄^{halal} 음식으로 바쁘게 끼니를 때우는 이도 있다. 자전거를 타고 날렵하게 질주하는 힙스터(Hipster, 비주류의 패션, 문화적 취향, 사회적 태도 등을 가진 도시의 중간계급 젊은이)가 있는 반면 카트를 끌고 느릿느릿 이동하는 홈리스도 있다.

저녁이 되면 맨해튼 밖으로 향하는 사람들의 이동이 시작된다. 오후에 지하철을 타면 모르는 사람 옆에 앉기를 싫어하는 뉴요커들이 빈자리를 두고도 서 있는 모습을 볼 수 있지만, 출퇴근 시간에 지하철을 타면 빈자리를 볼 수 없다. 피곤한 사람들 모두가 의자에 기대려고 하기 때문이다. 낮에 맨해튼을 활기차게 움직였던 이들은 저녁이면 지친 모습으로 집으로 돌아간다. 이들은 대체로 인종과 출신국가에 따라 모여 산다. 퀸스의 플러싱으로 향하는 7호선을 타면 중국인이나 한국인들의 피로

한 얼굴을 볼 수 있고, 브루클린으로 향하는 Q선에서는 카리브에서 온 흑인들의 지친 어깨를 볼 수 있다. 뉴욕의 지하철은 어떤 사람들이 어디서 모여 사는지 알아내기 좋은 인류학적 관찰장소다.

미국의 다른 지역에서도 많은 사람이 뉴욕으로 온다. 한 세대 전 뉴욕을 떠나 교외에 정착했던 이들의 자녀들은 이제 학교에 다니려고 혹은 메트로폴리탄 뉴욕이 제공하는 도시적 삶을 누리려고 찾아온다. 뉴욕은 미국 젊은이들에게도 가장 핫한 곳이다. 이들은 힙한 학생이기도 하고 뉴욕에 창조적 에너지를 불어넣는 예술가나 배우 지망생이기도 하며, 전문직 종사자이기도 하고 무작정 자신의 꿈을 시험하려 찾아온 청춘이기도 하다. 미국 청소년들이 가장 가고 싶어 하는 대학은 하버드나 프린스턴이 아니라 맨해튼에 캠퍼스 하나 없는 뉴욕대학교다. 뉴욕이라는 거대한 캠퍼스에서 다른 곳에선 접할 수 없는 것들을 경험하고 싶어 하기 때문이다. 널찍한 주택에서 살았을 교외의 젊은이들은 창문도 제대로 나지 않은 좁은 아파트에서 룸메이트와 함께 사는 것도 아랑곳하지 않는다. 이들은 블록마다 북적이는 인파 틈바구니에서 교외의 안락한 삶과는 다른 도시의 활기찬 삶을 즐긴다.

시크한 도시의 워킹푸어

뉴욕 토박이들은 부유한 외지인이 몰려오는 것을 못마땅하게 여긴다. 그들이 집값만 올려놓고 다시 교외로 이사 가거나 모국으로 돌아간다고 생각하기 때문이다. 가난하고 영어도 못하고 미국적 예절을 갖추

지 못한 이들이 몰려와 일상의 질서를 헝클어트리는 것에 대해서도 불평을 늘어놓는다. 그런 그들도 이민자 없는 뉴욕을 상상하진 못한다. 자신들이 이민자의 후손일 뿐 아니라, 낮은 임금을 받고도 열심히 일하는 이민자들이 있음을 알기 때문이다. 월스트리트의 부와 타임스광장의 대중문화, 소호나 첼시의 예술이 뉴욕을 활기차게 만들지만, 이민자들의 저임금 노동이 없다면 뉴욕은 제대로 굴러가지 않을 것이다.

뉴욕이 개방적이라는 말은 빈손으로 건너온 가난한 이민자들에게 열려 있다는 뜻이었다. 열심히 일하면 그들은 다음 세대에 더 좋은 삶의 조건을 물려줄 수 있었다. 『현대성의 경험-모든 견고한 것은 대기 속에 녹아 사라진다』의 저자 마셜 버먼은 푸에르토리코 이민자였던 아버지로부터 이름 없는 노동자들이 뉴욕의 훌륭한 건물과 다리를 건설했다는 이야기를 들었던 일을 기억한다. 미국의 자본주의가 황금시대에 접어들었던 1950년대 자식의 손을 붙들고 길거리를 걷던 한 이주노동자는 평범한 사람들이 흘린 땀이 뉴욕을 위대하게 만들었다고 말할 수 있는 자부심과 더 나은 삶에 대한 희망을 가지고 있었다.[13] 그들이 살던 도시의 건물·다리·거리는 단순히 소비되고 마는 경관이 아니라 누군가의 노동과 삶이 집적된 구조물이며 미래와 연결된 공간이었다. 비록 미국의 제국주의적 질서를 유지하는 체제와 인종차별과 가부장주의가 뿌리 깊은 사회에서 살았지만, 열심히 일하던 이들은 최소한 일상에서 더 나은 미래를 꿈꿀 수 있었다.

이제 부지런히 일하던 이들이 도시의 주인임을 주장하던 시절은 지나가버렸다. 한때 사회민주주의적 도시를 경험했던 노동자들은 지금 신자유주의가 지배하는 냉혹한 시대를 살아간다. 1965년 이민법 개정 후 더 많은 이민자들이 뉴욕에 정착했지만, 지금 사람들은 그들의 노동이 아니라 문화와 예술이 도시에 활기를 불어넣는다고 생각한다. 노동자들의 임금이 아니라 월스트리트 금융인들이 받는 보너스의 액수에 의해 뉴욕 경제의 희비가 엇갈린다. 많은 이민자와 노동자들이 꿈꾸었던 아메리칸드림의 잔해가 남은 자리엔 열심히 일해도 가난에서 벗어나기 어려운 '워킹푸어(working poor, 근로빈곤층)'라는 새로운 현실이 나타났다. 그리고 누군가의 노동으로 건설된 도시를 보며 위대하다고 말하기보다, 시크하고 핫하고 힙하다는 수식어를 붙이는 것이 더욱 자연스러워졌다.

세상 모든 사람은 뉴요커다

뉴요커 대 '뉴요커'

드라마 〈섹스 앤 더 시티〉의 인기가 한창일 때 국내의 한 블로거는 뉴욕의 라이프스타일 잡지들을 참고하여 '뉴요커를 구별하는 118가지 방법'이라는 글을 인터넷에 올렸다. 거리에서 핫도그를 1분 안에 먹는다, 레스토랑이나 바에서 유명인사가 옆에 앉아도 신경쓰지 않는다, 길거리에 버려진 가구를 아무렇지 않게 주워온다, 유대인은 아니지만 유대 휴일을 꼭 챙겨서 쉰다, 메트로폴리탄박물관에 베르메르의 그림이 어디에 있는지 안다 등등 과장과 유머를 섞어 뉴욕이란 도시의 특성과 뉴요커의 라이프스타일을 재치 있게 묘사해 사람들의 호기심을 자극했다.

뉴욕과 뉴요커에 관한 이미지와 기호, 이야기는 한국 사회 일상의 한 부분이 되었다. 중상류층과 젊은이에게 뉴욕 스타일은 가장 세련되고 멋진 취향을 뜻한다. 백화점 문화센터에서는 뉴욕 관련 강좌를 열어 고객들에게 최신 뉴욕 트렌드를 알려주고, 뉴욕 스타일의 레스토랑과 카페가 곳곳에 들어섰다. 심지어 뉴욕 스타일 영어까지 등장해 이제는 영국식·미국식만이 아니라 뉴욕 스타일, 텍사스 스타일의 영어까지 구분해야 한다. 그러나 뉴욕식 레스토랑에서 브런치를 즐기는 일이 한국 안에 자리잡은 뉴욕 문화의 전부는 아니다.

대중의 취향·감수성·가치체계에 영향을 미치는 한국의 대중문화와 문화예술계 종사자들은 뉴욕의 최신 유행을 적극적으로 수용하고, 때론 그것을 변형·재가공해 전달한다. 유행에 민감한 음악·미술·패션·인테리어·건축·뮤지컬·영화·잡지·광고 등의 업종에서 일하는 이들은 뉴욕의 지적·예술적·문화적 흐름에 시선을 고정해놓고 한국적 수용을 모색한다. 뉴욕 스타일을 체화했다는 것은 한 개인의 높은 문화자본일 뿐만 아니라 업계에서 능력을 입증하는 한 방법이기도 하다. 게다가 한국의 언론은 뉴욕을 중심으로 생산되는 미국 주류언론의 기사를 그대로 받아쓴다. 이른바 '문화적 소비'가 일상화되고 미디어의 영향력이 더 커진 시대로 접어들면서, 뉴욕의 취향생산자·트렌드세터·여론형성자들은 알게 모르게 우리의 일상에 많은 영향을 미치고 있다.

그러나 실제 뉴욕에 사는 사람을 뜻하는 '뉴요커'와 한국에서 호명되는 '뉴요커'는 다르다. 전자가 특정 시공간과 인간 사이의 구체적 관계라면, 후자는 상품화된 라이프스타일과 관련된 어떤 것, 다시 말해 교환가치를 가진 기호다. 우리가 아는 뉴욕 라이프스타일은 실제 뉴욕에 사는 많은 사람의 이질적 삶의 결을 표현해내지 못한다. 특정한 형태로 추상화된 '뉴욕 라이프스타일'은 1970년대 이후 확산되었는데, 이제 한국 사회가 자발적으로 그 라이프스타일의 상품화 과정에 동참하고 있다. 텅 빈 욕망의 상자 같은 '뉴요커'라는 기표에 세련됨, 쿨함, 시크함 같은 의미를 채워 넣고, 다양성을 존중하는 세계시민이라는 거부하기 힘든 언술로 그 상자를 단단히 묶는다. 뉴욕과 뉴요커는 멋있어서 욕망하는 듯 보이지만, 사실 욕망하기 때문에 더 멋있게 재현된다.

이런 과정이 한국 사회에서 별안간 일어나진 않았다. 20세기 중후반 뉴욕을 비롯한 서구의 메트로폴리탄에서 도시의 특정한 라이프스타일이 상품화되어 소비되기 시작했다. 이 과정에서 도시는 프랑스의 사회학자 부르디외가 말한 '문화자본'의 전시와 축적의 장소로서 중요해졌고, 차별화된 라이프스타일의 생산과 소비, 유통에 관련된 산업들이 도시의 경제성장에 큰 부분을 차지하게 되었다. 뉴욕에서 발행되는 도시 라이프스타일 잡지 『뉴욕』은 우리를 그러한 일이 일어나기 시작한 무렵으로 인도해 줄 것이다.

뉴요커는 누구인가?

『뉴욕』은 뉴욕의 최신 유행과 뉴요커의 라이프스타일을 보여주는 이른바 시크하고 힙한 주간지다. 『뉴욕』 인터넷판의 공식 블로그 〈21가

지 질문)은 이 잡지가 어떤 방식으로 뉴요커의 정체성을 규정하는지 보여준다.[14] 질문은 이렇다. "가장 좋아하는 뉴요커는 누구인가" "뉴욕에서 먹어본 최고의 음식은" "어떤 브랜드의 청바지를 입나" "브런치의 장단점은" "양키스 팬인가 메츠 팬인가" "브로드웨이에서 최근에 본 것은" 등 대부분 무엇을 좋아하고 어떤 것을 소비하는지 캐묻는다.

다른 종류의 질문도 있다. 리버럴 성향의『뉴욕 타임스』와 스포츠연예지 성격이 짙은『뉴욕 데일리 뉴스』,『뉴욕 포스트』중 무엇을 보는지, 쇼맨십을 가진 부동산 재벌 도널드 트럼프를 어떻게 생각하는지, 홈리스에게 돈을 주는지 등을 묻는다. 이런 질문은 시크한 뉴요커의 평균적 교양과 삶의 태도가 무엇으로 구성되는지 보여준다. 어떤 신문을 보는지는 취향의 문제가 되고, 홈리스를 만드는 사회에 대한 집합적 문제의식보다 그들에게 돈을 주는지 여부에 대한 개인적 판단이 중요한 윤리가 된다. 이 코너의 답변자들은 대부분 작가·가수·배우·영화감독·패션디자이너 등 문화예술계 종사자나 젊은 사업가로 뉴욕을 경쟁력 있는 도시로 만드는 창조계급이면서 쿨하고 시크한 뉴욕 라이프스타일을 규정하고 이끌어나가는 트렌드세터·취향생산자다.

"무엇으로 뉴요커가 될 수 있는가"에 대한 답변이 가장 흥미로운데, 뉴요커들의 대답은 이렇다. "여기로 이주해온 사람 누구나 뉴요커가 될 수 있음이 뉴욕의 아름다움 아닌가, 여기는 이민자들의 도시다"(스티브 존슨, 작가) "세 가지 언어로 욕할 수 있다면, 당신은 뉴요커가 되는 중이다"(앤드루 트리즈, 작가) "욕망"(로베르타 마이어즈,『엘르』수석편집자), "뉴욕에 살아야 할 이유가 그렇지 않은 이유보다 크다고 믿는 사람"(숀 맥퍼슨,

호텔업), "도미노 피자집에서 '빅 뉴요커' 피자를 주문할 때"(데이비드 크로스, 음식평론가), "여름 주말에 뉴욕에 머무는 것"(대니얼 멘델손, 비평가) "태도"(팻 맥그래스, 메이크업 아티스트), "3년"(안나 수이, 패션디자이너), "세상 모든 사람은 뉴요커다"(루퍼스 웨인라이트, 싱어송라이터).

이처럼 뉴요커를 규정하는 것은 오랜 기간에 걸쳐 형성된 삶의 구체성이나 공동체적 기억이라기보다 라이프스타일과 관련된 소비방식과 태도, 윤리 등이다. 패션디자이너 안나 수이가 말한 3년은 이를 위해 필요한 시간을 그녀만의 셈법으로 측정한 것이다. 그러나 뉴요커가 되기 위해 반드시 뉴욕에 살 필요는 없다. 싱어송라이터 루퍼스 웨인라이트가 이야기하듯 세상 모든 사람은 뉴요커가 될 수 있다. 글로벌한 문화환경 속에서 대중매체는 뉴욕의 트렌드를 전 세계에 실어나르며 누구나 뉴요커처럼 시크한 라이프스타일을 누릴 수 있다는 환상을 심어준다. 한국에 살더라도 뉴요커의 내밀한 취향과 감수성을 공유한다면 당신은 당당히 뉴요커라고 선언할 수 있다. '뉴요커'로 불리는 이 정체성은 시공간적 구체성보다는 무엇을 먹고 마시며 소비하는지, 자신의 삶과 주변에 대해 어떤 태도를 가지며 어떻게 행동하는지에 의해 결정되는 것이다.

새로운 도시 라이프스타일 잡지 『뉴욕』

토머스 프랭크는 『쿨의 정복』에서 1950년대와 1960년대 미국 기업이 순응적이고 창의성 없는 '조직인간 Organization Man'에 비판적이었으며, 억압적 체제를 전복시키려던 반문화운동만큼 역동적으로 기존의 가치를 극복하기 위해 노력했음을 보여준다. 그는 자기해방적 주체가 되기 위해 저항하던 젊은이들이 체제를 위협하기보다 오히려 자본주의의 새로운 가능성을 열었다고 지적한다.

토머스 프랭크에 따르면 당시 기업들은 젊은층의 반문화운동에 새로운 경영방식, 마케팅, 소비자 태도 등의 전제가 되는 가치가 내재되어 있음을 알았기 때문에 "반문화를 소비문화를 저해하거나 위협하는 적으로 본 것이 아니라, 희망의 전조이자 그들의 전투에서 하나의 상징적인 동맹으로 여겼다." 이 시기에 인간의 자율적 동기를 강조한 Y이론이 도입되었고, 라이프스타일 유형의 분석이 마케팅에서 중요하다는 인식이 확립되었다. 또한 인구학적·심리학적 조사를 바탕으로 시장이 세분화되기 시작했으며, 브랜드 이미지와 소비자 정체성이 중요한 마케팅 요소로 부각되었다. '저항의 시대'로 기억되는 1960년대는 미국 기업에는 새로운 '도전의 시대'였다.[15]

『타임』과 『에스콰이어』 등에서 저널리스트로 일했던 클레이 펠커는 전후 미국 사회에서 일어난 소비혁명이 당시의 정치사회적 변화보다 더욱 깊고 폭넓다고 생각했다. '매디슨가(뉴욕의 광고업계)'의 인구학적·심리학적 연구를 충분히 이해하고 있던 그는 새로운 소비계층으로 떠오르던 젊은 중간계급에 호소하는 새로운 매체와 저널리즘이 필요하다고 보았다. 1967년 펠커는 『뉴욕 헤럴드 트리뷴』의 일요일판 섹션이 사라질 위기에 처하자 밀턴 글레이저와 함께 그 판권을 인수해 새로운 주간지 『뉴욕』을 창간했다.

New York

THE NEW YORKER

『뉴욕』은 반체제적이고 반문화적으로 보이던 젊은층의 내밀한 욕구를 정확히 읽어내 이들을 독자로 확보하기 위해 노력했다. 주류 상업매체가 단지 광고하기 위해 독자를 이용한다고 생각하던 젊은층을 독자로 끌어들이려면 무엇보다 신뢰를 얻을 필요가 있었다. 펠커는 톰 울프, 지미 브레슬린, 글로리아 스타이넘 같은 대담한 필체와 문제의식을 가진 작가를 불러모았다. 이들은 『뉴욕』에서 일상적이고 주관적 언어로 도시일상과 관련된 주제를 독자의 관점에서 다루면서 그들이 실제 삶에서 부딪히는 문제를 명확하게 볼 수 있도록 해주었다. 이는 나중에 객관적 보도보다는 주관적 시각으로 구체적이고 깊이 있는 묘사를 추구하는 이른바 '뉴저널리즘'으로 정식화되었다.[16]

『뉴욕』은 지면 디자인을 차별화해 진정성과 상업성을 동시에 추구하려고 했다. 일반기사 지면에는 엄격하고 정직한 스타일을 사용해 기사의 신뢰성을 확보한 반면, 라이프스타일 지면에는 현란한 일러스트와 레이아웃을 써서 시각적 즐거움을 제공했다. 이는 텔레비전 등 영상매체에 익숙해지던 사람들의 감각에 발맞추려는 시도이기도 했다. 지면 내용에서도 사회문제 기사와 소비정보 칼럼을 적절하게 결합해서 타깃으로 삼은 백인 중간계급 젊은이들의 '정치'와 '소비'에 대한 정보 욕구를 충족시켜주었다. 『뉴욕』은 당시 주류매체에서 잘 다루지 않던 인종차별·빈곤·페미니즘 같은 주제들을 직접적으로 다루는 한편, 뉴욕의 독특하고 잘 알려지지 않은 레스토랑, 음식 등에 대한 정보나 기사, 칼럼 등도 제공했다.[17]

정치와 욕망 사이의 『뉴욕』

『뉴욕』의 주요 독자인 젊은 중간계급은 교육수준이 높고, 지위상승을 추구하면서도 기존의 가치를 거부하며, 새로운 생활방식을 통한 자기 표현과 실현을 중시했다. 도시의 중요한 문화적 소비자로 부상한 이들은 새로운 문화와 전위적 예술형식에 관심을 가졌고, 섹슈얼리티 등 다양한 정체성에 기반한 대안적 삶에도 호의적이었다. 또한 새로운 취향과 감수성, 차별적 소비를 통한 '문화자본' 획득에 민감했다. 『뉴욕』을 만들던 이들도 이 중간계급의 일부이면서, 부르디외 식으로 표현하면 새로운 '문화 매개자cultural intermediaries'였다. 문화매개자는 광고·방송·잡지·패션·디자인 등의 분야에 종사하면서 대중들에게 상징 재화와 서비스를 제공하는 이들부터 다이어트 지도자, 심리상담사 등 개인의 '몸'과 '정신'의 관리에 관여하는 이들까지 포함한다. 이들은 문화산업이 발전하고 상징·기호·이미지의 소비가 늘면서 대중의 삶에 더욱 큰 영향을 미친다.[18]

1960년대와 1970년대 『뉴욕』은 도시의 중간계급에 새로운 생활양식과 취향, 감각을 환기·전달하고 재생산하는 대중매체 중 하나였다. 『뉴욕』은 고급문화와 대중문화의 경계를 가로지르며 독자들에게 실용적이면서도 차별적 소비로 문화자본을 획득할 수 있는 정보와 기사, 칼럼을 제공하는 전략을 취했다. 창간호에는 뉴욕을 방문한 보르헤스의 시 낭독회와 '오프오프 브로드웨이' 공연소식, 아카데미 시상식에 관한 정보가 함께 실렸다. 또한 고급 프랑스 레스토랑에 관한 리뷰를 싣는 한편, 「언더그라운드 미식가」 코너에서 값싸고 덜 알려진 에스닉 요리에 관한 기사를 실었다. 「열정적인 소비자」 코너에서는 부두의 새벽 청과경매시장에서 파는 신선한 재료나 '피클' 같은 유대 음식을 소개했다. 사라져가거나 장인적 특성을 지닌 독특한 물건이나 음식, 패션 등에 대한 정보를 전달한 『뉴욕』은 대량생산품에 거부감을 보이며 '진정성 authenticity' 있는 문화와 삶을 추구하던 젊은층의 시선을 사로잡았다.[19]

『뉴욕』은 고급문화 지향적이고 엘리트주의적인 『뉴요커』와 달리 무엇을 입고 사고 먹어야 하는지에 관한 소비정보를 직접 제공하며 '소비의 쾌락'을 감추지도 않았다. 이는 "윤리적 소비"나 "지배적 라이프스타일의 거부"라는 이상을 내세우며 부상하던 환경운동이나 소비자운동과 충돌하는 듯 보였지만, 『뉴욕』은 오히려 이러한 대안적 라이프스타일에 관한 이슈를 지면에서 직접 다루었다. 환경문제에 대한 관심이 증가하고, 기업에 대한 불신이 커지고, 소비자 권리에 대한 인식이 확산되던 시기에 『뉴욕』은 소비문화의 새로운 문법을 만들어내던 매체 중 하나였다. 바로 라이프스타일의 개인적 '선택'을 통한 '자기실현'과 '도덕추구'라는 새로운 윤리적 감수성이었다. 이는 특히 상대적으로 경제적 지위가 불안정하고 문화적 자본이 풍부하면서도 도덕적으로 민감한 도시의 젊은 중간계급의 새로운 삶의 전략이 되었다.[20]

1960년대 반체제적이고 반문화적인 젊은이들을 성공적으로 '라이프스타일' 잡지의 독자로 흡수한 『뉴욕』은 집단적 정치저항을 통한 사회변화보다는 '개인'의 욕망이 더욱 부각되기 시작한 시대의 매체였다. 1970년대 미국에서는 요가・동양철학・명상・조깅 등이 대중화되고,

자조나 자기향상과 관련된 서적 등이 유행하면서 개인의 욕망과 자기치유, 자기계발 등에 대한 관심이 높아졌다. 1976년 『뉴욕』의 대표적 저널리스트 톰 울프가 쓴 「나의 시대 Me Decade」는 이러한 시대적 분위기를 잘 보여준다. 그는 미국 사회가 새로운 의식혁명을 겪고 있다고 주장하며, "오랜 연금술의 꿈은 값싼 금속을 금으로 바꾸는 것이었다. 새로운 연금술의 꿈은 개인의 인성을 변화시키는 것이다. 그것은 자신의 진정한 자아를 개조하고 재형성하고 고양시키며 갈고닦는 것이며 …… '나!'를 세심히 살피며 연구하는 것이다"라고 말했다.

새로운 감각과 언어, 저널리즘으로 무장한 『뉴욕』은 도시 라이프스타일의 전형을 개척하며 엄청난 성공을 거두었다. 첫 해 5만 부였던 『뉴욕』의 발행부수는 5년 뒤엔 33만5천 부로 늘어났다. 일부 작가와 저널리스트들은 『뉴욕』이 사회문제를 피상적으로 다루고 정치를 이용해 장사한다며 잡지를 떠났다. 글로리아 스타이넘 등 페미니스트 작가들은 『뉴욕』이 전위적으로 보이지만 사실은 성역할에 대한 고정관념을 재생산하는 기존의 잡지들과 큰 차이가 없다고 비판하며, 1972년 미국 최초의 여성운동 잡지 『미즈』를 창간했다. 『뉴욕』은 점점 소비정보를 제공하는 잡지로 탈바꿈했고, 이러한 경향은 1970년대 후반 미디어 재벌 루퍼트 머독에게 인수된 뒤 더욱 심화되었다(머독은 1991년 『뉴욕』을 매각했다). 『뉴욕』에서 진지하게 사회문제를 다루는 기사는 줄어들었고 대신 소비에 관련된 정보와 광고 지면이 늘어났다. 간혹 빈곤이나 인종차별 같은 문제가 등장할 때도 백인 중간계급의 이해가 직접적으로 결부된 경우밖에 없었다.

대안적 라이프스타일의 벽

도시가 문화적 소비와 자본축적의 중요한 장소로서 더욱 중요해진 1970년대 이후 『뉴욕』 같은 도시 라이프스타일 잡지는 도시공간에 대한 새로운 관점을 생산하고 지배적으로 만드는 역할을 했다. 도시는 탐험하고 발견하고 경험해야 하는 곳이며, 일상의 심미화가 완성되는 장소이며, 소비의 쾌락을 극대화하는 공간이었다. 19세기 유럽의 대도시에서도 이런 도시성urbanism이 나타났지만, 이제는 광범위하게 형성된 새로운 중간계급과 전 세계를 자유롭게 이동하는 계층의 이해관계를 반영해야 했다. 각 도시들은 경쟁에서 앞서기 위해 좋은 기업환경만이 아니라 매력적인 문화 소비공간이 되기 위해 노력한다. 특정한 취향·성향·가치체계를 가진 라이프스타일을 적극적으로 생산하고 브랜드화해 마케팅한다. 우리가 아는 '뉴욕 라이프스타일'은 이러한 사회적 변화 속에서 형성되고 상품화된 것이다. 앞서 말했듯 이것은 다양하고 이질적인 뉴요커의 삶을 보여주기보다 특정한 형태로 추상화된 것뿐이다.

부르디외의 말처럼 취향의 좋고 나쁨을 가르는 위계구조는 역사적으로 고정되지 않으며, 개인적으로 보이는 취향은 권력관계가 반영된 사회적 구성물이다. 그리고 취향에 관한 판단과 평가는 사회적 권력관계를 강화한다. 2000년대 이후 우리가 본격적으로 접하기 시작한 '뉴욕 라이프스타일'에는 개인의 행복을 결정하는 것은 자신이 선택한 라이프스타일이며, 가난과 범죄 같은 사회적 문제조차 개인의 책임이라는

윤리가 함의되어 있다. 시크, 에지edgy, 힙 따위의 수식어들이 '뉴욕 라이프스타일'이 지닌 윤리적 의미의 냉혹함을 감추지만, 그 속살은 "집합적 행동 형태로부터의 정치적 후퇴와 강력한 소유주의적 개인주의로 규정될 수 있는 신자유주의적 윤리"[21]의 전형적 모습이다.

한국 사회는 개인의 선택으로 얻을 수 있는 행복과 쾌락의 극치를 '상상된 뉴욕'에서 발견한다. 이를 단순히 외국문화에 대한 동경과 과시적 소비로 지적하고 말 문제는 아니다. 앞서 말했듯 뉴욕의 문화산업과 언론계에 종사하는 사람들이 세상을 바라보는 방식은 한국의 취향 생산자·트렌드세터·문화매개자·여론형성자 등에 영향을 미친다. 이들은 단지 한국 사회에서 취향·성향·가치체계의 판단기준을 제시하고 위계구조를 세우며, 대중이 그것을 향유하고 자기화할 수 있는 특정한 언어를 제공한다. 영화나 레스토랑에 매기는 별점에서부터 감각적 언어로 라이프스타일과 상품을 사람들의 생활과 연결시키기, 때론 기존의 가치를 전복시키는 쾌락을 느끼게 해주는 반항적 언어의 평론이나 팍팍한 삶과 상처를 어루만져주는 따뜻한 심리학적 조언까지 그 방식은 다양하다. 그 언어들 대부분은 라이프스타일의 선택으로 행복을 얻고 온갖 사회적 난관을 헤쳐나갈 수 있다고 말하고 또한 믿도록 하면서 기존의 권력관계와 사회질서를 더욱 부드럽게 재생산하는 역할을 한다.

현재의 '뉴욕 라이프스타일'은 1960년대의 반문화운동에 많은 빚을 지고 있다. 토머스 프랭크의 말처럼 기업들은 단순히 반문화의 언어를 상술 차원에서 이용한 것이 아니라 사람들의 욕망과 언어를 정확히 이해했을지도 모른다. 윤리적 소비, 친환경적 생활습관, 지역 농산물 구입 같은 대안적 라이프스타일을 추구하는 이가 많아졌음에도 뉴욕의 부동산 가격은 치솟았고 사회 양극화는 가파르게 진행되었다. 자본주의가 이조차 '대안'이 아닌 '매력'으로, 곧 부르주아의 취향과 라이프스타일로 받아들였기 때문이다. 이제는 부유한 이들마저 대안적 라이프스타일을 자기화했음을 자랑스러워한다.

『뉴욕 타임스』의 칼럼니스트 데이비드 브룩스는 2000년 출간된 책에서 보보스(bobos, 보헤미안 성향을 가진 부르주아)가 예전의 귀족들이 사용했던 "우아하고, 고상하고, 훌륭하고, 단정하고, 풍족하고, 고급스럽고, 기품 있고, 화려하고, 위엄 있고, 장엄하고, 사치스럽고" 따위의 언어를 경멸하는 대신에 이제 "진정성 있고, 꾸밈없고, 따뜻하고, 소박하고, 담백하고, 정직하고, 고유하고, 편안하고, 장인 기질의, 독특하고, 분별 있고, 진실된"이라는 말을 더 선호한다고 이야기한다.[22] 개인이 라이프스타일을 선택해 자유를 추구하고 자기실현한다는 논리구조 아래서 보보스의 삶은 전혀 흠잡을 데가 없다. 그들은 진정성과 진실성이라는 언어마저 차지한 것이다.

1달러짜리 꿈을 꾸는 사람들

뉴욕을 강타한 복권 열풍

"자식 놈 주택대출 받은 거 갚아줄 거야."
"농장 딸린 집을 사야지."
"나는 우리 회사 사장을 잘라버리겠어."
"아마 불안해서 밖에 못 돌아다닐 걸. 경찰서에서 지내야 할 거야."

작은 종이 한 장을 손에 들고 다른 인생을 상상한다. 머릿속에서 백만장자가 되기도 하고 기부천사가 되기도 한다. 이뿐만이 아니다. 그동안 자기를 괄시했던 사람들 앞에서 떵떵거리면서 으스대는 상상도 한다. 복권처럼 단 몇천 원의 투자로 지긋지긋한 일상과 결별하게 해주는 오락은 흔치 않다. 하지만 복권은 고약하게도 고단한 삶을 위로하는 척하며 희망을 착취한다. 꼬박꼬박 은행으로 봉급이 들어오긴 하지만 이것저것 떼고 나면 결국 남는 것이 없는 팍팍한 월급쟁이에게, 아침 일찍 가게를 열고 밤늦게 닫아야 하는 서글픈 자영업자에게 복권은 다정하게 손을 내민다. 또 알뜰하게 장을 보고 돌아가는 주부의 지친 발걸음을 돌려세우고, 변변한 직장 하나 잡기 어려운 이팔청춘 젊은이의 막막함을 채워준다. 그리고 미소 띤 얼굴로 말한다. "다음 기회에!"

먹고사는 게 전쟁이고 삶이 고달픈 건 뉴욕이라고 다를 바 없다. 뉴요커들이 품는 인생역전 대박의 꿈도 여느 보통사람들과 비슷하다. 앞의 희망사항은 1985년 8월 뉴욕주 로또의 누적금액이 4100만 달러까지 올라갔을 때, 꿈에 부푼 뉴요커들이 말한 것이다.[23] 보도에 따르면, 총 상금액이 뉴욕주 역사상 최고인 1800만 달러가 되자 복권판매소는 백만장자가 되려는 사람들로 문전성시를 이뤘고, 일주일 만에 총 상금액은 당시 북아메리카 역사상 최고인 4100만 달러로 뛰었다. 그야말로 로또 열풍이었다. 한 이민자는 당첨금으로 무엇을 할 것이냐고 묻는 기자에게 자유의 여신상에 바치겠다고 했고, 한 경찰관은 기아에 신음하는 아프리카에 많은 돈을 기부할 것이라고 말했다. 모두 백만장자가 되는 한여름 밤의 달콤한 꿈에 취했다.

4100만 달러의 행운은 공동으로 복권을 구입한 21명의 공장노동자들에게 찾아갔다. 대부분이 갓 미국으로 건너온 이민자였던 그들에게 골고루 나뉜 행운은 그야말로 미국적 이야기였다. 열심히 일하면 아메리칸드림을 이룰 수 있다는 전통적 이야기와는 다소 거리가 있지만 어쨌든 아메리칸드림이 이루어진 것은 분명했다.

이제 당첨금액이 훨씬 더 높게 올라가도 예전 같은 대중적 열기와 언론의 관심은 재연되지 않는다. 대신 복권은 보통사람들의 일상에 더욱 바짝 달라붙었다. 2004년 미국 성인은 1인당 평균 165.81달러를 복권에 지출했다. 이는 도서구입(130달러)과 극장에서 영화감상(32.55달러)을 위해 쓴 돈을 합친 것보다 약간 더 많은 액수였다.[24] 뉴욕의 복권판매소에는 '로또'와 '메가밀리언즈' 같은 잭팟 게임에서부터 하루에 한두 번씩 추첨하는 데일리 게임, 1~30달러의 다양한 즉석복권에 이르기까지 어림잡아 삼사십 종의 복권이 진열되어 있다.

맨해튼의 관광지역에서는 상대적으로 눈에 덜 띄지만, 외곽의 평범하거나 가난한 동네에 가면 (한국으로 치면 동네 슈퍼마켓쯤 되는) 델리나 캔디스토어에서 복권을 사는 사람들을 쉽게 볼 수 있다. 대체로 소득이 적거나 나이가 많고 교육수준이 낮을수록 복권을 더 많이 구입한다. 1999년 미국 연방정부의 연구보고서에 따르면 연간 소득 1만 달러 이하의 소득집단이 복권을 가장 많이 구입하고, 고등학교 중퇴자는 대학졸업자보다 4배나 더 많이 복권을 구입한다.[25] 정부와 복권 관련 업계는 복권사업이 저소득층을 더욱 빈곤하게 한다는 주장을 받아들이진 않지만, 저소득층의 소득 대비 지출의 비중이 중·고소득층보다 월등히 높다는 사실은 부정하지 못한다.

우문현답? 복권을 사는 이유는

브루클린의 클린턴힐이라고 불리는 지역의 한 델리. 복권기계가 숫자를 찍어내면서 돌아간다. 인근의 예술대학 프랫에 다니는 대학생과 예술 관련 분야에 종사하는 젊은이가 많이 살긴 하지만, 저소득층 주민도 많은 동네다. 주인에게 어떤 사람들이 복권을 사냐고 물었더니 주로 나이든 사람이나 (아주 완곡하게) 부자가 아닌 이들이 주로 산다고 대답한다. 또 젊은 사람들은 약아서 복권 같은 건 잘 안 한다고 귀띔해준다. 어떤 복권이 가장 인기 있냐고 물으니 하루에 두 번씩 추첨하는 복권을 손으로 가리킨다.

마침 허름하게 차려입은 한 흑인 아저씨가 들어오더니 주머니에서 꼬깃꼬깃하게 구겨진 종이를 꺼내 점원에게 건넨다. 점원이 종이에 적힌 숫자를 능숙하게 입력하자 기계는 복권들을 하나하나 뱉어내기 시작한다. 얼마치 샀냐고 묻자 숫자를 적어온 종이를 확인해보더니 24달러어치를 샀다고 한다. 매일 오냐고 물으니 그렇다고 한다. 하루에 보통 5달러에서 10달러어치, 그날 주머니 사정에 따라 구입 액수가 다르다고 했다. 지이잉 지지징, 종이 위에 잉크를 찍어내는 날카로운 기계음이 이어진다. 그는 내게 생각 있으면 해보라며 사근사근 웃는다. 그러면서도 자기는 절대 복권을 사라곤 권하지 않겠다고 한다. 가게 문을 나서는 아저씨를 쫓아가 몇 마디 더 물어본다.

"뉴욕에서 태어나셨어요? 이민 오신 건가요?"

"카리브 지역에서 왔지."

"뉴욕에 사신 지는 얼마나 되셨나요?"

(잠시 기억을 더듬더니) "한 17~18년 되었네."

"그런데 왜 저한테는 하지 말라고 하면서 아저씨는 매일매일 하는 거죠?"

"당연히 얻는 것보다 잃는 게 많다는 걸 알기 때문이지. 나는 매일매일 잃어. 허허허. 그래도 어쩔 수 없어. 이건 술이나 마약 같아. 중독되면 빠져나올 수 없어. 계속해야 돼. 그래도 나는 마약은 안 해."

"혹시 무슨 일 하는지 물어봐도 될까요?"

"페인트칠도 하고 가끔 교외지역에 가서 음악도 연주해. 먹고살기 위해 이것저것 닥치는 대로 하지."

"복권이 당첨돼서 큰돈이 생기면 뭘 하실 건가요?"

"생각 안 해봤는데……. 아마 집이나 차 같은 걸 사겠지. 잘 모르겠네, 그건."

우문현답은 없었다. 질문은 진부했고 돌아온 답변도 예상대로였다. 고달픈 인생살이에 지친 세상 모든 이가 이런 상투적 답을 들려줄 것이다. 사람들은 소용없는 짓인 줄 알면서도 행여나 자신에게 행운이 찾아올지도 모른다는 작은 희망을 안고 복권을 산다. 하지만 집 사고 멋진 데 여행 다니는 것 외엔 마땅히 뭘 할지 생각조차 해보지 않는다. 어디를 둘러봐도 이런 사람투성이다. 멋진 사람보다 한번 멋들어지게 살아보고 싶은 이들 천지다. 낡은 가죽점퍼에 야구모자를 눌러쓰고 약간은 어수룩한 미소를 보여주던 그 아저씨는 이름을 묻는 내게 다음에 만나면 이야기해주겠다며 발걸음을 옮겼다.

복권과 도박을 통한 조세수입

미국에서 복권은 식민지 시절 다리나 학교, 교회 같은 공공사업의 재원확보를 위해 발행되기 시작했다. 뉴욕에서는 1746년 첫 공공복권이 발행된 이후 감옥과 빈민구제소 같은 공공시설, 킹스칼리지(컬럼비아대학교 전신) 등 교육시설과 교회 건립을 위한 자금 조달수단으로 이용되었다. 그러나 19세기에 민간기업이 복권사업에 본격적으로 참여한 뒤 미국 전역에서 복권사업과 관련한 많은 부패와 스캔들이 생겼다. 이에 건전한 노동윤리의 확립을 주장하는 청교도단체를 중심으로 복권 폐지운동이 일어났다. 평화운동, 여성운동, 감옥개혁운동, 교육개혁운동 등 사회개혁운동이 활발해지면서 이들의 주장은 더욱 힘을 얻었고, 결국 주정부들은 하나둘 복권사업을 중지했다.

1894년부터 1964년까지 미국의 모든 주에서 복권은 법적으로 금지되었다. 그러나 1964년 뉴햄프셔주가 복권의 합법화를 선언하고 오랫동안 음성적으로 행해지던 복권을 발행하기 시작했다. 이어 뉴욕주가 1966년 주민투표를 통해 복권을 합법화하고 이듬해부터 본격적으로 복권을 발행했다. 복권의 재도입이 쉽지는 않았다. 1960년대 중반 뉴욕 주 의회와 시민사회에서는 많은 논쟁이 있었다. 찬성하는 쪽은 현재의 세금제도로는 주 예산을 충당하는 데 한계가 있다며 복권 도입을 주장했다. 이들은 복권 수입이 전적으로 교육 분야에 쓰일 것이기 때문에 뉴욕주의 미래에 도움이 된다는 논리를 내세웠다. 하지만 기독교단체를 중심으로 한 반대론자들은 복권이 건전한 사회윤리를 훼손하고 경제적 소외계층에 악영향을 끼친다고 주장했다. 이미 합법화된 경마장도 문제인데 주정부가 복권마저 판매한다면 도박의 '유비쿼터스ubiquitous화'가 일어날 것은 자명했다.

거센 반대에도 불구하고 복권 도입 법안은 주민투표에서 61퍼센트 지지를 얻어 통과되었다. 처음에는 추첨식 복권 하나였지만 이후 주정부는 즉석복권, 숫자를 선택하는 게임, 매일 추첨하는 데일리 게임과 로또 등을 차례로 도입했고, 2000년대에는 카지노의 슬롯머신과 비슷한 '비디오 복권 단말기Video Lottery Terminal'를 허용했다. 복권을 사는 사람들은 추첨일을 기다리는 수동적 참여자에서 그 자리에서 긁어보고 매일매일 확인하며 더 큰 당첨금을 노리는 능동적 참여자가 되어갔다. 주정부가 발행하는 복권은 도박의 유비쿼터스적 외부환경을 구축하는 일이기도 했지만, 유비쿼터스적 사행심을 사람들의 마음속에 만드는 것이기도 했다.

이제 불법복권을 살 필요가 없어졌다. 오히려 복권을 사면 교육에 기여한다는 명분도 생겼다. 그렇지만 복권 판매수입은 교육 분야에 쓰이는 일반예산을 보완한 것이 아니라 대체했기 때문에 교육예산의 증가나 교육의 질 향상과는 상관없었다.[26] 대신 복권의 합법화는 미국에서 도박산업이 확산되는 데 기여했다. 세수확대를 목적으로 한 복권이 성공적으로 받아들여지자 주정부들은 수입증대를 이유로 더욱 적극적으로 카지노 산업을 합법화하고 각종 사행성 게임을 도입했다.[27]

도덕적 비난과 '역진세'라는 비판에도 복권이 합법화될 수 있었던 것은 1960년대 이후 미국 사회의 정치사회적 변화와 관련이 있다. 정치인들은 재정수입을 늘리기 위한 정책적 수단 중 하나로 세금을 인상하는 대신 복권을 도입했다. 넬슨 록펠러 뉴욕 주지사(1959-1973)는 복권이 가장 퇴행적 세금이라며 비판했지만, 1966년 복권 도입 법안이 주민투표에서 통과되자 복권사업을 적극적으로 추진해나갔다. 그때는 대규모 공공사업과 교육, 복지, 의료보조에 따른 지출에 균형을 맞추기 위해 인상한 세금이 그의 인기를 떨어뜨리고 있었다.[28] 정치인으로서는 정치적 갈등의 여지가 큰 세금인상보다는 도덕적 비판만 무마하면 되는 복권이 재정수입을 늘리는 데 훨씬 더 쉬운 수단이었다.

복권에 대한 대중의 태도도 점점 호의적으로 변했다. 갤럽의 설문조사에 따르면 1960년대 초중반 50퍼센트 정도였던 복권 도입에 대한 미국인들의 찬성률은 1985년 71퍼센트까지 상승했다.[29] 뉴햄프셔와 뉴욕에 이어 1970~1980년대 30개 주가, 1990년대 11개 주가 복권을 합법화했다. 이 시기에 대공황과 전쟁을 거치면서 상대적으로 진보적이 되었던 미국의 조세정책은 기업과 소득 상위계층에 대한 감세로 방향을 선회했다. 대신 중간계급과 노동자계급의 조세부담률이 더 높아졌다. 이처럼 미국에서 복권은 1960년대 후반 이후 전반적인 반세금 정서와 부자 감세정책, 복지정책의 후퇴 등 불평등을 심화시키는 정치경제적 변화 속에서 확산되었다. 부자에게 감세 혜택을 주었다면, 서민에게는 복지를 줄이는 대신 복권과 도박을 할 기회를 준 것이다.

최근 뉴욕 등 재정적자에 시달리는 주정부들은 복권사업을 다시 민영화하려는 계획을 세우고 있다. 2008년 9월 말 데이비드 패터슨 뉴욕 주지사(2007~)는 재정위기를 극복하기 위해 현재 주정부가 관리하는 복

권사업이나 다리 같은 공공자산의 민영화에 대한 연구를 진행할 것이라고 말했다.[30] 그는 복권사업의 민영화를 위해 민관 파트너십, 장기임대, 완전 민영화 등 모든 방법을 고려할 것이라고 했다. 1960년대 복권 도입 당시 복권사업으로 교육의 질을 향상시킬 것이라고 했듯이, 뉴욕 주정부는 복권사업의 민영화 수익 일부를 교육부문에 투자해 교육의 질을 높일 것이라고 말한다. 그러나 미 연방 법무부는 캘리포니아·뉴욕 등 복권사업을 민영화하려는 주에 복권사업을 민영화할 수 없으며, 주정부가 복권사업에 대한 통제권을 가져야 하고 장기임대도 할 수 없다고 밝혔다.[31]

뉴욕주가 재정적자를 해소하기 위해 선택한 다른 방법은 예산삭감이다. 뉴욕주 정부와 의회는 2008년 회계연도 예산에서 4억2700만 달러를 삭감했다. 패터슨 주지사는 뉴욕 주정부의 계속되는 재정적자와 월스트리트의 위기로 인한 세수감소 때문에 예산감축이 불가피하다고 말했다. 『월스트리트 저널』 같은 보수언론은 기업활동을 위축시킬 우려가 있는 세금인상보다 정부지출의 효율성 제고를 통해 재정적자를 해소해야 한다고 주장했다. 예산삭감은 지방정부의 인원감축과 교육비·의료보조금 삭감 등 저소득층 주민들이 직접 타격을 받을 수밖에 없는 공공서비스 분야에 집중되었다.

이러한 뉴욕 주정부의 예산삭감 움직임에 노벨경제학상 수상자 조지프 스티글리츠는 데이비드 패터슨 주지사에게 보내는 공개편지를 통해 충고했다. 그는 "부시 대통령은 세금감면을 통해 미국의 모든 문제를 해결할 수 있을 것이라고 국민들을 설득해왔지만, 사실 현재 미국이 직면한 많은 문제들은 잘못된 세금감면 정책의 직접적 결과"라고 말했다. 그러면서 뉴욕주는 예산감축보다는 고소득자에 대한 소득세율 인상을 통해 재정적자를 해소하고, 사회보장제에 대한 지출과 정부고용을 유지함으로써 경기침체에 대응해야 한다고 주장했다.[32] 물론 그의 충고는 받아들여지지 않았다. 그러는 사이 뉴욕 주정부는 JFK공항 근처에 카지노를 짓기로 민간기업과 계약을 맺었다. 물론 일자리를 창출하고 세수를 확보한다는 이유에서였다.[33]

이후에도 뉴욕주의 경제학자 1백여 명이 고소득자에 대한 세금인상을 통해 재정적자를 해소할 것을 촉구했지만 받아들여지지 않았고, 뉴욕 주정부의 예산삭감은 계속 추진되고 있다. 2010년 패터슨 주정부는 74억 달러의 재정적자를 줄이기 위해 교육·건강·공원·교통·노인요양소 등 거의 모든 공공서비스 분야의 예산을 삭감하는 안을 내놓았다. 대신 담배세를 인상하고, 식료품점에서 와인을 팔도록 허용하고, 주정부가 운영하는 비디오 복권 단말기의 운영시간을 연장하는 안을 검토하고 있다. 이 예산안은 주의회를 비롯한 뉴욕주의 많은 시민과 시민단체의 반대에 직면해 있다.

도박 권하는 사회

놀이로서 도박이 있고, 사회정책의 한 부분으로 도박이 있다. 노름꾼은 언제 어디에나 존재했지만 지금처럼 국가가 나서서 모든 사람을 노름꾼으로 만들려고 한 사회는 없었다. 신분사회에서는 도박을 통해

신분이라는 운명의 굴레를 벗어날 수 없었지만, 자본주의적 계급사회에서는 도박이나 복권을 통해 인생 전체를 바꿀 수 있다. 국가가 '인생역전'과 '대박'의 신화를 체계적으로 만들어내고 장려할수록 놀이로서 도박은 자본주의적 논리 안으로 점점 포섭된다.

　월스트리트를 걷다가 신문가판대 옆에서 즉석복권을 긁는 두 청년에게 말을 걸었다. 호텔의 도어맨으로 일한다는 그들은 쉬는 시간에 나와 게임하고 play 있다고 답했다. 단지 재미로 일주일에 몇 달러어치를 살 뿐 많은 돈을 쓰지 않는다고도 했다. 오늘도 꽝이 걸린 듯 복권을 버리고는 걸음을 옮긴다. 세상은 일하는 중에도 이렇게 짬을 내서 오락할 권리를 준다. 매일매일 작고 씁쓸한 실패를 겪는 사람들이 삶의 궤도에서 이탈하지 않도록 복권이라는 작은 선물을 건네준다.

몇천 원짜리, 몇 달러짜리 거대한 환상을 사서 주머니에 집어넣고 사람들은 다시 집으로, 일터로 돌아간다. "당신에게 필요한 것은 1달러와 꿈뿐"이라고 속삭이는 뉴욕주의 소득 불평등은 미국에서 가장 심하다(2008년 뉴욕주의 지니계수는 0.503으로 미국에서 가장 높다. 미국 전체의 지니계수는 0.469다). '카지노' 자본주의는 금융자본의 투기만을 뜻하지 않는다. 삶의 불안정성이 높아지는데도 사람들에게 계속 도전과 도박을 권하는 사회가 바로 카지노 자본주의의 맨얼굴이다.

청년들을 만난 곳에서 몇 블록 떨어진 뉴욕증권거래소 앞에서는 한 무리의 사람들이 "민중을 원조하라"고 적힌 피켓을 들고 시위하고 있었다. 이들은 부자들 대신에 학생과 노동자, 가난한 사람들을 위한 정책을 펴라고 촉구했다. 그들은 월스트리트에 대한 구제금융은 부자를 돕는 일일 뿐이라며, 자본주의는 지금 자신의 실패를 드러내고 있다고 주장했다. 68세대로 보이는 노년의 급진주의자들이 신문을 돌리고 서명을 받았다. 이들에게 호응하는 시민들도 있었고, 무심히 지켜보는 구경꾼들도 있었다. 관광객들은 월스트리트에서 자본주의를 경멸하는 이들을 보는 게 신기한 듯 사진을 찍어댔다. 햇빛이 들지 않는 월스트리트의 빌딩숲들 사이에서 뉴욕의 가을은 그렇게 깊어갔다.

혁명은 텔레비전에 나오지 않는다

랩의 대부 스캇헤론

　겨울바람이 매섭던 2009년 2월의 어느 날 밤, 맨해튼 그리니치빌리지 남쪽 끝에 위치한 'S. O. B.'라는 작은 클럽에서 백 명 남짓의 사람들이 '길 스캇헤론'의 공연을 기다리고 있었다. 공연시간 10분 전에 도착한 나는 통로 한쪽에 겨우 자리를 잡고 사람들 사이에서 어렵게 시야를 확보했다. 그러나 예정된 공연시간에서 한 시간 반이 지나도록 연주자들은 모습을 드러내지 않았고, 작은 무대에 설치된 조명과 악기들만이 애타는 관객들의 시선을 무심히 받아내고 있었다.
　동양인이 혼자 있는 게 안쓰러웠는지 20대로 보이는 흑인 여자가 말을 붙여왔다. 직장을 마치자마자 택시를 타고 급하게 달려왔다는 그녀는 한국에서 온 내가 길 스캇헤론을 안다는 사실을 신기해했다. 프랜이라고 자신을 소개한 그녀는 스캇헤론이 아프리칸 아메리칸 젊은이들의 삶과 경험을 가장 정확하게 그려내는 작가라고 말했다. 그녀는 스캇헤론의 책과 노래를 매우 사랑하며, 자신이 그가 다녔던 링컨대학을 졸업했다는 말을 덧붙였다. 또한 링컨대학교 어느 건물의 한 벽이 그의 사진과 글로 빼곡히 채워져 있다고 귀띔해주었다. 그날 밤 사람들이 가장 듣고 싶어 한 노래 〈혁명은 텔레비전에 나오지 않아 Revolution Will Not Be Televised〉의 가사가 그곳에 쓰여 있을 것임을 어렵지 않게 추측할 수 있었다.

집안에 박혀 있을 수는 없을 거야, 형제여

코드를 꽂고 TV를 켠 채 책임을 회피할 순 없을 거야

헤로인에 빠져 있을 수는 없을 거야

혁명은 닉슨의 사진을 보여주지 않을 거야

혁명은 네 입에다 대고 섹스어필하지 않을 거야

NBC는 8시 32분에 당선자를 예측할 수 없을 거야

코카콜라가 혁명을 만들지는 않을 거야

혁명은 너를 운전석에 앉힐 거야

혁명은 텔레비전에 나오지 않을 거야

혁명은 재방송되지도 않을 거야

혁명은 라이브가 될 거야 ★

길 스캇헤론은 '랩의 대부' 혹은 '힙합의 대부'라고 불리는 흑인 가수이자 시인이며 작가다. 뮤지션의 명성이라는 면에서 그는 대중음악 서적과 잡지들이 선정하는 '베스트 뮤지션' 따위의 목록에 오를 만큼 중요한 인물이 아닐지 모른다. 그러나 스캇헤론을 기억하는 사람들은 1970년대와 1980년대에 발표된 그의 노래가 '여전히' 아니 '오히려 더욱' 미국의 현실을 날카롭게 비판하고 있다고 말한다. 길 스캇헤론은 1970년대부터 현재까지의 미국 사회를, 그리고 미국의 게토지역에서 태어난 힙합을 온전히 이해하기 위한 출발점이다. 그의 노래는 이념적으로 보수적이고 인종·계급에 따라 양극화된 미국의 어제와 오늘에 대해 말해준다.

마이너리티의 절망과 분노의 목소리

〈혁명은 텔레비전에 나오지 않아〉는 길 스캇헤론의 첫 번째 앨범 《125번로와 레녹스에서의 한담》(1970)에 처음 실렸다. 이 앨범은 할렘의 중심이면서 아프리칸 아메리칸 문화의 상징이기도 한 125번로와 레녹스로에 위치한 한 클럽에서의 라이브 공연을 녹음해 LP로 제작한 것이다. 〈혁명은 텔레비전에 나오지 않아〉가 대중의 주목을 받기 시작한 것은 두 번째 앨범 《한 남자의 편린들》(1971)에 재수록되면서부터다. 상

★ 길 스캇헤론은 〈혁명은 텔레비전에 나오지 않아〉에서 당시 광고 문구들을 차용하고, 유명 정치인과 대중문화인의 이름을 언급하면서 정치적 메시지를 전달한다. 그 시대의 대중문화에 대한 충분한 설명 없이 가사를 그대로 전달하기란 불가능하므로 여기서는 일부만 편역했다.

길 스캇헤론의 노래는 미국의 게토지역에서 태어난
힙합을 온전히 이해하기 위한 출발점이다.

업화된 대중문화와 미디어를 날카롭고 적나라한 언어로 공격한 이 곡은 아프리칸 아메리칸 커뮤니티 내외부에서 논란을 일으키며 당시 가장 논쟁적 노래 중 하나로 자리매김한다.

첫 앨범에서 스캇헤론은 대담한 화법으로 아프리칸 아메리칸의 역사와 그들이 처한 현실을 노래한다. 첫 앨범에 수록된 곡들은 멜로디 없이 콩가(아프리카 지역에서 유래된 쿠바의 춤 혹은 춤의 반주에 쓰이는 북) 같은 타악기 비트에 맞추어 시를 읽는 것에 가까웠다. 그는 〈달 위의 흰둥이〉라는 곡에서 나사의 달 탐사계획과 게토지역의 삶을 유머러스하게 대조시키며, 사람이 달에 가는 시대에 왜 미국 빈민가의 생활은 여전히 비참한지 묻는다. 스캇헤론은 도심 빈곤층을 고려하지 않는 백인우월주의 사회를 비난하는 동시에 마약과 빈곤의 악순환에서 헤어나오지 못하는 게토지역 흑인들의 패배주의와 허무주의를 비판한다.

미국에서 흑인으로 산다는 것의 비참함과 흑인이 겪어야 했던 시련들, 그리고 맬컴 엑스와 마틴 루터 킹 목사의 죽음 이후 더이상 변화를 추구하지 않고 패배주의에 빠진 사람들에 대한 고민은 〈진화(그리고 플래시백)〉라는 곡에 잘 표현되어 있다. 스캇헤론은 "1600년대에 나는 다키darkie였고 1865년까지는 노예slave였으며, 1900년대에는 니거nigger였다 …… 1960년대에 니그로negro가 되었고, 이제는 블랙black이라고 불리지만 백인들의 사랑을 구하는 이등시민일 뿐"이라고 노래한다. 스스로 배우고 고민하고 행동하려고 하지 않는 흑인 사회는 백인들에 의해 규정된 식민주의적 역사로부터 영원히 벗어날 수 없음을 지적한 것이다.

민권운동 이후 미국 사회의 보수화와 흑인 커뮤니티에서 확산되던 허무주의와 싸우려는 스캇헤론의 노력은 계속된다. 그는 〈미국의 겨울〉(1974)이라는 곡에서 아름다운 언어와 목소리로 미국의 위선을 드러낸다. 이 곡에서 스캇헤론은 1960년대 이후 사람들이 좌표를 잃었으며, 민주주의는 앞으로 나아가지 못한 채 비틀댄다고 노래한다. 민권운동이라는 거센 사회적 폭풍이 지나간 뒤 사람들은 더이상 무엇을 위해 살아야 할지, 어떤 것과 싸워야 할지 모르고 있음을 지적한 것이다. 그에게 당시의 미국은 기회의 땅이 아니라 메마르고 적막한 겨울과도 같은 곳이었다.

나그네를 환영했던 인디언과
한때 평원을 지배했던 버펄로처럼
검은 구름 밑을 도는 독수리처럼
비를 기다리면서, 비를 기다리면서

마치 해변에서 휘청대는 도시처럼
더는 서 있을 수 없는 나라에서 살면서
고속도로 밑에 묻힌 숲처럼
자랄 기회는 단 한 번도 없었어, 자랄 기회는 단 한 번도 없었어

그리고 지금은 겨울, 미국은 겨울이야
그래, 모든 치유자가 죽임을 당하고 쫓겨났어
하지만 사람들은 알아, 사람들은 알아

지금이 겨울이라는 걸, 미국은 겨울이야
아무도 싸우지 않아
무엇을 구해야 할지 모르기 때문에
네 영혼을 구해 신은 알지
미국의 겨울 속에서

스캇헤론은 1970년대와 1980년대의 미국 사회를 가장 급진적으로 비판한 대중음악 가수였다. 그는 게토지역민들의 마약중독에 관해(〈병〉, 〈엔젤 더스트〉), 남아프리카공화국의 인종분리정책에 대해(〈요하네스버그〉), 원자력발전소의 위험성에 관해(〈우리는 디트로이트에서 거의 패배했다〉), 워터게이트에 대해(〈H2O 게이트 블루스〉), 레이건 시대의 반동성에 관해(〈B급 영화〉) 비판하는 노래를 불렀다.

〈B급 영화〉에서 스캇헤론은 "글쎄, 가장 먼저 말하고 싶은 것은 '위임이래, 제기랄 mandate, my ass'"이라는 말로 레이건의 압도적 승리 저변에 깔린 미국 사회의 반동적 변화를 비판한다. 레이건이 전체 미국인의 26퍼센트가 아니라 오직 등록된 유권자 the registered voters 가운데 26퍼센트의 표를 얻었음에도 불구하고, 모든 권력이 위임된 것처럼 말해지고 레이건 또한 그렇게 행동한다고 비판한다. 스캇헤론에게 레이건의 승리는 미국인의 정치적 분별력이 역사상 가장 흐릿해졌음을 뜻했다. 그는 어느 때보다 재미있는 할리우드 영화들이 나오는데도 사람들은 더이상 영화를 보지 않는다고 했다. "인종차별이 더 심해지고 인권이 땅바닥에 떨어지고, 평화가 흔들리고 전쟁 아이템의 인기가 올라가

는" 레이건 시대의 미국의 현실이 B급영화만큼이나 흥미진진했기 때문이다.

블루시션 힙합의 뿌리

스캇헤론의 노래에는 미국 남부 흑인들의 정서와 뉴욕 고유의 다문화적 전통, 그리고 문학작품을 읽으며 담금질했을 법한 비판의식이 고스란히 녹아 있다. 어린 시절 외할머니와 함께 테네시주에 살았던 그는 블루스를 듣고 할렘 르네상스의 대표적 흑인 작가 랭스턴 휴즈의 문학작품을 읽으며 자랐다. 13세 때 뉴욕의 브롱크스로 옮겨와 그곳에서 고등학교를 졸업한 그는 가장 오래된 흑인 대학교 가운데 하나인 링컨대학교에서 학부를 마쳤다. 이후 존스홉킨스대학교에서 영문학을 공부하면서 1920년대와 1930년대 할렘르네상스시기에 활동하던 아프리칸 아메리칸 작가들의 작품을 섭렵했다. 스캇헤론은 또한 푸에르토리코인이 많이 살던 뉴욕의 첼시 지역에 정착해 라틴 음악으로부터도 많은 영향을 받았다.

이런 개인적 경험들은 스캇헤론이 아프로 아메리칸Afro-American의 삶의 조건에 대해 정치적으로 발언하고, 그 삶에 뿌리를 둔 재즈와 블루스를 힙합이라는 새로운 음악 장르로 잇는 밑바탕이 되었다. 민권운동의 시대가 막을 내리고 펑크와 디스코가 대중적 인기를 얻던 시절, 그는 재즈와 블루스 리듬이나 단순한 타악기 비트에 맞춰 정치적 '스포큰 워드spoken word'를 노래했다. 초기 힙합뮤지션의 랩은 그의 스포큰 워드에서 많은 영감을 받았다. 2003년 힙합 탄생 30주년을 맞아 영국 BBC에서 스캇헤론에 관한 다큐멘터리를 방영했다. 스캇헤론과 더불어 초기 힙합뮤지션에게 가장 큰 영향을 주었던 '마지막 시인들The Last Poets'은 인터뷰에서 스캇헤론의 음악에는 존 콜트레인의 블루스와 맬컴 엑스의 급진적 목소리가 담겨 있으며, 이 두 가지를 자신만의 음악적 감각으로 훌륭히 소화해냈다고 평가했다. 스캇헤론은 자신을 블루스Blues와 정치가Politician가 결합한 말인 '블루시션Bluesician'으로 불렀다.

하버드대학교 철학과 교수 시절 힙합 앨범을 냈던 코넬 웨스트는 힙합을 예언자적Prophetic 힙합과 콘스탄티누스적Constantinian 힙합으로 구분한다. 그에 따르면 예언자적 힙합은 살상·살인·전쟁 반대 같은 평화주의적 성격을 띠었던 초기 기독교처럼 폭력, 경찰의 학대, 빈곤 등 주로 동시대의 사회문제에 대해 비판한다.[34] 스캇헤론의 음악은 미국의 정치현실에 대한 명확한 비판의식을 가지고 있으면서도 음악적 아름다움을 포기하지 않는 예언자적 힙합의 뿌리다. 그의 음악은 랩의 황금시대로 불리던 1980년대 후반과 1990년대 초반, 〈권력과 싸워라〉를 불렀던 '퍼블릭 에너미'나 LA 경찰의 학대를 고발하는 〈어떻게 남중부에서 살아남을 것인가〉를 불렀던 아이스큐브 같은 힙합뮤지션들에게로 이어진다.

웨스트에 따르면 콘스탄티누스적 힙합은 콘스탄티누스 대제 이후 기독교가 로마제국의 종교로 군림했던 것처럼 미국이라는 제국의 일부로 기능하는 음악이다. 폭력적이고 성차별적이며 물질만능주의적 요소를 보이는 상업적 힙합 음악이 여기에 속한다. 힙합 연구자 바라키 키트와나는 랩에는 오락적recreational · 의식적conscious · 성-폭력적sex-violence 요소가 있는데, 1980년대 이후 랩 가사에 인종차별적 언어N-word와 욕설F-word이 많아진 이유를 군대와 감옥으로 꼽는다. 그는 실업 상태의 마이너리티 젊은이들은 어쩔 수 없이 군대를 가거나 마약거래에 뛰어든 경우가 많았으며, 이러한 이유로 힙합이 폭력적이고 성차별적인 군대문화, 감옥문화와 결합했다고 말한다.[35]

키트와나의 지적처럼 인종차별적인 미국 사회가 특정 인구를 사회에서 배제한 방식과 소외당한 이들이 그 속에서 추구한 생존방식이 결합하면서 힙합은 갱스터 랩처럼 폭력적이고 상업적인 문화로 변해갔다. 그들은 타인에게 두려움을 불러일으키는 위악적 행동과 말을 함으로써 정체성을 확인하고, 자신들의 영역에서 권력을 추구하는 것을 선택했다. 그 과정에서 미국 사회의 뿌리 깊은 인종차별과 가부장주의가 그들 문화의 깊숙한 곳까지 스며들었다. 길 스캇헤론 같은 이들이 염려했던 허무주의와 패배주의가 상업적 힙합의 지배적 정서가 되어버린 것이다.

폐허의 도시에서 태어난 힙합

탈산업화와 교외화 = 레볼루셔너리 로드?

많은 뛰어난 예술작품은 예술가가 자신이 살고 있는 사회와 교감하면서 빚어낸 결과물이다. 제2차 세계대전 이후 미국 사회의 탈산업화와 교외화 suburbanization 라는 변화 한가운데서 살아가야 했던 도시 게토의 젊은이들은 '힙합'을 창조해냈다.

1970년대 게토 젊은이들의 절망은 깊어만 갔다. 1950년대와 1960년대 푸에르토리코인이나 남부 아프리칸 아메리칸들은 일자리를 찾아 뉴욕 같은 대도시로 대거 이동했다. 하지만 뉴욕은 탈산업화라고 불리게 될 경제적 변화의 와중에 있었다. 노동계급 일자리의 많은 부분을 차지했던 공장과 항만 시설이 뉴욕을 떠나거나 문을 닫으면서 제조업 일은 급격히 감소했다. 1954년 23만5천여 명에 달했던 제조업 부문의 고용은 1976년에는 11만2천여 명으로 줄어들었다. 안정된 수입과 혜택을 제공했던 전통적 육체노동자의 일자리는 급격히 감소한 반면, 지식서비스산업의 일자리는 늘어났다. 대부분의 사람이 이런 산업구조의 변화를 진보라고 믿었다. 그러나 새로운 기술과 지식을 습득할 수 있었던 백인은 지식서비스산업의 고임금 일자리를 얻을 수 있었던 반면, 교육수준이 낮은 아프리칸 아메리칸이나 히스패닉이 안정적 직업을 얻기란 쉽지 않았다. 백인 이민자들이 이룩한 아메리칸드림은 일자리를 찾아 도시로 들어온 흑인과 히스패닉이 실현하기엔 점점 어려워졌다.

    교외화는 대도시 내부의 슬럼화를 더욱 부추겼다. 미국 연방정부는 1920년대 이후 도심과 교외, 주와 주 사이를 연결하는 고속도로 건설에 집중적으로 투자했고, 이는 도시인구의 교외이주를 도왔다. 제2차 세계대전 이후 백인 중간계급과 숙련기술을 가진 노동계급의 교외이주가 본격화되었다. 브롱크스는 교외화 과정에서 생긴 폐해를 가장 적나라하게 보여주는 곳이었다. 한때 유대인 등 백인 중간계급과 노동자계급의 거주지였던 브롱크스는 1950년대 지역 남쪽을 가로지르는 '크로스 브롱크스 고속도로Cross Bronx Expressway'★가 건설되면서 파괴되기 시작했다. 비록 수 마일에 걸친 6차선 도로에 불과했지만, 그것이 한 커뮤

★ 1964년 완공된 크로스브롱크스 고속도로(CBE)는 뉴욕의 5개 보로(Borough, 독립구) 중 하나인 브롱크스 남부를 동서로 가로지르는 6.5마일의 고속도로다. CBE는 서쪽으로는 맨해튼 북부로, 동쪽으로는 롱아일랜드로 이어지고, 도로 위의 13개 다리가 남쪽과 북쪽의 마을들을 연결한다.

니티 내외에 미친 영향은 실로 엄청났다. 브롱크스 남부에 거주하던 많은 사람이 고속도로 건설을 반대했지만, 뉴욕의 오스망(나폴레옹 3세 때 파리를 근대도시로 탈바꿈시킨 인물)이라고 불리던 로버트 모지스는 이를 밀어붙였다. 많은 대형개발이 그렇듯 크로스브롱크스 고속도로의 건설은 그곳 주민들의 삶을 윤택하게 하기보다는 삶의 뿌리를 송두리째 뒤엎었다. 마셜 버먼은 고향 브롱크스에 추진된 고속도로 건설계획을 보며 느꼈던 절망감을 다음과 같이 토로했다.

> 처음에 우리는 그 계획을 믿을 수 없었다. 그것은 다른 세상일 같았다. 무엇보다 우리 중에 차를 가진 사람은 거의 없었다. 삶의 흐름을 규정하는 것은 우리 동네와 다운타운을 연결하는 지하철이었다. …… 설령 그(로버트 모지스)가 그것(크로스브롱크스 고속도로)을 계획 중이라도 여기 미국에서는 그런 일이 절대로 일어나지 않을 것이라고 확신했다. 우리는 여전히 뉴딜의 여운에 취해 있었다. 정부는 우리의 정부였고, 결국 우리를 보호하기 위해 올 것이라고 생각했다.[36]

크로스브롱크스 고속도로 건설을 위해 공식적으로는 3866가구가 강제철거되었지만, 건설공사로 인한 소음과 먼지, 커뮤니티 내 상업활동의 위축으로 6만여 명의 주민들이 남부 브롱크스를 떠나갔다. 교외에 사는 중간계급의 차들, 도시와 도시를 잇던 화물차들이 그 폐허 위를 달렸다. 1963년 고속도로가 완성된 뒤 커뮤니티의 상황은 더욱 악화되었다. 1967~1977년 사이 브롱크스의 인구는 30만 명이나 줄어들었다. 이

는 같은 기간 뉴욕시 전체인구 감소의 3분의 1에 이르는 수치였다. 폐허는 사람들을 깊은 좌절로 몰아넣었다. 떠날 수 있는 자들은 떠났지만, 어쩔 수 없이 남아야 하는 자들도 있었다. 대부분 가난한 이들이었다. 버먼은 당시의 분위기를 이렇게 전한다.

> 고속도로가 완성되었을 때 브롱크스는 완전히 파괴되었다. …… 터질듯이 많은 화물을 실은 트럭이 내는 굉음은 밤낮을 가리지 않고 거리를 흔들어댔다. 쉴 새 없이 고속도로를 질주하는 트럭이 뿜어내는 매연과 도시 전체를 가로지르는 뿌연 연기, 고막을 찢는 듯한 소음은 브롱크스를 가로지르던 수 마일의 길들을 그리고 그곳에 터전을 잡고 살던 사람들을 질식시켜갔다. …… 고속도로 건설은 브롱크스 상업지역의 기반 자체를 무너뜨렸다. 브롱

크스의 상권이 남북으로 나뉘면서 고립되자 많은 상점이 파산했다. 남아 있는 상점은 도시를 탈출하지 못했던 사람들의 범죄 대상이 되었다. 도로가 나면서 늘어난 것은 솟아오르는 연기와 매연뿐이었다. 인구는 감소했고 경제는 황폐해졌으며 좌절의 정서는 고스란히 깊은 내상으로 남았다. 황폐한 도시를 감싸는 공포의 소용돌이가 브롱크스에서 무르익었다.[37]

크로스브롱크스 고속도로는 한 커뮤니티의 외형을 붕괴시키는 것을 넘어 커뮤니티 내부를 파멸의 늪으로 몰고 갔다. 희망이 사라진 공간을 채운 것은 범죄와 마약이었다. 일거리가 없는 이들에게 그것은 떨쳐내기 힘든 유혹이었다. 마약과 범죄는 버림받은 존재인 자신에 대한 파괴인 동시에 희망을 앗아간 사회에 대한 복수였다. 자기파괴의 가장 극단적인 형태는 방화arson였다. 1970년대 뉴욕시에서는 매년 2천여 채의 건물에 화재가 발생했다. 대부분 남부 브롱크스와 같은 게토지역에서 일어났고, 화재보험금을 노린 방화였다. 슬럼화로 도시 내부가 황폐화되고 건물의 가치가 급격히 떨어지자 건물주나 세입자들은 불이라도 질러 보험금을 타는 게 낫다고 생각했다. 그러자 1980년대 초 주요 보험회사들은 임대인 화재의 보험청구에 대해서는 보험금을 지불하지 않겠다고 선언한다. 여론은 보험회사 편이었다. 사회는 왜 그들이 자기파괴적인 행동을 하는지 이해하려 하지 않았다. 아니 이해할 수 없었는지도 모른다. 보험금 지급을 거절한 그해 브롱크스에서는 단지 12개의 건물만이 불에 탔다. 전해에 1300개의 건물이 소실된 것에 비하면 실로 엄청난 감소였다. 보험금마저 탈수 없게 된 상황에서 이제 건물에 불을 지르

는 일조차 할 필요가 없어진 것이다.

폐허 속의 몸부림

뉴욕 브롱크스에 "황폐한 도시를 감싸는 공포"가 스멀스멀 피어올랐을 때, 한편에서는 힙합이 세상에 모습을 드러냈다. 힙합은 빈곤과 실업, 사회적 고립과 소외라는 절망으로부터 터져나온 절규였다. 게토 젊은이들에게 남은 것이라고는 무너진 도시와 사회를 향한 분노밖에 없었고, 폐허는 몸속의 감각을 자극시켰다. 그들은 재즈·펑크·레게의 즉흥성과 리듬을 혼합시켜 랩 배틀이라는 새로운 형식 속에 담았다. 번듯한 음악기기 없이 '붐 박스boom box'와 '턴테이블turntable'을 이용해 언제 어디서나 음악을 즐겼고, 기존의 음반을 스크래칭해서 손쉽게 자신들만의 비트와 리듬을 만들어냈다. 공연장은 없었지만 뒷마당과 주차장, 폐허가 된 길거리와 공원에서 춤과 노래를 할 수 있었다. 처음에 그들은 단지 무료한 시간을 때우기 위해 랩을 했다. 음악은 버림받은 청춘들의 놀이였다. 그들이 솔직히 내뱉는 말 속에는 폭력·성·인종에 대한 편견과 차별도 섞여 있었다.

랩을 통해 삶에 대한 고민과 걱정 등을 이야기하자 힙합은 곧 게토 젊은이들의 삶을 규정하는 경제적 빈곤과 실업, 이를 방관하는 주류사회에 대한 직접적 비판이 되었다. 랩 특유의 변화무쌍하고 경쾌한 리듬이 이들의 기질과도 같았다면, 랩으로 거침없이 쏟아내는 언어들은 자신들을 세상 끝으로 내모는 사회에 대한 분노였다. 이렇게 1970년대 브롱크스에 거주하던 아프리칸 아메리칸, 라틴아메리카, 카리브 젊은이들의 놀이로 시작된 힙합은 이후 미국의 빈민가 청소년을 중심으로 급속히 퍼진다. 마셜 버먼은 1970년대와 1980년대 뉴욕의 래퍼와 그라피티graffiti 아티스트들이 창조해낸 소리와 말, 거리 풍경을 "집단적 고통을 표현하는 구술언어이자 시각언어"라고 말한다.[38] 힙합은 단순히 노래의 한 장르나 거리의 낙서가 아니라 빈곤과 절망을 버텨내려는 몸부림이자 삶의 방식에 더 가까웠다.

힙합은 1970년대 초중반 급격히 증가한 그라피티를 통해 게토지역을 넘어 도시 전체를 뒤덮었다(힙합 문화는 흔히 디제잉DJ-ing, 엠시잉MC-ing 혹은 래핑Rapping, 비보잉B-Boy-ing, 그라피티의 네 가지로 구분된다). 그라피티는 마이너리티 젊은이들이 세상을 향해 말을 거는 방식이었다. 1930년대부터 1970년대까지 도시 인프라 구축을 위한 예산이 자동차를 위한 도로나 다리를 건설하는 데 쓰이는 동안 뉴욕의 지하철은 방치되었다. 지하철의 전동차들은 낡고 의자는 부서져 있었으며 수명이 다한 전구들은 교체되지 않은 채 깜박거렸다. 그라피티 아티스트들은 대담하고 화려한 색채의 그림을 자신들처럼 내버려진 전동차에 그리기 시작했다. 그라피티가 점차 뉴욕시의 건물 벽을 채우면서 힙합은 온 도시를 뒤덮는 문화현상이 되었다. 하지만 지하철 같은 공공장소에 그림을 그리는 것을 넘어 사유재산인 건물의 벽에 낙서하는 것은 자본주의적 소유관계를 건드리는 행위였다. 주류사회는 왜 게토지역의 청소년들이 그런 행동을 하는지 이해하기보다 그라피티를 통제되지 않는 도시의 상징, 십대들의 무책임한 파괴행위로 규정지었다. 그들은 이러한 행동이

"TO REPRESENT"

"I L
I GO T

"DON'T COMPARE ME TO ANOTHER"

SIRE

TRUE UNTIL DEATH

IN MEMORY OF MY FATHER

AMERICA

ENTER HERE

"I JUST TO
WHAT PEOPL
ABOUT ME IS WH

"I'M QUIET, I DON'T REALLY SAY NUTTIN

사회 전체의 질서 파괴로 이어질지 모른다는 위기감을 느꼈다.

1970년대의 뉴욕, 신자유주의의 실험실

그라피티 아티스트들이 뉴욕시를 배경으로 자신들의 절망과 분노를 표현하며 새로운 예술형식을 시험하고 있을 때, 한편에서는 자본축적의 위기에 직면한 금융가와 기업 엘리트들이 재정위기에 처한 뉴욕시를 대상으로 새로운 실험을 하고 있었다.

그라피티가 절정에 달했던 1975~1977년은 뉴딜정책과 1960년대 급진화된 리버럴리즘을 통해 구축된 뉴욕의 복지제도가 해체되기 시작한 때다. 1960년대 도시소요, 인종갈등, 슬럼화 등 이른바 '도시위기' 속에서 뉴욕시의 존 린지 시장(1966~1973)은 복지에 대한 지출을 늘리며 공공영역을 확장했다. 1960년대 말과 1970년대 초 뉴욕시의 공립병원은 22개에 달했고, 노동자들은 시정부가 제공하는 공공주택에서 임대료에 대한 큰 걱정 없이 살았으며, 노동자계급의 하버드대학교라고 불리던 뉴욕시립대학교는 대학교육을 필요로 하는 모든 이에게 무상으로 수준 높은 교육을 제공했다. 1960년대 중반 린던 존슨 대통령(1963~1969)의 연방정부가 '위대한 사회' 프로그램을 통해 메디케이드(Medicaid, 저소득층 의료지원)와 메디케어(Medicare, 65세 이상 노인에 대한 의료지원), 빈곤과의 전쟁The War on Poverty 같은 정책을 도입하면서 뉴욕시의 복지수준은 한층 높아졌다. 이 무렵이 뉴욕에서 복지혜택을 받는 인구가 가장 많을 때였다. 또한 공공주택의 공급이 가장 많았고, 각 계층의 소득격차는 가장

낮았다.[39]

 그러나 뉴욕시는 공공영역 확대를 위해 금융기관으로부터 많은 돈을 차입하고 있었다. 1970년대 초반 뉴욕시의 조세수입은 급격히 줄어들었고, 닉슨 연방정부는 "도시위기는 끝났다"며 대도시에 대한 지원을 줄였다. 복지국가 정책에 대해 뉴욕의 기업 엘리트 집단과 중간계급의 불만의 목소리도 커지기 시작했다. 이들은 노동자와 하위계층을 위한 사회적 지출이 기업의 조세부담을 높이고, 이는 다시 세계경제에서 뉴욕의 위상을 추락시킨다고 주장했다. 1975년 뉴욕의 투자은행들은 시에 더이상 돈을 빌려줄 수 없다고 선언했다. 재정위기에 직면한 뉴욕시정부는 채권자인 금융기관에 채무상환의 연장을 요구했으나 묵살당했고, 연방정부에 구제금융을 요청했지만 거부당했다. 뉴욕시를 도우려는 연방의회의 어떠한 노력도 막을 것이라는 포드 대통령의 연설은 한 일간지에 "포드 뉴욕에 답하다. 나가 죽어라 Ford to City: Drop Dead"라는 선정적 헤드라인을 달고 대중에게 전달되었고, 이를 본 많은 뉴요커들은 충격에 빠졌다. 뉴욕의 강력한 노동운동의 전통, 동성애와 히피 문화 등을 악의 뿌리라고 여겨왔던 미국의 보수세력은 뉴욕의 위기를 안타까워하기보다는 타락한 도시에 대한 마땅한 징벌이라고 생각했다.

 이에 뉴욕의 기업과 금융기관은 위기에 빠진 뉴욕시의 사회경제정책의 방향을 전환시킬 기회를 얻었다. 이들은 재정위기를 극복하기 위해 구성된 '긴급금융조절위원회 Emergency Financial Control Board'의 결정에 거부권을 행사함으로써 뉴욕시의 수입과 지출, 고용정책에 개입할 수 있었다. 공공서비스 분야의 인력이 감축되었고 그 과정에서 공무원 노조

가 무력화되었다. 뉴욕시립대학교의 무상교육제도 또한 없어졌다. 1960년대 후반부터 미국의 보수세력은 캘리포니아주립대학교와 뉴욕시립대학교가 실시하던 무상교육을 비판해왔다. 게다가 뉴욕시립대학교는 대학의 인종·계급 차별을 시정하라는 학생들의 요구를 받아들여 1970년부터 뉴욕시의 고등학교 졸업생 모두에게 입학자격을 부여하는 개방입학제를 실시하고 있었다. 1970년 당시 캘리포니아 주지사였던 로널드 레이건은 캘리포니아주립대학교의 학생들에게 등록금을 징수하기 시작했다. 이어 1976년 재정위기에 처해 있던 뉴욕시가 개교 이후 129년간 펼쳐온 무상교육정책을 폐지했다(개방입학제는 1990년대 폐지된다).

    데이비드 하비는 대처와 레이건이 등장하기 이전 신자유주의 국가와 도시를 형성하기 위한 전투지로 칠레와 뉴욕을 예로 든다. 칠레에서 민주적으로 선출된 아옌데 정부의 사회주의적 정책에 위협을 느낀 자본가와 엘리트들의 저항 그리고 미국 CIA의 지원을 받은 군부 쿠데타는 중남미 국가에서 신자유주의적 경제구조로 전환하는 신호탄이 된다. 하비는 뉴욕에서 금융기관과 엘리트가 민주적으로 선출된 지역정부의 정책 방향을 바꾼 것이 칠레의 군사 쿠데타만큼이나 효과적이었다고 말한다. 로버트 제빈의 표현에 따르면, 뉴욕의 재정위기 국면에서 일어난 일들은 "새로운 전쟁 초기의 결정적 전투"였다. 1970년대 뉴욕은 다른 곳에서 곧 일어날 신자유주의적 전환을 위한 리허설이자 워밍업 장소였던 것이다.

    이러한 혼란과 전환 속에서 보수세력은 뉴욕 시민을 생산적 시민과 그렇지 않은 시민으로 구분하면서 흑인과 히스패닉이 대다수를 차지하는 비생산적 시민을 보다 효율적이고 효과적으로 다룰 방법을 모색한다. 사회적 차별과 소외를 경험해본 적이 없는 이들에게 마약과 범죄에 찌든 사람들, 천연색 스프레이로 도시의 미관을 해치는 자들은 전혀 생산적이지 않은 인구였고, 뉴욕의 위기를 불러온 주범이었다. 그들은 제거되어야만 했다.

1976년 뉴욕시 주택국장 로저 스타는 '계획된 축소Planned Shrinkage'를 통해 위기를 해결할 것을 주장한다. 교외화로 인한 슬럼화, 탈산업화로 인한 전통적 직업의 감소 등으로 도시의 위기가 불가피해진 상황에서 범죄와 빈곤이 만연하는 지역의 학교와 병원을 폐쇄하고 순찰과 소방 서비스, 전기와 수도 공급, 쓰레기 수거 등의 공공서비스를 중단함으로써 비생산적 시민을 제거하자는 것이었다. 이것은 조세수입의 기반을 침식하는 빈민가 주민들에게는 한 도시의 제한된 사회경제적 자원을 사용할 필요가 없음을 뜻했다. 스타의 '계획된 축소'는 공식정책으로 채택되지는 못했지만, 뉴욕을 비롯한 미국의 다른 대도시의 정책수립과 개발에 지대한 영향을 미쳤다. 뉴욕의 정책집행자들은 남부 브롱크스나 할렘 같은 게토의 범죄나 화재 사건을 외면했고, 이곳 주민들은 오랫동안 빈곤 속에 방치되었다. 1980년대 들어 게토지역의 범죄는 더욱 기승을 부렸다. 에이즈와 살인사건으로 죽어가는 사람들의 비율 또한 다른 지역에 비해 월등히 높았다. 민권운동 이후 계급과 인종에 따른 차별이 이전과는 다른 방식으로 진행된 것이다.

1970년대 미국 사회는 사회경제적 마이너리티들을 벼랑 끝으로 내몰았다. 하지만 소외된 자들은 자신만의 방식으로 살아남으려 애썼다. 게토지역의 젊은이들은 자신들의 문화적 유산뿐 아니라 사회적 소외와 존재론적 절망까지 창조적 에너지로 삼았다. 그래서 힙합은 단순히 음악의 한 장르가 아니라 문화적 운동이며 실천으로 규정된다. 당시 힙합을 만들어냈던 이들은 자신들의 손과 입, 몸을 통해 태어난 힙합이 20~30년 후 전 세계 젊은이들의 음악과 춤, 패션에 엄청난 영향을 끼치리라곤 상상도 하지 못했을 것이다. 아이러니하게도 신자유주의가 실험되던 뉴욕의 가장 가난한 동네에서 태어난 힙합은 신자유주의 시대에 활짝 꽃핀 세계화와 상업화 덕택에 대중음악 역사상 가장 빠른 속도로 전 세계로 확산되었다.

[SECOND PIECE]
NEW YORK CITY

ive on gossi   one.

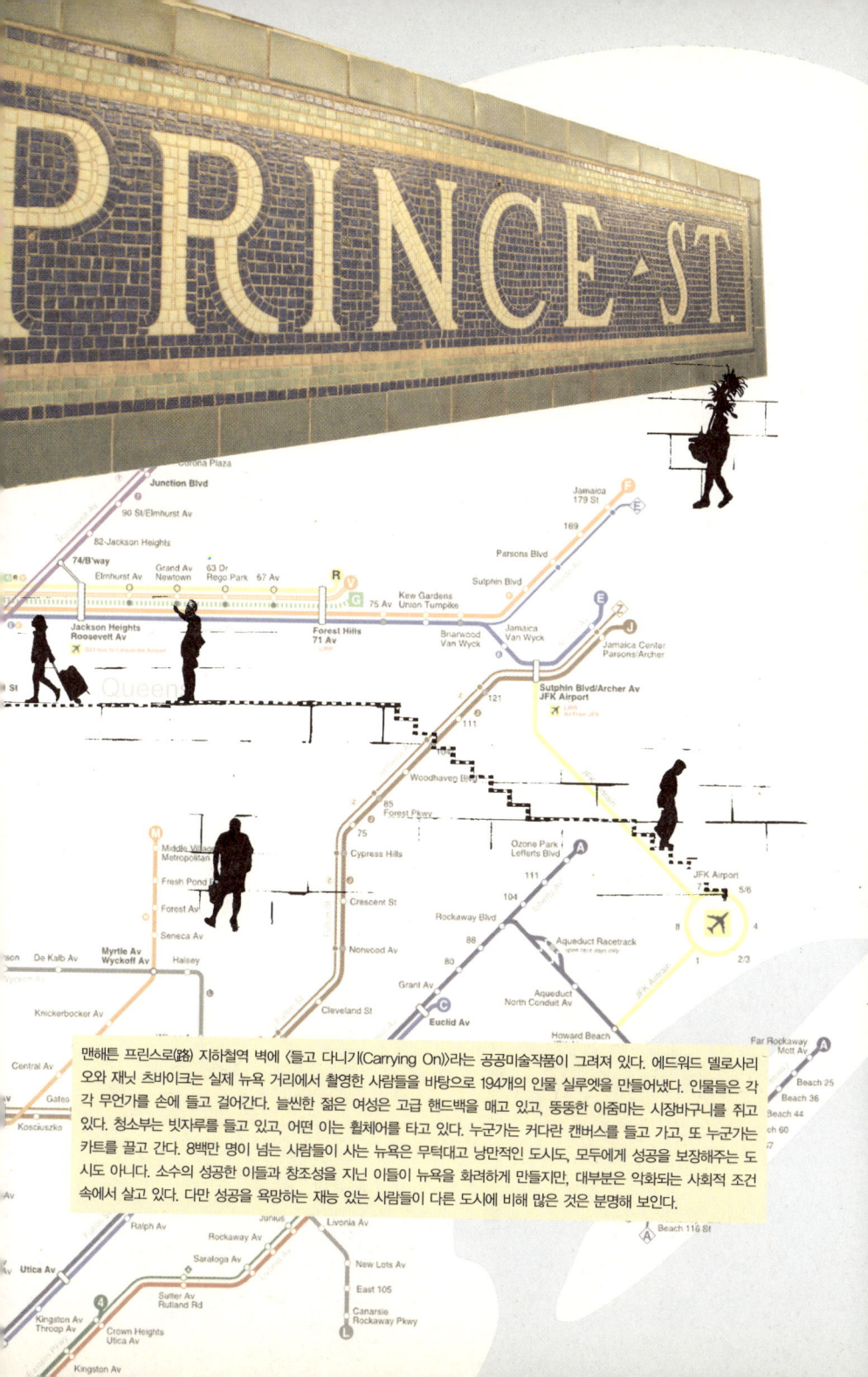

맨해튼 프린스로(路) 지하철역 벽에 〈들고 다니기(Carrying On)〉라는 공공미술작품이 그려져 있다. 에드워드 델로사리오와 재닛 츠바이크는 실제 뉴욕 거리에서 촬영한 사람들을 바탕으로 194개의 인물 실루엣을 만들어냈다. 인물들은 각각 무언가를 손에 들고 걸어간다. 늘씬한 젊은 여성은 고급 핸드백을 매고 있고, 뚱뚱한 아줌마는 시장바구니를 쥐고 있다. 청소부는 빗자루를 들고 있고, 어떤 이는 휠체어를 타고 있다. 누군가는 커다란 캔버스를 들고 가고, 또 누군가는 카트를 끌고 간다. 8백만 명이 넘는 사람들이 사는 뉴욕은 무턱대고 낭만적인 도시도, 모두에게 성공을 보장해주는 도시도 아니다. 소수의 성공한 이들과 창조성을 지닌 이들이 뉴욕을 화려하게 만들지만, 대부분은 악화되는 사회적 조건 속에서 살고 있다. 다만 성공을 욕망하는 재능 있는 사람들이 다른 도시에 비해 많은 것은 분명해 보인다.

너 자신의 소호를 소유하라

코즈모폴리턴이 욕망하는 거리

노란선 지하철을 타고 프린스로역에 내리면 네덜란드 출신의 유명한 건축가 렘 쿨하스가 설계했다는 프라다 매장이 소호 순례의 시작을 알려준다. 브로드웨이에 늘어선 유명 브랜드 매장을 둘러보다가 조금 지겨워지면 프린스로와 스프링로로 들어가서 좀더 아기자기한 부티크 매장과 디자이너 매장을 구경하면 된다. 서울의 명동과 압구정동, 청담동의 패션 트렌드를 꿰고 있다면 산책이 더욱 즐거울 것이다. 조금 지쳤다면 〈섹스 앤 더 시티〉에서 샬럿(크리스틴 데이비스 분)의 근무지로 나왔던 화랑을 둘러보며 '예술'을 음미해도 되고, 에스프레소가 맛있다는 '카페 보르지아'에 앉아 느긋하게 시간을 보내도 된다. 패션 애호가거나 시간이 충분한 여행객이라면 그린로나 우스터로 같은 다소 외진 곳에 흩어져 있는 매장까지 훑어봐야 할 것이다. 소호 순례를 마치면 더욱 트렌디한 뉴욕 패션을 구경할 수 있는 놀리타로 갈지 핫한 밤문화를 엿볼 수 있는 미트패킹로로 갈지 결정해야 한다. 혹은 소호에 남아 〈섹스 앤 더 시티〉의 주인공들이 브런치를 먹었던 레스토랑에서 드라마의 한 장면을 떠올릴 수도 있다.

드라마 〈커피프린스 1호점〉에서 노점 좌판을 구경하며 홍대거리를 걷던 한결(공유 분)이 묻는다. "여기가 소호보다 낫지 않냐?" 그러자 유주(채정안 분)가 답한다. "낫지. 떡볶이도 있고, 순대도 있고, 최한결도 있고……." 여기서 소호는 결핍의 장소이지만, 현실의 소호는 한국엔 없는 어떤 걸 충족시켜주는 곳이다. 소호는 '오렌지족'의 압구정동이나 '강남귀족'의 청담동 같이 물질주의적이고 배타적인 고급 소비공간이 아니다. 다양한 문화와 인종이 뒤섞인 메트로폴리탄 뉴욕에서 한때 '문화와 예술의 거리'라고 불렸던 곳이다. '역사지구 Historic District'로 지정된 소호에는 19세기에 지어진 '캐스트 아이언 빌딩(주철로 건물 벽과 기둥을 만든 건물)'이 곳곳에 퍼져 있다. 한때 전위예술가들은 공장과 창고 건물의 로프트loft를 개조해 작업실과 주거지로 썼다. 소호는 이제 '쇼핑의 거리'지만 여전히 거리 곳곳에는 '역사성'과 예술의 숨결이 남아 있다.

사람들은 소호의 상업화 과정에 대해 듣는다. 쇠퇴하던 산업지대에 들어와 불모의 땅을 세계 예술의 중심지로 일구어냈던 예술가들이 급속한 상업화와 부동산 가격의 상승 때문에 떠날 수밖에 없었다는 것이

다. 이 대목에서 문화와 예술의 가치를 아는 이들은 자본주의의 냉혹한 논리가 예술가들을 몰아내는 현실에 안타까움을 느낀다. (예전의 전위예술과 아무런 상관이 없지만) 패잔병처럼 남은 길거리의 예술가와 이곳저곳에 숨은 화랑들이 사라진 전위예술 시대에 대한 아쉬움을 더해준다. 비록 '문화와 예술의 거리'라는 명성은 퇴색했지만, 대규모 개발계획으로 철거될 뻔했던 오래된 건물과 전위예술의 흔적이 새겨진 소호를 걷는 일은 아직도 특별하다. 다양한 쇼핑 공간과 길 위의 볼거리를 경험하는 것을 넘어 사라진 '문화와 예술'에 대한 연민을 통해 자신의 문화적 감수성과 진정성을 확인할 수 있기 때문이다.

그러나 지난 40여 년간 소호의 역사는 상업문화에 밀려난 예술가에 대한 이야기 이상의 것이다. 소호의 변화과정은 탈산업화 시대로 진입한 뉴욕이 어떻게 문화와 예술의 가치를 이용해 오래된 도심을 재개발했는지 알려준다. 그리고 도시공간을 통해 은밀히 결합한 자본과 문화가 한 지역을 어떻게 중상류층과 관광객을 위한 거주와 소비 공간으로 바꾸어놓는지 적나라하게 보여준다.

소호의 탄생

1950년대 맨해튼 월스트리트와 미드타운 사이의 '로어 맨해튼' 지역을 재개발하려는 계획이 세워졌다. 이 지역에서 '그리니치빌리지'만이 중간계급 거주지였을 뿐, '리틀이탈리아' '차이나타운' '로어 이스트사이드' 등 대부분이 노동자계급 거주지거나 '소호' 같은 경공업 산업지대였다. 재개발계획은 맨해튼 남부를 가로지르며 뉴저지와 브루클린을 잇는 '로어 맨해튼 고속도로'를 건설하고, 오래된 건물을 허물고 고층 상업건물과 중간계급 거주 아파트를 건설하는 등 일대의 경관을 완전히 바꾸는 대형 프로젝트였다. 뉴욕의 엘리트 계층과 개발업자들은 맨해튼 남부를 가로지르는 고속도로가 브루클린과 뉴저지를 연결하면서 교통을 원활하게 해 물류비를 감소시킬 것이라고 주장했고, 개발에 반대하는 정치인과 시민단체, 커뮤니티 조직들은 고속도로 건설이 환경은 물론 커뮤니티를 완전히 파괴할 것이라며 맞섰다.

"부수고 지어라"라는 기존의 도시 재개발 방식대로라면, 쇠퇴하던 산업지대를 되살리기 위해서는 오래된 공장과 창고건물을 뜯어내고 그 자리에 새로운 건물과 아파트를 지어야 했다. 그러나 1960년대 들어서면서 대규모 개발에 대한 반대여론이 점점 커졌다. 뉴욕의 풀뿌리 공동체 운동가이면서 작가였던 제인 제이콥스는 맨해튼 남부의 고속도로 건설 반대운동을 이끈 대표적 인물이다. 그녀는 오래된 건물과 작은 공동체를 무너뜨리면서 대형건물을 짓는 방식의 개발이 결국 커뮤니티의 역동성과 다양성을 파괴하고 도시의 활기를 없앨 것이라고 주장했다. 학계에서도 대규모 도심개발의 문제점을 이론적으로 뒷받침하기 시작했다. 파괴적 모더니즘에 대한 반성의 분위기가 고조되던 1960년대 중반 '역사보존'에 관한 내용이 미국의 몇몇 대학에서 건축학 커리큘럼에 포함되었다. 도시연구자들은 도심 낙후지역을 개발한다는 명목으로 이루어지는 대규모 개발이 오히려 저소득층을 몰아내면서 또다른 슬럼을 만들 것이라는 주장을 내놓기도 했다.

소호 지역에 살던 예술가들도 로어 맨해튼의 개발계획에 반대한 중요한 집단이었다. 당시 소호는 의류공장과 인쇄공장, 창고 등이 몰려 있던 산업지대였으나, 가난한 예술가들이 살며 작업하던 곳이기도 했다. 제2차 세계대전 이후 뉴욕은 파리를 제치고 세계 예술의 중심지로 부상했다. 미국 정부는 공산주의 진영에 자유주의 세계의 우월함을 선전하기 위해 예술에 대한 지원을 늘렸고, 미국 문화의 우수성을 홍보하기 위해 미국 예술가들의 유럽 순회전시를 적극 지원했다. 추상표현주의의 스타 잭슨 폴록처럼 상업적으로 성공한 이들이 뉴욕 예술계에 나타났지만, 대부분의 예술가와 예술가 지망생들은 가난했다.

1950년대 후반부터 가난한 예술가들은 소호와 인근지역의 로프트를 싼값에 임대해 들어와 살기 시작했다. 공장들이 문을 닫거나 뉴욕 밖으로 이전하면서 빈 '로프트'가 많아졌기 때문이다. 이 공간들은 주거지역이 아니었기에 온수가 나오지 않거나 밤에 전기가 끊기는 일이 다반사였으며, 겨울에는 난방도 제대로 되지 않았다. 근처에는 식료품점과 같은 생활 편의시설도 거의 없었다. 그러나 가난한 예술가에게 넓고 값싼 로프트는 주거와 작업을 동시에 해결할 수 있는 매력적인 공간이었다. 이들은 주거가 금지된 상업·산업 지역에서 '불법거주'라는 멍에를 짊어지고 살았기 때문에 시당국의 단속 위협 속에서 지내야 했다. 소호의 예술가들은 1960년대 초부터 뉴욕시의 단속을 반대하며 로프트에 거주할 권리를 인정받기 위해 노력했고, 자신들의 작업공간과 주거공간을 파괴할지도 모를 고속도로 건설 반대운동에도 참여했다.

1960년대 후반 고속도로 건설계획은 철회되었지만, 예술가들의 로프트 거주는 여전히 불법이었다. 이들은 1971년과 1973년 두 번의 승리를 통해 로프트의 합법적 주거권리를 쟁취해냈다. 1971년 9월 뉴욕시와 뉴욕주는 소호를 '예술가지구 artists' district'로 지정하여 소호 지역 43개 블록의 로프트 건물에서 예술가들이 살 수 있도록 허용했다. 단 일과 주거를 함께해야 한다는 조건이 붙었다. 당시 존 린지 뉴욕 시장은 "소호 예술가지구의 탄생은 미국의 예술 중심지와 세계의 창조적 중심지 중 하나인 뉴욕의 입지를 확실히 할 것"이라고 말했다. 그러면서 공식적으로도 소호 SoHo, South of Houston Street★라고 불리기 시작했다.

이것을 단순히 소호 지역에 살던 예술가들의 승리라고 볼 수는 없었다. 먼저 건물 소유자인지 세입자인지에 따라 이해관계가 달랐다. 세입자들은 로프트 거주가 합법화되면 임대료가 올라갈 것이라고 생각했기 때문에 '임대료 제한정책'을 주장했다. 그러나 시정부는 상업과 공장 건물에까지 임대료 제한정책을 적용하는 것이 무리라고 여겨 받아들이지 않았다. 이 무렵 소호 지역에는 2천여 명의 예술가와 그 가족이 살고 있었지만, 낮에는 여전히 2만7천여 명의 노동자가 의류공장이나 인쇄공장 등에서 일했고 그들 대부분은 흑인이나 푸에르토리코인과 같은 마이너리티 인종이었다. 예술가지구의 지정이 부동산 가격상승을 부채질할 것이라는 우려가 있었지만, 앞으로 소호가 어떻게 변할지는 아무

★ 소호는 원래 '사우스 하우스턴 산업지구(South Houston Industrial District)'라고 불렸다. 1968년 지역 주민회의에서 한 주민이 앞 두 단어의 알파벳을 따 소호(SoHo)라고 부르자고 제안했을 때, 그 자리에 있던 사람들은 웃음을 터뜨렸다고 한다. 예술가와 작가, 보헤미안들이 모여 살던 영국 런던의 소호와는 분위기가 너무 달랐기 때문이다.

도 예상하지 못했다.

예술가지구에서 밀려나는 예술가들

예술가지구로 지정되었지만 낙후된 건물을 허물고 재개발하려는 계획이 중단된 것이 아니었기 때문에 예술가들의 주거는 여전히 불안정했다. 소호가 개발의 위험으로부터 완전히 벗어난 것은 1973년 들어서였다. 뉴욕시의 '랜드마크 보존위원회'는 파괴적 개발에 반대하며 역사적 건축물과 장소 등의 보존을 강력히 주장하던 시민단체와 보존주의자, 예술가들의 제안을 받아들여 1973년 캐스트 아이언 빌딩이 많던 소호의 26개 블록을 '역사지구'로 지정했다. 이제 소호 지역에서 공장이나 창고로 이용되던 건물을 허물고 새로운 건물이나 아파트를 짓는 일이 불가능해졌다.

그러나 로프트 거주의 합법화와 역사지구의 지정은 예술가들의 주거를 안정시키기는커녕 소호와 인근지역의 부동산 가격을 올려놓았다. 소호는 본격적인 젠트리피케이션(도심고급화)★로 돌입했다. 1970년대 중반 이후 대형 부동산 개발업자들과 투자자들이 로프트 시장의 가능성을 보고 투자했다. 소호 지역 부동산의 상품성을 극대화하는 과정에

★ 젠트리피케이션(gentrificatoin)이란 용어는 1964년 영국의 사회학자 루스 글래스가 처음 사용했다. 영국 런던의 저소득층과 노동계급 거주지역이 중간계급 지역으로 변해가는 것을 관찰한 그는 산업혁명 이전의 토지귀족을 뜻하는 말, 젠트리(gentry)로부터 이 용어를 만들어냈다. 1970년대부터 사회학자와 도시연구자들에 의해 도심 저소득층 지역의 고급화를 의미하는 말로 본격적으로 쓰이기 시작했다.

서 그들은 '소호 로프트'라는 브랜드를 내세우며 예술적이며 문화적인 라이프스타일을 강조했다. 시정부는 로프트를 리모델링하는 건물주와 개발업자들에게 세금혜택을 주면서 로프트 시장의 활성화를 도왔다.

소호는 뉴욕의 중상류층에게 새로운 삶의 미학을 경험할 수 있는 기회를 제공했다. 과거에는 공장지대에서 사는 일을 상상도 할 수 없었지만, 예술가들이 직접 예술적 공간으로 탈바꿈시켜놓은 로프트는 매력적으로 비쳤다. 로프트는 창문이 커서 빛이 많이 들어올 뿐만 아니라 천장이 높고 벽이 없어 일반 주택이나 아파트와 확연히 달랐다. 또한 노동자들이 일하는 장소에서 예술가들이 예술활동을 하면서 산다는 사실에서도 어떤 진정성이 느껴졌다. 전 세계 예술의 중심 뉴욕에서 새로운 예술형식을 경험하며 살아온 이들에게 소호의 로프트는 투박함·이질성·개방성 같은 미학을 제공한 것이다. 그들은 넓고 확 트인 로프트를 취향에 맞게 꾸몄고, 전문직업인들은 로프트에서 일과 주거를 동시에 해결하면서 직장과 가정의 분리라는 전통적 부르주아 가치를 파괴하기도 했다. 중상류층은 '로프트'에서의 삶을 규격화된 주택의 동일성과 익명성에 대한 대안으로 인식했고, 구별짓기를 통해 자신들의 지위를 확인하는 수단으로 생각했다.[41] 소호는 전위예술가들의 주장인 '삶이 예술이고, 예술이 삶'인 존재방식, 다르게 말하면 포스트모더니즘의 한 부분이라고 일컫는 '일상의 심미화'를 가장 밀도 있게 경험할 수 있는 공간이었다.

반면 예술가들은 비예술가 집단 때문에 소호의 임대료가 높아질까 걱정했다. 1974년 무렵 소호 거주자들의 80퍼센트는 예술가와 그 가족이었지만, 1977년에는 예술가의 비율이 60퍼센트 정도로 낮아졌다. 화랑주인, 화상, 비평가, 출판업자와 인근 지역 상인만이 아니라 법률가나 주식브로커 등의 비예술가 집단도 점차 로프트로 이주해왔다. 부동산 임대료는 가파르게 올랐고, 가난한 예술가들이 임대할 수 있는 공간은 줄어들었다. 건물주인과 부동산 투자자들이 로프트를 세련되게 리모델링해 더 비싸게 시장에 내놓길 원했기 때문이다. 안정적 경제력을 갖춘 예술가들은 로프트를 샀지만 가난한 예술가들은 떠나야 했다. 1982년 뉴욕시는 소호의 세입자들을 보호하기 위해 로프트법을 제정했지만, 로프트 가격의 폭등을 막을 순 없었다. 공식적으로 소호는 여전히 예술가 증명서를 가진 사람들만 거주할 수 있지만 거의 지켜지지 않는다. 아직도 많은 예술가들이 소호 지역에 살지만, 가난한 예술가를 위한 저렴한 로프트 공간은 더이상 없다.

수퍼 젠트리피케이션의 시대

1970년대는 탈산업화 과정의 미국과 유럽 도시들이 오래된 공장, 산업시설, 항만지역 등을 파괴하면서 재개발하는 대신 그것을 보존하면서 도심을 재활성하는 방법을 발견한 시대였다. 불도저식 대규모 개발은 비용이 많이 들 뿐 아니라, 공간의 역사적 가치를 인식한 중상류층에게도 환영받지 못했다. 도시들은 공간의 역사성과 문화예술 인프라의 중요성을 강조하면서 경제적·문화적 자본을 소유한 중상류층을 끌어들이려고 노력했다. 소호 '로프트 리빙'의 형성과정을 연구한 샤론 주킨은 쇠락하던 도심의 제조업 공장지대를 재가치화하는 과정에서 중간계급이 공장이나 창고였던 건물의 건축학적·문화적 유산을 적극적으로 전유해 도시공간에 대한 사회적 힘을 획득했음을 강조한다. 이들이 예술가와 공장이 혼재된 소호에서 새로운 라이프스타일의 미학을 발견한 뒤 자본의 본격적인 재투자가 이루어졌고, 이어 부동산 시장이 확대되고 가격이 상승했다는 것이다.[42]

역설적이게 예술과 문화를 향유하기를 원하는 고소득 전문직 종사자와 관광객들이 몰려올수록 소호는 점점 고급 부티크와 레스토랑, 패션 매장이 들어선 상업지역으로 변해갔다. 1968년 소호 지역에 첫 화랑이 문을 연 뒤, 1980년대까지 화랑의 수가 급격히 증가했으나 아직은 공장이나 창고가 더 많았다. 주킨에 따르면, 1980년 무렵 건물 1층의 절반이 공장·창고·철물점 등이었고 3분의 1은 화랑 같은 예술 관련 시설, 그리고 4분의 1은 소규모 레스토랑, 식료품 가게, 부티크 등 상점이었다. 1990년에는 예술 관련 시설이 55퍼센트까지 늘어났고, 산업시설이나 상점은 7퍼센트로 줄었다. 그러나 예술 관련 시설은 2000년에 36퍼센트로, 2005년에 9퍼센트까지 줄고, 산업시설은 2000년에 6퍼센트로, 2005년에 2퍼센트로 감소했다. 대신 레스토랑·바·부티크·옷가게 등 상업시설이 늘어났다. 지금은 H&M, 빅토리아 시크릿, 유니클로, 바나나 리퍼블릭, 프라다 등 체인형 매장이 상업시설의 반 이상을 차지한다. 거주용이 된 소호의 로프트 가격 또한 천정부지로 치솟았다.[43]

오랜 싸움 끝에 캐스트 아이언 빌딩을 보존하고 공장이던 로프트를 손수 작업실과 집으로 바꿔놓은 예술가, 그리고 소규모 공장과 창고 사

이에 화랑와 스튜디오가 뒤섞여 나타나던 이질성과 독특함은 사라졌다. 이제 소호에서 경험하는 것은 새로운 삶의 미학이 아니라 전 세계 어느 대도시에나 있는 대형 브랜드 매장과 부자, 관광객이다. 샤론 주킨은 소호의 젠트리피케이션 과정에서 예술가들이 스스로 개척한 삶과 작업공간을 잃어버렸지만, 그들을 '영웅적 희생자'로 치켜세우면 젠트리피케이션의 정치문화적 의미를 제대로 볼 수 없다고 지적한다. 또한 예술가 개개인의 예술에 대한 진정성을 의심하는 것도 옳지 않다고 말한다. 소호가 고급 주택지와 쇼핑 지역으로 변해가는 과정은 문화와 예술이 상품화되는 과정이기도 했다. 주킨이 "탐미주의자를 위한 디즈니랜드"라고 불렀던 소호에서 자본은 문화와 예술을 기반으로 한 새로운 축적전략을 찾아내 확산시켰다. 화랑과 박물관 같은 문화시설, 창조적 에너지를 불어넣는 예술가들, 보존된 역사는 도시 개발과 발전 전략에서 더욱 중요해졌다. 예술가들은 예술과 문화, 도시공간의 상품화 과정에 저항하기도 했지만 자본의 포위망에서 벗어날 수 없었다.

또다른 젠트리피케이션 연구자 데이비드 레이는 문화가 경제논리에 완전히 식민화된 1970년대 이후 서구의 대도시에서 활동한 예술가들이 젠트리피케이션의 "탐험부대" 역할을 했다고 주장한다. 기존의 관습을 거부한 예술가의 존재와 활동은 도심의 미학적 재생을 가져왔고, 이를 통해 자본이 부드럽게 유입되도록 도왔다는 것이다. 물론 대부분의 예술가들은 가난했으며 상업성과 전통적 가치를 거부했지만, 이 또한 높은 교육수준과 문화적 자본을 가진 중상류층의 성향과 크게 다르지 않았다. 불온한 듯 보였던 예술이 오히려 "부르주아의 욕망, 상상, 실천

을 확장" 시키고, 도시공간 속에서 실현하도록 도왔다.[44]

한동안 자본의 투자가 끊어졌던 오래된 도심지역에 대한 자본의 재투자와 유입은 도심고급화를 가속화시켰다. 지리학자 닐 스미스는 1970년대 중반에서 1980년대 후반에 이르는 시기에 뉴욕에서 일어난 젠트리피케이션이 이전에 비해 더 폭넓은 문화적·경제적 순환의 과정에서 일어났음을 강조한다. 1980년대 뉴욕은 금융 분야가 급격히 커지면서 글로벌시티로 부상했고, 소호와 로어 이스트사이드는 국제적 대안예술 공간으로 주목받았다. 이 무렵 금융 탈규제와 신용팽창 속에서 금융시장과 부동산시장의 관계는 더욱 긴밀해졌다. 1980년대 후반 경기침체로 젠트리피케이션은 중단된 듯 했지만, 1990년대 중반 이후 더욱 빠르게 진행되었다. 전에는 개인이나 소규모 개발업자들이 먼저 도심의 저개발 지역을 개척한 뒤에야 대형 개발업자들이 투자했지만, 이때부터는 처음부터 대형 부동산업체들이 나서 개발을 추진하기 시작했다. 또한 해외기업의 부동산 투자가 늘어났으며, 정부는 공공주택의 보호보다 개발에 호의적인 정책을 펼쳤다. 할렘이나 남부 브롱크스처럼 영원히 저개발 지역일 것 같던 지역도 도심고급화의 흐름에서 벗어날 수 없었다.[45]

젠트리피케이션이 부정적 결과만 가져오진 않았다. 낙후된 지역에 대한 투자가 늘어났고, 부유층과 새로운 상점의 유입으로 지역경제가 활성화되었다. 민간과 공공 서비스의 확대로 삶의 질도 높아졌다. 문제는 젠트리피케이션의 사회적 비용이 고스란히 거기서 일하던 노동자, 주민, 소규모 영세상점에 전가되었다는 것이다. 초기단계에서는 기존

주민 또한 사회 서비스와 시설의 확대로 어느 정도 혜택을 받았다. 그러나 상대적으로 부유한 이들이 본격적으로 이주해오면 부동산 가격과 임대료가 상승해 저소득층 주민과 영세상점은 밀려났다. 새롭게 정착한 이들과 원래 살던 주민들 사이의 문화가 뒤섞이기도 하지만, 곧 경제적 우위가 커뮤니티를 바꾸는 주요한 힘이 되기 때문이다. 세입자를 보호하는 임대법이 있지만, 집주인과 건물을 매입한 부동산 개발업자들은 온갖 방법을 동원해 원주민들을 몰아내려고 했다. 이런 과정은 1970년대 이후 뉴욕시 전체로 확산되었고, 이젠 금융업 등에 종사하는 초고소득층이 이미 한차례 젠트리피케이션된 지역에 이주해와 중간계급 거주자를 몰아내는 '슈퍼 젠트리피케이션'까지 일어나고 있다.

소호가 여기보다 낫지?

비록 젠트리피케이션 과정 안으로 흡수되고 말았지만, 1960년대 이후 미국과 유럽에서 일어난 무분별한 도심개발에 대한 반성은 불도저식 개발을 저지하는 데 큰 역할을 했다. 오래된 건물·항만·공장·거리는 오히려 '문화도시' 만들기의 중요한 자원이 되었다. 그러나 그것은 '진정성'이나 '고유성' 등 문화자본을 추구하는 이들의 소비대상이 되면서 원래 살던 사람들과 그들의 문화를 몰아내는 결과를 초래했다. 한국은 여전히 대규모 개발을 노골적으로 추구하고, '아파트 평수 늘리기'가 가장 중요한 에토스인 사회다. 그래서 아무리 고급 라이프스타일을 누려도 한국 사회의 일상공간 곳곳에 뿌리를 튼 천박성·물질주

2009년에 완공된 소호 트럼프 타워. 이 건물의 광고 카피는
"너 자신의 소호를 소유하라(Possess Your Own SoHo)"였다.

의·배타성에서 벗어날 수 없다. 그래서 조국 근대화를 위해, 이젠 세계화를 위해 단거리 육상선수처럼 질주하는 한국 사회에서 '결핍'된 것을 해소하고자 중상류층은 '뉴욕 라이프스타일'을 꿈꾼다. 고급 아파트에 살면서 구별짓기를 하고 거주지 인근에 화랑을 모아놓아도, 또 박물관에 가고 뮤지컬을 보며 '문화적 소비'를 해도 가질 수 없는 '삶의 미학'을 뉴욕에선 누릴 수 있다고 믿기 때문이다.

한국의 자본·정보·사람의 이동은 지리적으로 멀리 떨어진 뉴욕에서 일어나는 도심의 변화과정에도 직접적 영향을 미치고 있다. 2000년대 중반 해외 부동산 투자 규제가 완화되면서 한국의 여유자금이 미국의 부동산시장에 더 많이 유입되었다. 부동산 재벌 도널드 트럼프가 지은 '소호 트럼프 타워'는 한국에서 사전청약을 받았고, 맨해튼 스카이라인이 보이는 뉴저지 지역의 한 고급 아파트의 매입자 가운데 절반 이상이 한국인이었다. 얼마 전 한국의 한 기업은 맨해튼 남부에 있는 66층짜리 AIG 본사건물을 매입하기도 했다. 이전까지 일본·유럽·중동 등지의 자본이 뉴욕 부동산시장에서 해외의 큰손이었다면, 21세기 들어 한국도 그 대열에 들어섰다.

2000년대 이후 뉴욕을 방문하는 한국인 관광객·사업자·유학생의 수도 더욱 늘어났다. 1970년대부터 뉴욕에 본격적으로 정착한 한국 이민자들이 주로 사회의 밑바닥에서부터 생존방식을 터득해나갔다면, 지금 뉴욕으로 오는 이들 다수는 방문목적이나 경제적 지위에 상관없이 '뉴욕을 즐기는 법'을 염두에 둔다. 〈커피프린스 1호점〉에서 한결이 "여기가 소호보다 낫지?"라고 묻는 장면은 실제 한국이 뉴욕보다 나음을 알려주는 것이 아니라, 부유한 청년조차도 한국에서의 삶에서 어떤 미학적 결핍을 느끼고 있음을 보여준다. 한결이 나중에 은찬(윤은혜 분)에게 뉴욕에 같이 가자고 말한다. "음…… 우린 첼시에 있는 나무가 많은 오래된 아파트에 살고, 내가 출근을 하면 너는 집 근처 공원에서 햇빛을 받으며 책을 읽을 것이고, 그리고 퇴근할 무렵 내가 일하고 있는 이스트빌리지 근처에서 함께 저녁을 먹고 음악 들으러 가자. 그러다 다시 배가 고파지면 존 피자 가게 가서 피자 한 조각을 사먹는 거지. 아, 넌 한 판 다 먹어야 되지?"

사실 가장 핫한 지역으로 소호·첼시·이스트빌리지의 전성기는 이미 1990년대에 끝났다. 투박하면서도 예술적으로 충만한 공간, 상업시설과 부자들과 관광객에 완전히 지배당하지 않고 고유의 정취가 남아 있던 시절은 벌써 지나가버렸고, 가장 핫한 지역의 '명예'는 트라이베카·미트패킹로·덤보·윌리엄스버그·포트그린·레드훅 이런 식으로 끊임없이 다른 지역으로 넘어갔다. 만약 은찬이 뉴욕에 가서 소호·첼시·이스트빌리지를 보고 '서울과 크게 다를 바 없네'라며 따분해한다면 한결은 그녀를 새롭게 뜨는 장소로 데려가줄 것이다. 뉴욕의 핫한 지역에 관한 정보가 한국에서 업그레이드되는 순서는 뉴욕의 젠트리피케이션 확산 방향과 거의 일치한다. 여기에는 어느 정도 시간차가 있다. 이는 한국에서 뉴욕 라이프스타일을 소화하는 속도와 관련되지만, 자본과 사람의 이동이 많아지고 속도가 빨라지면서 그 시차도 더욱 짧아지고 있다. 그 만큼 젠트리피케이션 속도도 빨라지고 있다.

젊음이 없다면 광장도 없다

유니언광장

유니언광장에서의 반나절

뉴욕의 젊음을 느끼고 싶다면 무엇보다 유니언광장에 가봐야 한다. 그곳에는 밤낮을 가리지 않고 광장에 앉아 시간을 보내는 젊은이들이 있다. 그들은 수다를 떨고 책을 읽으며, 또 음악을 연주한다. 날렵한 아이들은 스케이트보드에 몸을 싣고 광장을 가로지른다. 힘이 넘치는 이들만 유니언광장에 모이는 것은 아니다. 사실 아무것도 하지 않고 멍하니 앉아 햇볕을 쬐는 치들이 더 많다. 사람들은 모두 한자리씩 차지하고 앉아 자신의 몸을 세상에 내어놓은 채 잠시 자유로운 공기를 들이마신다. 그들은 광장의 일부가 되고, 광장은 그들의 존재로 인해 광장다워진다. 누가 겉멋만 잔뜩 든 사람들이라고 흉을 봐도, 또 뉴요커 흉내를 내려는 어설픈 여행객이라고 깎아내려도, 그들은 아랑곳하지 않고 자신들의 에너지로 광장을 채운다.

2009년 5월의 어느 날, 화창한 날씨 덕분인지 유니언광장은 평소보다 더 많은 사람들로 북적였다. 광장의 중심에서는 중국인 이민자들을 중심으로 '파룬궁'의 진실을 알리는 행사가 열렸다. 그들은 음악을 연주하며 특유의 용탈춤을 추었고, 호기심 많은 관광객들은 카메라를 들고 그 이색적 행사를 열심히 찍어댔다. 그 사이에는 미국의 초대 대통령 조지 워싱턴의 동상이 솟아 있다. 1776년의 어느 날 워싱턴은 군대를 이끌고 영국군이 점령한 뉴욕을 재탈환하기 위해 왔다. 당시 뉴욕 시민 대부분은 맨해튼 남부에 살고 있었다. 사람들은 유니언광장(그때는 유니언 플레이스)에 나와 맨해튼 남부로 가고 있는 워싱턴을 향해 환호를 보냈다고 한다.

광장의 북쪽과 서쪽에서는 뉴욕에서 가장 크고 오래된 '그린마켓'이 열리고 있다. 일주일에 네 번 열리는 유니언광장의 그린마켓은 언제나 신선한 야채와 과일을 사려는 사람들로 북적인다. 뉴욕을 찾는 많은 관광객이 한번쯤 들르는 관광명소이기도 하다. 뉴욕시 인근에서 온 농부들은 직접 재배하거나 기른 과일, 야채, 꽃과 고기, 꿀 등을 시장에 내놓고 장사를 하고, 뉴요커와 관광객들은 천막과 좌판 사이를 오가며 쇼핑과 관광을 한다.

광장의 남쪽에서는 배지나 티셔츠, 그림 따위의 기념품을 파는 장사치들이 자리를 잡고 호기심 많은 관광객들이 지갑을 열기를 기다리고

있다. 물어보면 하나같이 자기들이 직접 만들었다고 하지만, 잘 살펴보면 같은 공장에서 떼어온 물건처럼 보이는 것도 많다. 기념품 중에는 1950년대 미국 자본주의의 황금시대를 상징하는 대중문화 아이콘이나 광고 카피 등을 그려놓은 것도 있다. 언뜻 봤을 땐 풍요와 순응의 상징이었던 시절에 대한 노스탤지어와 자유로운 분위기의 유니언광장의 공기가 어울리지 않은 것 같았다. 그러나 거칠고 무질서했던 도시가 화려한 쇼핑몰과 상업시설로 채워진 공간으로 변해가는 과정에서 과거와 현재는 서로 몸을 뒤섞으며 하나의 '스타일'이 되었다. 유니언광장은 광장이기도 하지만 이 주변은 이제 화려한 소비의 장소이기도 하다. 소비의 질서 안에 배치된 광장에서의 자유로움은 격렬하기보다는 순응적으로 보였다.

정치적 저항의 광장

유니언광장 동쪽의 찻길을 건너니 몇 명의 시위대가 이스라엘의 팔레스타인 공격을 비난하며 행인들에게 팸플릿을 나누어주고 있었다. 예순 살이 훌쩍 넘은 것 같은 시위자들은 열심히 지나가는 사람들에게 손을 뻗었으나, 호응하는 이는 별로 없었다. 지나가는 사람들 대부분이 그들의 손자손녀뻘은 되어 보였고, "팔레스타인에 자유를 Free Palestine"이라는 정치적 구호와 핫한 유니언광장의 분위기 사이의 거리는 그들의 나이 차만큼이나 아득해 보였다.

유니언광장은 오랫동안 정치적 저항의 상징이었다. 미국과 뉴욕 역

사의 중요한 순간마다 노동자들이나 시위 군중은 유니언광장에 모여 정치적 목소리를 내곤 했다. 미국의 첫 노동절이었던 1882년 9월 5일, 1만여 명이 넘는 노동자들은 시청 앞에 모여 브로드웨이를 따라 행진한 뒤 유니언광장에서 시위를 마무리 지었다. 이후 유니언광장은 노동절을 비롯해 중요한 정치적 행사가 열리는 인기 있는 장소가 되었다. 한 무정부주의자는 나중에 1910년대의 유니언광장에 대해 이렇게 회상했다. "우리는 혁명을 하기 위해 모였고, 계속 이야기를 나눴다. …… 유니언광장에서 말할 권리는 우리가 땀 흘려 버는 빵보다 더 중요했다."[46]

1927년 8월의 어느 날에는 5천여 명의 군중이 모여 사형집행을 앞둔 두 무정부주의자의 석방을 요구하며 철야 촛불시위를 벌였다. 1930년

3월에는 국제 실업자의 날을 기념하기 위해 모인 수천 명의 군중들과 경찰들이 이곳에서 충돌해 수백 명의 부상자가 발생하기도 했다. 9·11이 일어났을 때도 많은 시민이 유니언광장에 모여 밤을 새워 희생자들을 추모했고, 2003년 이라크 전쟁을 반대하기 위해 모인 10만여 명 이상의 시위대도 유니언광장을 지나갔다. 여전히 유니언광장은 뉴욕의 정치적 저항의 중심이다. 여기에서는 매일매일 크고 작은 정치적 모임이 열린다. 유니언광장은 힙스터와 관광객을 반기지만, 그렇다고 이민자와 반전주의자, 노동자를 배척하지도 않는다.

보이지 않는 유니언광장을 둘러싼 전투

유니언광장을 활기차게 만드는 것은 화려한 이벤트나 쇼가 아니라 사람이다. 사람들은 광장 바닥에 널브러져 있기도 하고, 나무 밑의 벤치나 잔디밭에 앉아 휴식을 취하기도 한다. 어깨가 축 늘어지고 차림새가 옹색한 이들도 있고, 말끔한 옷차림을 하고 유쾌하게 웃어대는 이들도 있다. 슬래커(Slacker, 취업을 거부하거나 교육을 받고도 성취욕이 낮은 사람)처럼 정말 아무것도 하지 않고 광장에 죽치는 이도 많다. '프리 허그'를 해준다고 서 있는 청소년들의 모습도 눈에 띄고, 아무도 관심을 가져주지 않는 이상한 음모론 따위를 주장하는 이들도 있다. 유니언광장은 무엇보다 이런 사람들을 구경하는 곳이다. 또 사람들과 부딪히면서 무언가 배우고 생각하게 되는 곳이다. 저런 얼빠진 인간이 있나 하기도 하고, 아직도 이런 구닥다리 생각을 하는 사람이 있네 하기도 하고, 넋 놓고 누군가를 물끄러미 쳐다보기도 하는 곳이다.

  나이가 많으나 적으나, 가난하거나 부자이거나 혹은 제정신이거나 아니거나 이곳에서는 모두 젊은이가 된다. 광장의 공기는 가볍고 느슨하다. 아무도 짓누르지 않는다. 그래서 광장에는 명령하는 사람도 눈치를 보는 사람도 없다. 유니언광장에서 사람들은 광장의 공기를 들이마신다. 그곳에서 한 사람의 에너지는 다른 사람에게로 쉽게 전이되고 다시 삽시간에 자유로운 공기를 타고 퍼져나간다. 사람들이 유니언광장을 떠나 주변의 쇼핑몰에 갈지 혹은 레스토랑에 가서 값비싼 식사를 할지 집으로 갈지 알 수는 없지만, 유니온광장에 있는 순간만큼은 광장을 활기차게 만드는 젊은이가 된다. 이것은 돈 한 푼 들이지 않고서도 할 수 있는 일이다.

  유니언광장에도 문제는 있다. 주변지역이 지나치게 상업화되고 있다는 것이다. 이는 대부분의 맨해튼 관광지들이 공통적으로 겪는 문제이기도 하다. 온 도시가 마약으로 몸살을 앓던 시대에는 유니언광장도 마약상들이 배회하던 곳이었다. 그러나 1980년대 중반에 시작된 리모델링 이후 많은 변화가 있었고, 이후 치안이 강화되면서 안전한 곳이 되었다. 지금 유니언광장 주변에는 '홀 푸드 마켓' '포에버 21' '반즈 앤 노블' 과 같은 대형 프랜차이즈 상점들이 들어서 있고, 젊은이들에게 인기 있는 레스토랑·바·카페 등이 몰려 있다. 젊은이들이 좋아하는 가장 핫한 지역 가운데 하나가 되면서 인근 아파트 값도 크게 치솟았다.

  주변지역의 상업화는 유니온광장의 공간 이용에 영향을 미쳤다. 시 정부나 주변 상인들은 정치적 행사를 하려는 군중보다는 핫한 문화를 즐기는 사람들이 친구나 가족 단위 혹은 혼자서 유니언광장에 오기를 원한다. 그들이 유니언광장의 상업문화를 더욱 활기차게 한다고 생각하기 때문이다. 오랫동안 어린아이들의 놀이터로 이용되었던 유니언광장 북쪽의 '파빌리온'도 이제 고급 야외 레스토랑으로 바뀔 예정이다. 뉴욕시가 인근 상인들의 연합체인 '유니언광장 파트너십'의 기부를 받는 대신, 공원 개보수 공사를 하면서 파빌리온을 레스토랑으로 개조하기로 약속했기 때문이다. 시정부와 기업들은 누구나 오갈 수 있는 공공장소에 고급 상업시설을 만들고 싶어 한다. '유니온광장 파트너십'의 대변인은 말한다.

> 우리는 끊임없이 특정한 사람들을 끌어들이기 위해 노력하고 있습니다. 그들은 『뉴욕』지를 통해 뉴욕을 알고, 〈프렌즈〉를 보는 젊고 부유한 소비자들이에요. 우리는 이러한 젊은 소비자들이 유니언광장에서 도시적 삶에 관해 생각하도록 교육할 수 있습니다.[47]

평화롭고 핫하게만 보이는 유니언광장을 둘러싸고 이런 보이지 않는 싸움이 일어나고 있다. 광장은 누구에게나 열린 공간인 듯 말해지고 또 사람들은 그렇게 믿지만, 이용방식과 성격 규정을 둘러싼 다툼과 경쟁이 일어나는 곳이기도 하다. 아무도 문전박대하지 않는 인심 후한 장소처럼 보이지만, 그렇다고 모두가 어울려 축제를 벌이는 곳도 아니다. 함부로 여기에 발을 들여놓지 못하는 사람들도 있다. 만약 '개방성'이 광장의 특징으로 규정된다면 이는 영원히 실현불가능하거나 혹은 언제나 위협받는 이상일 수밖에 없다. 뉴욕에서 가장 개방적인 장소라고 할 수 있는 유니언광장이 이러한데, 다른 곳은 말할 것도 없다. 공공영역의 '민영화'라는 흐름 속에서 광장 같은 공공장소의 개방성도 축소되고 있다.

이런 현상은 뉴욕뿐 아니라 전 세계의 많은 도시에서 나타나고 있다. 정치인과 관료들은 어떤 특정한 인구를 끌어들이고 다른 특정한 인구를 배제하는 정책을 펼친다. 소비하러 오는 이들에게는 개방적이지만, 저항하러 오는 자들에게는 닫혀 있다. 돈 미첼은 공공장소에 대한 위협은 단순히 "공공장소가 없어지는 것이 아니라 어떤 사람들을 배제하고 사회적·문화적 다양성을 줄이는 관리와 디자인의 방식이다"라고 주장한다. 그는 도시의 재개발 과정에서 '공공장소'가 중요한 전쟁터가 되었다고 말한다. 홈리스와 가난한 자들을 '공공장소'에서 추방하고 그곳을 부동산 개발업자, 기업, 관광객과 중상류층 계급에게 매력적인 곳으로 만들기 위한 정치적·문화적 투쟁이 일어나고 있다는 것이다.[48]

유니언광장에는 있지만 광화문광장에는 없는 것

주변이 지나치게 상업화되면서 유니언광장에 영향을 미치고 있다는 우려의 목소리가 높아졌지만, 유니언광장은 적어도 겉으로는 모든 사람을 위한 광장처럼 보인다. 무일푼으로 와서 사람 구경하며 앉아만 있어도 심심하지 않다. 그리고 권력의 강박증을 겉으로 내보이지도 않는

다. 유니언광장의 이름이 노조를 뜻하는 '유니언union'에서 왔다고 아는 뉴요커들도 있지만, 여기서 '유니언'은 길들이 서로 만난다고 해서 붙은 이름이다. 우리말로 하면 '노조광장'으로 착각하는 사람이 있는 셈인데, 그래도 뉴요커들은 수많은 정치적 행사들이 열리는 이곳을 무서워하기보다 오히려 사랑한다.

사방이 도로로 둘러싸여 있는 유니언광장은 한쪽이 2차선인데다 그나마 차가 별로 다니지 않기 때문에 서울의 광화문광장처럼 도로 위에 고립된 섬처럼 느껴지지 않는다. 이곳에는 조지 워싱턴 동상이 있고, 에이브러햄 링컨 동상이 있고, 인도인들이 기증한 마하트마 간디 동상도 있다. 어떤 것은 크고 어떤 것은 작지만, 어느 것 하나 주변을 압도하려고 하진 않는다. 또 유니언광장 중앙에는 공원이 있고 그 안에는 나무와 꽃과 잔디가 있다. 크지도 작지도 않고 딱 사람들이 쉬기 좋을 만큼의 크기다. 청솔모도 잔디 위에서 뛰어논다.

오세훈 서울 시장이 야심차게 만든 광화문광장에서는 권력의 조급함과 강박증만 느껴진다. 서울시는 어떻게 해서든지 주목을 끌어보겠다는 심산으로 여러 가지 거창한 문화행사를 개최하지만 정치적 모임은 금지한다. 그러나 광장은 위에서 만든다고 해서 완성되는 것이 아니다. 정치적 야심을 위해 만들었건 건축학적으로 실패작이건 시민들에게 주어져야 비로소 '광장'이 된다. 광장의 정신은 'Let It Be'다. 거기에는 권력에 고분고분한 사람도, 반대의 목소리를 내는 사람도 있을 수 있다. 조용히 고독을 즐기는 사람도, 다른 사람을 선동하는 사람도 있을 수 있다. 예수천국 불신지옥을 외쳐도 되고, 김정일 반대를 부르짖어도 된다. 2012년 지구가 멸망할 것이라는 예언을 퍼뜨려도 된다. 신자유주의 반대, 4대강 반대를 주장해도 된다. 있는 그대로, 말하려는 대로 내버려두어야만 광장인 것이다.

광화문광장에서 가장 잘 어울리는 사람은 두 손을 꼭 잡은 연인도 나들이를 나온 가족도 아닌, 근무를 명령받아 줄맞추어 걷는 전의경이다. 광화문광장에서 사람들은 모두 전의경이 되도록 '배정' 받는다. 서울 한복판에 생긴 이 광장은 주어진 동선을 벗어나지 않는 순응적 시민이 되도록 요구할 뿐이다. 광화문광장이 과연 '세계명품도시'를 추구하는 도시가 내세울 수 있는 장소일까? 공공장소의 질서를 강조하기로 유명했던 루돌프 줄리아니 전 뉴욕 시장(1994~2001)조차도 이곳을 보면 당황하다 "흥미롭군요"라는 인사치레 말을 던질 것이다. 그리고 멋쩍은 듯 대화를 다른 방향으로 돌릴 것이다.

광화문광장은 불모의 땅이고 그래서 아무도 젊은이가 될 수 없는 광장이다. 불감증마저 느끼지 못할 정도로 딱딱한 콘크리트와 차가운 대리석으로 장식된 공간이고, 감성이 메마른 이들이 통제하는 가짜 광장이다. 그래서 1만9000평방미터(5748평)의 광화문광장이 1만4540평방미터(4399평)의 유니언광장보다 훨씬 좁고 답답하게 느껴질 수밖에 없다. 과시용 프로젝트를 추진하기보다는 자유로이 젊음을 느낄 수 있는 광장을 서울 도심에 만드는 게 낫지 않을까? 홍대, 신촌, 명동, 강남, 대학로 등에 문화의 거리, 젊음의 거리라고 불리는 곳은 많지만 전부 돈을 쓰면서 다녀야 하는 곳뿐이다. 세계명품도시를 추구하는 도시 안에 몇 시간이고 앉아 이런저런 사람 구경하며 그들이 뿜어내는 에너지와 뒤

섞일 수 있는 공간은 없다.

　유니언광장에 마지막으로 갔던 날 광장 동쪽 길 건너편에 있는 작은 스타벅스에 들어가서 커피를 샀다. 나중에 알고 보니 2005년에 미국의 스타벅스 매장 중 세 번째로 노조가 조직된 곳이었다. 첫 번째와 두 번째 스타벅스 노조 또한 뉴욕의 맨해튼에서 만들어졌다고 한다. 노조원들이 스타벅스 회사로부터 건강보험 혜택을 받을 수 있는 주 30시간 이상의 근무와 임금인상, 노조활동의 자유를 얻기 위해 외친 것은 "라떼가 없다면 평화도 없다 No Latte, No Peace"라는 구호였다고 한다. "정의가 없다면 평화도 없다 No Justice, No Peace"라는 시위구호를 상큼하게 변주한 것이었다.

타임스광장, 사라진 것과
사라지지 않는 것

타임스광장에 처음 발을 들여놓았을 때 거대한 LED와 조명으로부터 뿜어져 나오는 빛이 인파 위에서 빛나고 있었다. 발광량을 저울로 잴 수는 없지만, 일대를 촘촘히 채우는 빛은 수만 톤은 족히 되어 보였다. 빛의 환영 속으로 걸어 들어가자, 무질서하고 혼란스러운 듯 보이던 세상은 여기가 별천지라고 속삭였다. 나스닥, 라이온 킹, MTV, ESPN, CNN, 허시, 도시바, 코카콜라, 삼성……. 끝없이 이어지는 브랜드와 이미지의 세계는 MTV 영상처럼 화려했고, ESPN 스포츠 중계처럼 박진감 넘쳤다. 인공의 빛이 감싼 밤공기는 코카콜라의 탄산만큼 청량했고, 삼성이란 이름만큼 친근했다. 타임스광장의 모든 것이 노출증 환자처럼 알몸을 드러냈고, 나는 빛의 포승줄에 묶인 포로처럼 넋을 잃고 터벅터

벅 걸었다. 어둠의 존재를 완전히 지워버리는 인공조명에 현기증마저 일었다. 그냥 지나치기 아까운 순간을 담기 위해서 디지털 사진기의 셔터를 연방 눌러댔다. 어느 방향으로 사진기를 들이대더라도 '사진'이 될 만한 광경이었다. 그곳은 '세상의 중심'이었다. 자유의 여신상도, 엠파이어스테이트빌딩도 보는 자들을 이렇게 압도하지 못한다.

가장 저속한 거리 듀스

1960년대부터 1980년대까지 42번로路는 뉴욕에서도 가장 위험하고 퇴폐적 장소로 인식되었다. 타임스광장의 네온사인은 여전히 화려한 불빛을 뿜어냈지만, 거리엔 몸을 팔고 마약하고 구걸하는 사람들이 많았다. 그들이 거리를 완전히 장악했던 적은 없었지만, 사람들은 그들이 거리를 점령했다고 생각하기 시작했다. 포르노그래피 책과 영화들, 싸구려 극장, 핍쇼(peep show, 작은 창문을 통해 음란한 쇼를 감상하는 것), 라이브 섹스쇼, 마사지숍이 거리에 흩어져 있었고, 마약상, 마약쟁이, 포주, 허슬러(hustler, 거리에서 몸을 파는 사람), 홈리스, 방황하는 청소년들이 타임스광장 주변을 어슬렁거렸다. 당시 '듀스The Deuce'★라고 불리던 42번로 7가와 8가 사이의 한 블록은 '가장 저속한 거리The Sleaziest Street' 'X등급 거리X Rated Street'라고 불리며 온갖 속된 것과 위험이 존재한다고 여겨졌다.

★ 42번로(Forty Second Street)를 포티 듀스(Forty Deuce)라고 부르던 데서 생겨난 애칭이다. 가장 위험하고 퇴폐적인 곳으로 여겨졌던 42번로의 7가와 8가 사이를 주로 듀스라고 불렀다.

타임스광장은 남성적 문화가 지배하는 공간이었다. 섹스쇼는 남성 고객을 위한 것이었으며, 많은 극장에서 포르노영화들이 상영되었다. 거리는 여성에게 적대적이었고, 여성의 몸을 상품화해 전시하는 곳이었다. 마틴 스코세이지 감독의 1976년작 〈택시 드라이버〉에서 주인공인 트래비스(로버트 드니로 분)가 첫 데이트에서 베시(시빌 셰퍼드 분)를 데리고 가는 곳도 42번로에 있는 포르노영화관이다. 베시는 역겨움을 느끼고 영화관을 뛰쳐나간다. 포르노그래피를 보며 불면증을 달래던 트래비스는 그녀가 왜 그런 영화를 싫어하는지 이해하지 못한다. 타임스광장 근처의 싸구려 동시상영관에서는 B급영화, 슬러시영화, 액션영화 등도 많이 상영되었다. 쿵푸영화의 고전으로 받들어지는 정창화 감독의 〈죽음의 다섯 손가락〉도 오랫동안 타임스광장의 액션영화 팬들에게 사랑받은 아이템 중 하나였다.

〈택시 드라이버〉는 당시 타임스광장에 대한 사람들의 인식이 어떠했는지 잘 보여준다. 해병대를 만기 전역한 트래비스는 맨해튼의 택시회사에 일자리를 얻는다. 불면증에 시달리는 그는 야간근무를 자청한다. 영화의 초반부, 트래비스가 운전하는 택시가 타임스광장으로 향하는 장면에선 타임스빌딩에 걸린 코카콜라의 네온사인 광고판이 보인다. 그의 차가 42번로의 7가와 8가 사이로 천천히 들어설 때 차장 너머로는 길거리를 배회하는 여자들과 흑인들의 모습이 비친다. 트래비스의 독백이 이어진다.

길거리에 있는 쓰레기를 깨끗이 쓸어버리는 비를 내려주는 신이 고맙다.

…… 나는 오랫동안 일한다. 저녁 6시에서 아침 6시, 때때로 아침 8시까지. 일주일에 6일, 때로는 7일을 일한다. 힘든 일이지만, 그건 나를 언제나 바쁘게 만들어준다. 나는 일주일에 300달러나 350달러를 번다. 미터기를 꺾는다면 좀더 벌 수도 있을 거다. 밤이 되면 모든 짐승들이 밖으로 기어나온다. 매춘부, 건달, 호모, 마약중독자, 인간 말종들. 언젠가 진짜 비가 와서 이 모든 쓰레기들을 거리에서 쓸어버릴 것이다.

모든 걸 깨끗하게 쓸어버려야 한다고 생각하는 트래비스에게는 세상을 선과 악으로 구분해 싸워왔던 한 사회의 극단적인 폭력성이 꿈틀거리고 있다. 그는 베트남전에 참전한 해병이었다. 미군은 생존을 위협하는 게릴라를 찾아내기 위해 정글에 네이팜탄을 투하했다. 당시 뉴욕도 '아스팔트 정글'이었다. 미국의 보수세력은 뉴욕의 범죄와 퇴폐적 문화뿐 아니라 강력한 노동운동, 리버럴리즘의 전통, 반문화운동 등이 사회를 급진화시키며 질서를 파괴한다고 생각했다. 우연히 트래비스의 택시에 탄 상원의원이 트래비스에게 "이 나라에서 가장 염려스러운 것이 무엇이냐"고 묻자 그는 "누가 대통령이 되든지 이 도시를 깨끗이 쓸어버려야 한다"고 답한다. 그러나 현실은 영화 속 트래비스의 바람처럼 한 번의 도덕적 단죄로 해결할 수 있을 만큼 단순하지 않았다.

1970~1980년대의 타임스광장을 정화해야 할 대상이 아니라 이질적 문화들이 충돌하고 공존했던 곳으로 보는 시각도 있다. 『타임스광장 레드, 타임스광장 블루』의 저자 새뮤얼 딜라니는 '가장 저속한 거리'라고 불렸던 타임스광장이 단순히 폭력, 범죄, 마약 따위만 있는 유해한 곳이

아니라 게이 같은 성적 소수자들과 부랑아들의 하위문화가 나름의 질서를 가지고 공존하던 공간이었다고 규정짓는다. 또한 다양한 계급과 인종들이 타임스광장과 주변에서 상호작용하면서 한 도시에 내재하는 인종·계급 간의 갈등을 완화시키는 기능을 했다고 말한다. 타임스광장의 거리는 흑인과 히스패닉이 배회하는 위험한 곳으로 인식되었으나 사실은 많은 백인 노동자, 중산층이 각종 쇼를 보러 오는 곳이기도 했다는 것이다.

> 나는 아주 다양한 것들이 어우러진 동네의 경제적 재개발이 가져오는 문제를 알고 있다. 여기에 사는 노동자 계급과 소규모 서비스들(식료품점, 약국, 주류판매점, 세탁소, 음식점, 전자제품점, 관광기념품·공연기념품 매장, 만화서점, 공연장, 극장, 연극무대, 리허설 공간, 조명이나 분장과 관련된 공연장비업체, 값싼 호텔, 여러 계층의 손님을 접대하는 바와 레스토랑 그리고 1880년대 이후 다양한 형태로 이곳에서 번성해온 섹스산업)은 머지않아 중심부의 오피스타워와 대형상점 그리고 공연장과 레스토랑이 줄지어 서 있는 곳으로 바뀔 것이다. 관광객을 위한 호텔이 주변에 군집할 것이며 중상류층의 고급스러운 아파트들이 다시 주위를 감싸게 될 것이다.[49]

꺼지지 않는 빛과 디즈니의 거리

타임스광장은 뉴욕에서 유동인구가 가장 많은 지역이면서도 가장 저개발된 지역이었다. 특히 듀스 거리는 9개의 지하철이 지나가는 교통

요지이면서 동쪽의 '뉴욕항만청' 버스터미널과 이어지는 맨해튼 미드타운의 핵심지역이었다. 뉴욕의 기업 엘리트들에게 타임스광장의 재개발은 탈산업화·교외화 과정에서 쇠퇴하던 뉴욕 경제를 되살리고 도시의 새로운 이미지를 구축하기 위해 반드시 해야 할 일이었다. 1970년대 후반 민간업자가 제출한 타임스광장 재개발 계획은 이후 에드워드 코치 시장(1978~1989)에 의해 민관합동 사업으로 수용되면서 본격적으로 추진된다.

타임스광장의 '42번로 개발계획'은 새로운 공간 정체성에 관한 논쟁, 토지수용 과정에서 5년 이상 지속된 소송과 1980년대 말 주식시장 침체 등으로 인해 1990년대 초반까지 지연된다. 개발계획을 추진했던 주정부 산하 '도시개발공사 UDC'는 개발업자들에게 각종 혜택을 주고, 240여 개의 건물을 수용하면서 대부분의 42번로 세입자를 퇴거시켰지만 민간업자들은 투자를 머뭇거렸다. 맨해튼의 대규모 개발로 이미 상업건물이 과잉 공급되었다는 우려 때문이었다. 뉴욕 주·시정부는 대형 상업건물을 짓는 기존의 계획을 잠시 보류하고, 오래된 상영관들을 보존하면서 개발을 추진하기로 계획을 수정한다.

더러움, 불결함, 음란함, 범죄, 타락, 게으름 등으로 규정되던 42번로의 모습을 바꾼 결정적인 사건은 디즈니의 입성이었다. 1995년 2년여 동안의 협상 끝에 전 세계 대중문화 산업에 막강한 영향력을 가진 디즈니가 42번로의 '뉴암스테르담 시어터'에 들어오기로 하면서 그동안 지지부진하던 개발이 본격적으로 진행되었다. 1996년 디즈니는 대대적으로 수리해 새롭게 개관한 뉴암스테르담 시어터에서 〈라이온 킹〉을 상영하기 시작했고, 이어 대형극장 체인 AMC의 문을 연다. 디즈니의 뒤를 이어 MTV, EMI, 워너뮤직 등 많은 엔터테인먼트 기업들이 타임스광장 주위로 몰려들었고, 보류되었던 대형 상업건물과 호텔 건설계획도 본격적으로 추진되었다. 1990년대 초반만 해도 42번로를 지배했던 섹스산업은 얼마 지나지 않아 모습을 감추었고, 대신 고층건물과 대형 레스토랑·쇼핑몰이 들어섰다. 포르노그래피 판매점과 섹스숍 등을 대대적으로 단속한 줄리아니의 제로 톨레랑스(Zero tolerance, 무관용 원칙)도 타임스광장의 모습을 바꾸는 데 일조했다. 곧 가장 미국적이면서도 대중적이고 따뜻한 이미지의 디즈니가 황폐한 '듀스'의 이미지를 대체했다. 마약이나 몸을 파는 '나쁜' 사람들 대신 깨끗하고 '좋은' 사람들이 찾아오는 새로운 42번로의 시대가 열린 것이다.

서울 뒷골목에 솟아오른 고담市

타임스광장은 화려한 얼굴로 사람을 반기지만, 그곳에 서 있다는 사실은 언제나 비현실적으로 느껴진다. 몇 번을 찾아가도 '세계의 교차로 the Crossroads of the World'라고 불리는 타임스광장의 눈부신 표면 아래 감추어진 의미와 과거의 흔적은 희미하기만 했다. 책과 영화, 신문기사 등을 뒤지며 위험하고 퇴폐적이던 옛 타임스광장에 빠져들었을 때, 머릿속에 문득 오래전 읽은 유하의 시 〈세운상가 키드의 사랑 3〉이 떠올랐다. 청계천과 세운상가 주변의 음습한 곳을 어슬렁거리며 미국 소설이나 만화, 도색잡지를 손에 넣은 소년의 몽상 속에는 뉴욕의 오래된 별

명이기도 한 고담Gotham시가 세워져 있었다. 소년이 상상한 도시 뒷골목의 모습은 포르노그래피 책과 영화, 싸구려 극장, 핍쇼, 라이브 섹스 쇼, 마사지숍이 늘어서 있고 마약상, 마약쟁이, 포주, 허슬러, 홈리스가 거리를 배회하는 맨해튼의 듀스 42번로와 닮았다. 화려함과 누추함이 뒤섞인 고담 뉴욕의 모습은 작가들에게 언제나 영감의 원천이었다. 미국의 대중문화 속에 녹아든 이 영감은 서울의 뒷골목을 배회하던 한 소년의 성적 판타지와 음습한 욕망과 만난다.

나는 미국판 마분지 소설
휴먼 다이제스트로 영어를 공부했고
해적판 레코드에서조차 지워진 금지곡만을 애창했다
나의 영토였던 동시 상영관의 지린내와, 부루라이또 요코하마
양아치, 학교의 개구멍과 하꼬방,
난 모든 종류의 위반을 사랑했고
버려진 욕설과 은어만을 사랑했다

나는 세운상가 키드, 종로3가와 청계천의
아황산가스가 팔 할의 나를 키웠다
청계천 구루마의 거리, 마도의 향불 아래
마상기와 견질녀, 꿀단지, 여신봉, 면도사 미스 리
아메리칸 타부, 애니멀, 뱀장어쑈, 포주, 레지, 차력사……
고담市의 뒷골목에 뒹구는 쓰레기들의 환희, 유혹

나의 뇌수는 온통 세상이 버린 쓰레기의 즙,
몽상의 청계천으로 출렁대고
쓸모없는 영혼이여, 썩은 저수지의 입술로
너에게 무지개의 사랑을 들려주리
난 구정물의 수력 발전소,
난지도를 몽땅 불사른 후의 에너지

   나는 뉴욕 타임스광장의 빛을 바라보며, 또 풍문과 전언과 책을 통해 과거 흔적을 뒤적이다가 시인이 창조해낸 시공간으로 들어섰다. 화려한 소비문화가 만개했을 때 시인은 산업화 시대의 그늘진 도시 뒷골목을 되돌아본다. 소비자본주의와 세계화가 일상 깊숙이 뿌리내리고 경배해야 할 이념이 되었던 1990년대, 그는 위악과 키치로 소비와 향락에 빠져들던 한 시대를 내파하고자 했던 것일까? 그렇다면 그것은 성공했을까? 타락한 도시 고담의 흔적은 희미해졌고, 이제 우리 앞에는 시크한 도시 뉴욕이 놓여 있다. 1990년대 화려하게 바뀐 타임스광장이 곧 새롭게 태어날 세운상가와 겹쳐진다. 세운상가의 철거와 대규모 주상복합단지의 개발을 알려주는 기사에는 『세운상가의 키드의 사랑』을 거론하며 근대화와 도시화의 상징과도 같았던 한 공간의 사라짐에 바치는 송가가 덧붙어 있었다. 또한 새로운 시대에 관한 '플랜'들이 조감도와 도표와 함께 말끔하게 정리되어 제시되어 있었다.
   '조국 근대화' 프로젝트는 이제 '세계적 명품도시' 건설이라는 새로운 키치적 목표를 향해 아무런 망설임 없이 궤도를 바꿨다. 과거는 그저 마치 고속철도 안에서 창밖을 바라보듯 한 남자의 추억으로만 스쳐 지나갈 뿐이다. 삶의 공간, 생업의 장소로서의 세운상가의 모습은 쉽게 찾아볼 수 없다. 『세운상가 키드의 사랑』의 위악과 키치는 이제 과거와 현재를 연결하는 도그마가 되었다. 퇴폐적인 듀스가 과거 타임스광장의 지배적 이미지였던 것처럼, 세운상사에서 팔던 음란물에 대한 노스탤지어가 한 공간의 복잡한 역사를 갈무리한다. 그리고 1960년대 '세계의 기운이 이곳으로 모이라'는 의미로 만들어진 '세운世運'의 기획은 30여년이 흐른 뒤 '세상의 중심' 타임스광장 소실점 자리에 대한민국의 자랑스러운 기업의 이름을 건 시대를 열어젖혔다. 그 사이 박정희로 상징되는 개발독재국가의 억압은 삼성으로 대변되는 자본의 지배로 바뀌었고, 서울 도심 한가운데 선 세운상가가 상징하는 압축적 근대화에 대한 집단적 욕망은 뉴욕 한가운데서 빛나는 삼성의 이미지가 표상하는 세계화에 대한 욕망으로 옷을 갈아입었다.

세계의 교차로에서 빛나는 삼성

1960년대와 1970년대 미국 기업들이 타임스광장에 걸린 광고를 내렸을 때 그 자리에 들어온 것은 미국 시장에 본격적으로 진출하기 시작하던 소니·혼다·도시바와 같은 일본 기업의 네온사인이었다. 경쟁력을 잃어가던 미국 제조업체들이 '메이드 인 재팬'에 자리를 내준 것이다. 1990년대 중반 한국에서 국제화·세계화가 본격적으로 이야기되던 무렵 삼성과 LG는 타임스광장에 LED 상업광고판을 들여놓았다. 일본

기업들이 타임스광장에서 세계를 상대로 홍보했듯이 삼성과 LG도 전 세계 금융과 미디어의 중심지이자 자본주의의 심장인 뉴욕, 거기서도 상징성이 가장 큰 타임스광장의 한복판에 자신들의 브랜드를 걸어놓고 세계시장을 공략하기 시작한 것이다.

삼성과 LG는 타임스광장 광고를 통해 세계시장에서 인지도를 높였을 뿐 아니라 국내에서의 상징적 지위도 강화했다. 고된 타지생활에서 설움을 겪던 이민자들은 삼성이라는 이름을 통해서 '사우스 코리아'라는 고국의 위상이 조금씩 높아지고 있음을 느꼈고, 타임스광장을 찾은 한국 여행객들은 뉴욕 한복판에 커다랗게 걸린 자국 기업의 이름을 보면서 뿌듯함을 느꼈다. 관광객들이 찍은 사진과 각종 미디어에서 재현된 타임스광장에는 언제나 삼성이 있다. 삼성은 전 지구적 자본주의 체제의 중심을 향해 돌진하기를 욕망하는 변방의 나라 한국의 대표주자다. 세계의 교차로 타임스광장은 이제 더이상 외국 기업들의 브랜드들로만 빛나는 낯선 공간이 아니다. 타임스광장이야말로 '우리의 삼성'이 전 세계의 유명 기업들과 어깨를 나란히 하고 있음을 가장 잘 시각화해서 보여주는 스펙터클이다.

그러나 스펙터클은 단지 스펙터클로 남지 않았다. 2007년 한국에서 삼성 비자금 사태와 편법증여 문제가 걷잡을 수 없이 커지면서 국민적 공분을 샀을 때, 삼성그룹이 내세운 방어전략 중 하나는 '세계 속의 삼성'이라는 이미지 광고였다. 그들은 TV 광고를 통해 타임스광장에 걸린 삼성 브랜드를 보여주면서 "뉴욕의 심장 타임스퀘어에 이름을 걸었다. 하지만 그곳에 세운 건 우리의 자존심이었다. 고맙습니다, 여러분의 사랑으로 여기까지 왔습니다. 삼성"이라는 카피를 흘려보냈다. 삼성은 타임스광장의 소실점에 걸린 '글로벌 기업 삼성'이란 이름이 총수일가에 대한 한국 내에서의 비판을 잠재울 수 있다고 생각했을 것이다. 이런 광고전략에 대한 반감이 만만치 않게 터져 나왔지만, 그들은 타임스광장에 걸린 자신의 브랜드를 통해 한국인들에게 내면화된 '애국주의'와 '세계화' 이데올로기를 작동시키는 방법을 알고 있었다.

김아타의 사진 〈온 에어 프로젝트: 뉴욕 타임스퀘어〉는 작가의 의도와는 상관없이 타임스광장을 지배하며 관통하는 힘이 무엇인지 환기시켜준다. 타임스광장 어딘가에 카메라를 세워 두고 8시간 동안 렌즈를 개방해놓고 찍은 작품을 통해 그는 "존재하는 모든 것은 사라진다"라는 철학을 말하고 싶었다고 밝혔다. 사진에서는 움직이는 모든 것이 자취를 감추지만 타임스광장에 걸려 있는 브랜드들만은 사라지지 않았다. 장시간의 기계적 노출에 성공적으로 저항하는 것은 오직 기업명들뿐이다. 그것은 〈택시 드라이버〉의 트래비스가 타임스광장을 배회하며 "모든 쓰레기들을 거리에서 쓸어버릴 것"이라고 말한 뒤, 이 거리에서 무엇이 승리했는가를 보여주는 하나의 은유처럼 보인다. 물론 그 승리는 시간을 방부 처리하여 순간을 영원한 것으로 남기는 사진 속에서만 지속될 뿐이다.

보복주의자들의 시크한 도시

줄리아니의 뉴욕, 보복주의 도시

3만7천여 명의 경찰병력을 통제하던 벙커는 줄리아니 정부의 상징이었다. 오직 시장의 허가를 받은 공공행사만이 시청 앞 광장에서 열릴 수 있었다. 그는 택시기사들의 시위를 막기 위해 다리를 봉쇄했고, (무단횡단 하는-역자) 보행자들을 통제하기 위해 미드타운의 횡단보도를 막았다. 어느 해 가장 추웠던 겨울밤엔 홈리스 쉼터에서 법원영장을 집행한다는 이유로 홈리스들을 체포하기도 했다.[50]

범죄와 거리의 무질서로 악명 높던 뉴욕을 안전한 도시로 탈바꿈시커 세계적 명성을 얻은 루돌프 줄리아니 시장은 쌍둥이빌딩 건너편 건물 23층에 설치한 벙커, 즉 '긴급상황관리사무소the Office of Emergency Management'를 뉴욕시의 위기를 관리하는 치안통제센터로 삼았다. 2000년 1월 19일 자정이 넘은 시각 뉴욕 경찰은 홈리스 쉼터 몇 곳을 급습하여 125명을 체포했다. 대부분 노상방뇨, 쓰레기 무단투기, 공공장소에서의 음주 등 경범죄를 범해 약식재판에 소환되었으나 출석하지 않은 이들이었다. 뉴욕 경찰은 홈리스 쉼터를 안전하게 만들기 위한 조치였다고 밝혔지만, 사실상 홈리스들의 '근로체험프로그램WEP' 참여를 촉구하던 뉴욕시에 비판적인 단체들에 대한 보복성 단속이었다.[51]

닐 스미스는 루돌프 줄리아니 시장이 재임하던 시절의 뉴욕을 '보복주의 도시revanchist city'로 규정한다. '보복주의revanchism'는 프랑스어로 복수를 뜻하는 'revanche'에서 온 말로, 19세기 말 프랑스에서 보불전쟁 패배 이후 프로이센에 빼앗긴 땅을 회복하려 했던 정치적 운동을 일컫는다. 이 운동을 주도한 사람들은 파리코뮌의 사회주의적 봉기와 제2공화국의 자유주의에 반대하면서 부르주아 질서를 회복하고자 한 민족주의적 반동주의자였다. 보복주의를 정치적 반동과 보복의 결합으로 규정한 닐 스미스는 1990년대 줄리아니의 정책과 이념적 공격을 "리버럴한 도시정책에 대한 반동, 즉 모든 사람이 최소한의 생활수준을 유지하도록 정부가 책임져야 한다는 원칙에 대한 반동"으로 특징짓는다.[52] 20세기 후반 뉴욕의 보복주의는 1980년대 후반부터 시작된 경기불황으로 지위가 하락한 중간계급의 불만 고조, 인종 간의 긴장과 범죄의 증가로 인한 사회적 혼란 속에서 나타났다.

1980년대의 뉴욕, 풍요 속의 긴장과 갈등

1980년대 뉴욕은 월스트리트 금융시장의 팽창과 주가상승으로 낙관주의에 빠져 있었다. 그러나 1987년 뉴욕 증시는 하루 만에 22.6퍼센트가 떨어지는 대폭락 사태(블랙먼데이)를 맞고, 이로 시작된 경기불황은 1990년대 초중반까지 계속되었다. 실업률이 11퍼센트에 달하는 등 뉴욕의 경제상황이 나빠지자 사람들은 시정부가 파산상태에 이르고 많은 주택들이 파괴되고 버려졌던 1970년대의 상황이 반복될지도 모른다는 두려움을 느꼈다.[53]

인종갈등의 수위도 높아졌다. 1986년 트리니다드토바고 출신 흑인 청년 그리피스가 백인 거주지인 브루클린의 '하워드비치'에 갔다가 백인 청소년들에게 폭행당하고 차에 치여 살해당했고, 1989년에는 16세 흑인 소년 유세프 호킨스가 브루클린의 벤슨허스트에 중고차를 사러 갔다 백인 소년들에게 집단폭행당하고 총에 맞아 살해당했다. 또 1990년에는 브루클린 '처치가(街)'에서 한국인이 운영하는 청과상 두 곳을 상대로 흑인들의 보이콧운동이 일어나 1년 이상 지속되었고, 1991년에는 '크라운 헤이츠'에서 흑인 어린이가 유대인 랍비의 차에 치여 죽는 사고가 일어나 흑인들의 폭동으로 확산되었다. 흑인들은 지나가는 유대인을 공격했고, 상점을 약탈하고 차를 불태웠다. 스파이크 리의 영화 〈똑바로 살아라〉(1989)는 당시 뉴욕의 현실을 적나라하게 보여준다. 흑인이나 히스패닉을 사회문제의 원인이나 잠재적 범죄자로 보는 백인들의 인종차별적 태도는 여전했고, 흑인들은 자신들이 미국 사회에서 제도

적으로 차별받고 있다고 생각했다. 게다가 도심 빈곤지역에 들어와 영업을 시작한 새로운 이민자 집단과 기존 주민 사이의 갈등도 불거졌다.

1970년대부터 심각한 도시문제가 되었던 범죄와 마약은 1980년대 말과 1990년대 초 최악의 상황에 도달했다. 뉴욕에서 1980년대 초 잠시 감소세를 보인 살인은 1392건을 기록한 1985년부터 급격히 증가하기 시작해 1990년에는 2262건으로 늘어났다. 인구 10만 명당 30명이 넘는 수치였다. 살인과 강간 같은 강력범죄는 빈곤과 실업이 만성화된 저소득층 지역에서 주로 일어났고, 가해자와 피해자 모두 흑인이나 히스패닉인 경우가 많았다. 마약 거래와 중독 또한 빠르게 늘었다. 1980년대 중반 미국 대도시를 중심으로 확산된 크랙(코카인 성분을 가진 마약의 일종)은 값이 싸서 마약이 도심의 게토지역으로 확대되는 것을 부채질했다. 저소득층 지역의 청소년과 성인 남성에게 마약은 큰돈을 벌 수 있는 수단이었기 때문에 마약을 둘러싼 폭력·살인 사건이 많아졌다. 경찰은 범죄와 폭력을 예방하고 적극적으로 대응하기보다 그런 지역의 범죄는 어쩔 수 없다며 방치했다. 빈곤-실업-범죄의 악순환은 거의 임계점에 이르렀다.

도시를 되찾아라 – 줄리아니의 '제로 톨레랑스'

연방검사 출신의 줄리아니는 1993년 뉴욕 시장 선거에서 경제불황으로 지위가 하락한 중간계급의 불만, 범죄증가와 거리의 무질서에 따른 시민들의 두려움을 활용했다. 공화당 후보 줄리아니의 상대는 뉴욕시의 첫 흑인 시장 데이비드 딘킨스(1990~1993)였다. 줄리아니는 딘킨스가 범죄와 무질서에 제대로 대처하지 못했다고 비판하며 '법과 질서law and order'가 바로 서는 뉴욕을 만들겠다고 주장했다. 그는 민주당의 충성적 지지자인 흑인이나 맨해튼에 거주하는 백인 리버럴이 아니라 맨해튼 외곽에 사는 가톨릭 백인 중간계급과 노동계급, 정통 유대인의 표를 얻으려 했다. 줄리아니는 교묘한 인종차별적 수사를 이용해 범죄에 대한 대중의 두려움을 자극하는 캠페인을 펼쳤다. 이전 선거에서 인종화합을 강조한 딘킨스에 근소한 차로 패했던 줄리아니는 이번에는 범죄척결과 질서강화를 전면에 내세우면서 유권자들이 인종에 따라 투표하도록 유도해 시장에 당선되었다.

줄리아니는 취임 이후 "공공장소의 무질서는 통제되지 않는 도시의 명백한 징후"를 나타낸다며 홈리스, 매춘부, 스퀴즈맨(squeezeman, 신호대기 중인 차에 다가가 유리창을 닦고 돈을 요구하는 사람), 스쿼터(squatter, 빈집 점거자), 노점상, 그라피티 아티스트, 불량 청소년을 공공의 적으로 취급했다. 그가 임명한 뉴욕 경찰국장 빌 브래튼이 내세운 정책 가운데 하나는 "제5 치안전략-뉴욕의 공공장소를 되찾는 것"이었다. 이는 삶의 질을 위협하고 거리의 질서를 혼란케 한다고 규정된 이들을 공공장소에서 몰아내는 것이었다. 뉴욕의 지하철에는 위협적으로 묘사된 홈리스의 사진 위로 "돈을 주지 마시오"라는 카피가 들어간 광고 포스터가 붙었다. 경찰은 삶의 질을 떨어뜨린다고 간주되는 자들을 중범죄자 대하듯 엄격하게 다루며 체포하거나 기소했다. 무단횡단, 대중교통 무임승차, 안전벨트 미착용에 대해 단속과 처벌이 이루어졌으며, 포르노그래피 판매점과 스트립바 등에 대한 규정이 강화되었다. 줄리아니의 임기 후반인 2000년에 경범죄로 체포된 사람들의 수는 취임하기 전인 1993년과 비교했을 때 80퍼센트가량 상승했고, 마약 거래나 소지로 체포된 이들의 수도 두 배 이상 많아졌다.

이 같은 치안정책에 가장 큰 영향을 미친 것은 경범죄와 일탈행위를 방치하면 더 큰 범죄와 사회적 혼란을 야기할 수 있다는 '깨진 유리창' 이론이다. 1982년 제임스 Q. 윌슨과 조지 켈링이 『월간 애틀랜틱』에 「깨진 유리창」이란 글을 발표한 뒤 미국의 보수적 두뇌집단은 정치인·관료·범죄학자들이 참여하는 세미나와 컨퍼런스를 통해 이 이론을 확산시켰다. 줄리아니는 뉴욕의 대표적인 보수 싱크탱크 '맨해튼재단'의 세미나에 열성적으로 참여했다. 줄리아니와 브래튼은 '제로 톨레랑스'란 말을 거의 쓰지 않았지만 언론과 범죄학자, 정치인들이 빈번히 언급하면서 줄리아니 정부의 치안정책을 규정하는 말이 되었다. 제로 톨레랑스는 강력한 치안정책과 법적 처벌 등이 범죄를 감소시킨다는 '단순하면서도 분명한 서사'를 대중에게 전달하는 데 효과적이었다.[54]

줄리아니 재임 시절 뉴욕시의 범죄는 지속적으로 줄어들었다. 그가 임기를 시작한 1994년 1561건(인구 10만 명당 21.3건)이었던 살인건수는 마지막해인 2001년에는 649건(인구 10만 명당 8.1건)으로 58퍼센트나 감소했다. 강도와 강간 사건 또한 각각 61퍼센트와 43퍼센트씩 감소했다. 많은 뉴욕 시민이 줄리아니의 치안방식을 지지했다. 범죄를 줄여 삶의 질을 높이겠다는 지도자를 반대할 이유가 없었다. 그러나 제로 톨레랑스 치안은 범죄퇴치라는 목적을 넘어 경제성장에 기여하지 않는 하위계층과 비생산인구를 통제하고 관리하는 수단이었다. 시정부는 거리에서 자는 홈리스는 체포될 수 있으며, 시의 근로체험프로그램과 치료과정에 참여하지 않으면 최소 30일간 홈리스 쉼터를 이용하지 못할 수 있다고 경고했다. 뉴욕 경찰은 또한 마약이나 총기를 소지했다고 의심되는 사람들에 대한 불심검문을 강화했다. 그러나 젊은 흑인, 히스패닉 남성을 잠재적 범죄자로 보는 경찰이 인종을 따지지 않고 공정한 법집행을 하기란 불가능했다. 범죄가 가장 많이 발생하는 지역의 흑인·히스패닉 저소득층 또한 줄리아니의 '범죄와의 전쟁'을 지지했지만, 자신들의 커뮤니티에서 일어나는 경찰의 강압적 대우와 학대에는 불만을 느꼈다. 줄리아니의 임기 동안 경찰의 학대행위는 증가했고 이에 대한 소송과 저항도 늘어났다.

줄리아니는 경범죄에 대한 엄정한 징벌조치, 불심검문의 강화, 강력한 경찰력 등의 치안정책이 뉴욕시의 범죄를 획기적으로 줄였다고 홍보했지만, 이를 반박하는 주장도 계속 제기되었다. 그가 시장이 되기 전인 1990~1991년을 정점으로 뉴욕시의 범죄는 이미 감소추세로 돌입했고, 이는 미국 전역에서 일어난 현상이었다. 1990년대 뉴욕의 범죄감소율이 가장 두드러지긴 했지만, 샌디에이고처럼 강력한 치안방식을 채택하지 않은 도시에서도 범죄는 빠르게 줄었다. 살인이 가장 많이 일어났던 1991년부터 10년간 미국 전체의 살인사건은 43퍼센트나 감소했다. 많은 연구자들이 경제호황, 크랙 코카인 시장의 축소, 범죄를 저지르는 주 연령대 인구의 감소, 수감자 수의 증가 등 다양한 요인으로 범죄감소를 설명했다. 줄리아니가 추진한 치안정책은 기껏해야 수많은

원인 가운데 하나에 불과했다.[55]

시민의 자유와 복지에 대한 공격

'법과 질서'를 강조한 줄리아니는 미국 리버럴리즘의 상징과도 같은 뉴욕에서 자유의 의미를 바꾸고 축소시켰다. 취임 이후 한 포럼에서 그는 "자유는 권위에 관한 것이다. 자유는 개개인이 자신이 한 행동에 대한 많은 결정권을 기꺼이 법적 권위에 양도하는 일에 관한 것이다"라고 말하며, 질서유지와 범죄퇴치를 위해 자유의 희생이 불가피하다고 암시했다.[56] 줄리아니는 임기 내내 자신의 신념을 관철시키려고 노력했다. 뉴욕 경찰이 '인종 프로파일링(racial profiling, 경찰 등의 치안당국이 인종적 요소를 고려해 마이너리티 집단을 차별적으로 대우하고 조사하는 것)'을 한다고 비판한 흑인 경찰을 해고했고, 시 공무원이 상부의 허가 없이 언론에 뉴욕시 정책에 대해 말하지 못하도록 했다. 또 자신을 풍자한 캐리커처를 실은 잡지의 광고를 뉴욕시 버스에 설치하지 못하도록 압력을 넣었고, 시청 건물 앞에서 시위할 때 확성기 사용을 금지했다. 줄리아니 정부는 노점상에 대한 단속과 규제를 강화했으며, 길거리에서 작품을 파는 예술가를 단속했다(미국에서 예술작품을 거리에서 파는 것은 표현의 자유로 인정된다). 줄리아니는 시민과 사회단체로부터 미국 수정헌법 1조(종교, 언론, 출판의 자유와 집회, 청원의 권리 보장)를 위반했다는 이유로 끊임없이 소송당했고, 연방법원의 재판에서 대부분 패했다.

시민권에 대한 공격은 예술에 대한 개입으로까지 이어졌다. 1999년 브루클린박물관의 〈센세이션〉이란 전시회에서 코끼리 똥을 흑인 성모 주변에 장식한 〈성모 마리아〉(크리스 오필리 작)란 작품이 전시될 예정이었는데, 이것이 가톨릭 신자인 줄리아니의 심기를 건드렸다. 그는 종교를 모독하는 작품은 시정부의 보조금을 받을 수 없다며 전시회를 중단하지 않으면 예산을 지원하지 않겠다고 위협했다. 나아가 박물관을 시정부 소유의 건물에서 쫓아내려 했다. 브루클린 박물관은 '표현의 자유'를 위반하는 처사라며 연방법원에 소송을 내 승소했다. 그러나 박물관으로 대변되는 제도권 예술계는 표현의 자유라는 이름 아래 전문가로서의 자율성과 미적 판단의 독립성을 보장받으려는 싸움에서는 승리했지만, 박물관 밖에서 벌어지던 표현의 자유 억압에 대해서는 반대의 목소리를 거의 내지 않았다. 경찰이 거리의 예술가를 단속할 때조차 아무런 대응도 하지 않았다.[57] 전 세계 예술의 중심 뉴욕에서 한 정치인이 예술에 간섭한 사건은 세간의 뜨거운 관심을 받으며 그야말로 '센세이션'을 불러일으켰지만, 도처에서 일어나던 보복주의적 공세 속에서 이미 예견된 일이었는지도 모른다.

줄리아니는 복지축소, 공공부문의 민영화, 기업에 대한 세금감면과 보조금 지원 등 신자유주의적 정책을 적극적으로 추진함으로써 사회 양극화를 가속화시켰다. 줄리아니 정부는 공적부조public assistance, 공공의료, 푸드 스탬프(Food Stamps, 정부가 극빈자에게 제공하는 식품구매권), 육아, 노인요양, 홈리스, 뉴욕시립대학교, 인권 등 주로 저소득층이 혜택받는 분야의 예산을 깎았다. 또 복지규정을 강화해 복지수혜자의 수를 거의 절반으로 줄였으며, 이들을 소위 '일하는 복지' 제도인 근로체험프로그램에 참여시켜 공원청소 등 공무원이 줄어든 곳에 투입했다. 그리고 뉴욕시 홈리스 관련 부서의 인원을 절반 가까이 감축했고, 많은 홈리스 쉼터를 민영화했다. 줄리아니는 공립병원마저 민영화하려 했지만 시의회의 반대에 부딪혀 실패했다. 반면 뉴욕 경찰 예산은 1993년 17억 달러에서 2000년 31억 달러로 늘어났다(전체 시예산에서 차지하는 비율도 5.7퍼센트에서 7.9퍼센트로 증가했다).

사회경제적 양극화에 대한 줄리아니의 해결책은 사회문제에 대한 책임을 개인에게 돌리고, 빈곤마저 범죄화해 가난한 사람들을 노골적으로 추방하거나 배제하고, 거리에서 깨끗이 '청소clean-up' 해버리는 것이었다. 그는 한 기자에게 뉴욕시의 복지예산 삭감 뒤에 숨은 전략이 가난한 이들을 뉴욕에서 쫓아내는 것이냐는 질문을 받았을 때 "암묵적 전략이 아니다. 그것은 그냥 전략이다"라고 답했다. 또한 뉴욕시는 빈자에게 서비스를 제공할 여유가 없다며 이들이 다른 곳으로 이사가는 것이 뉴욕과 미국을 더욱 매력적으로 만들 것이라고 말했다.[58] 1990년대 뉴욕에서 줄리아니는 정치수사와 정책실행 차원에서 모두 빈곤·실업·주택부족·홈리스·범죄 등에 대한 사회적 책임을 완전히 그리고 노골적으로 폐기처분하려 했다. 줄리아니의 가장 큰 공헌은 이처럼 전 세계가 주목하는 도시 뉴욕에서 '빈곤의 범죄화' '사회적 약자의 배제와 추방' '탈취에 의한 축적'이라는 신자유주의적 기획을 성공적으로 수행한 것이다.

줄리아니의 치안정책에 대한 시민들의 지지는 도시 리버럴의 보수화를 보여준다. 저널리스트 제임스 트라웁은 『뉴욕 타임스 매거진』에서 "줄리아니의 '삶의 질' 캠페인의 핵심은 안전하고 질서정연한 공공장소에 대한 시민들의 집합적 권리가 그 공간을 오용하는 그라피티 예술가, 노점상, 공격적 구걸인들의 개인적 권리에 앞선다"는 사실을 보여준 것이라고 말했다. 그러면서 많은 리버럴이 범죄퇴치와 도시정화를 위해 이러한 전제에 동의했다고 지적했다. 시민들은 강력한 단속으로 범죄가 줄어드는 것을 보고 "범죄의 원인이 빈곤과 인종차별이 아니라 범죄자"에 있다고 생각하게 되었다. 줄리아니의 또다른 성과는 이처럼 오랫동안 범죄문제의 '사회적' 해결을 주장해왔던 도시 리버럴들의 믿음의 토대를 완전히 뒤집어 놓은 것이다.[59]

'도시의 위기'와 신보수주의의 뉴욕 탈환

1990년대 뉴욕의 범죄감소와 경제호황을 줄리아니의 성과로 돌리는 것만큼이나, 보복주의적 도시정책과 사회 양극화에 대한 책임 모두를 줄리아니에게로 돌리는 것도 옳지 않다. 1970년대부터 뉴욕은 오랫동안 무질서와 혼란 속에 방치되었고, 사회연대를 주장해온 뉴욕의 리버럴리즘은 도시에 만연한 범죄와 빈곤을 해결하지 못했다. 그 사이 계급질서를 회복하려는 보수주의자들의 공격적 수사가 설득력을 얻었다. 줄리아니의 등장은 새로운 사회적 재생산 질서를 구축하려는 신보수주의자들의 정치적 기획이 성공했음을 의미한다. 그들은 민주주의와 시민권을 공격했고, 비생산적 인구로 규정된 자들을 범죄화했다. 사회적 약자를 배제하고 추방했으며, 연대의 조건인 '사회'를 공격했다.

뉴욕은 사회의 급진화에 대항해 경제적·문화적·지적 보수주의자들이 결집할 수 있는 장소였으며, 다시 그들의 이념과 정책을 미국 전체, 나아가 세계적 차원으로 넓힐 수 있는 전략적 요충지였다. 신보수주의자들은 1960년대부터 미국의 대도시를 중심으로 확산된 폭동·인종갈등·학생운동·노동운동·반문화·무질서·범죄증가 등 정치문화적 소요와 혼란을 '도시의 위기'로 규정하고, 이를 강력한 노조의 허용, 무질서에 대한 관용, 사회복지의 확대를 추진한 도시 리버럴리즘의 탓으로 돌렸다. 리버럴한 엘리트들이 흑인과 빈민의 무리한 요구를 수용하고 복지를 제공했기 때문이라는 것이다. 그들은 뉴욕을 린던 존슨 대통령의 '위대한 사회' 프로그램과 존 린지 시장 재임 시절 급진화된 도시 리버럴리즘의 실패를 보여주는 도시로 상징화했다.

    1970년대 중반 뉴욕의 엘리트와 월스트리트 기업은 뉴욕시의 재정위기를 해결하는 과정에서 자본의 이익을 관철하기 위해 결집했다. 이들은 재정적자를 지나친 복지혜택, 강력한 공무원 노조와 고임금, 공공주택 정책, 뉴욕시립대의 무상교육 등 리버럴한 정책의 결과로 규정했다. 탈산업화로 인한 산업노동자의 일자리 감소, 백인 중간계급의 교외 이주와 이를 뒷받침한 정부의 정책 그리고 세계적 경제불황이라는 구조적 요인은 전혀 고려하지 않았다. 1978년 창립된 '맨해튼재단'은 신자유주의적 도시정책을 생산 확산시키며 '포스트리버럴post-liberal' 도시 만들기에 앞장섰다. 맨해튼재단은 '헤리티지재단' '미국기업연구소AEI' 등 1970년대 부흥을 맞은 보수적 싱크탱크 중 하나로 공공서비스의 민영화, 복지제도 개혁, 학교선택 등에 대한 이론적 틀을 마련했

다. 『월스트리트 저널』 같은 언론 또한 친기업적이고 반노동적 이데올로기를 확산시켰다.[60]

뉴욕의 신자유주의적 전환은 1980년 레이건 대통령 취임 후 더욱 가속화되었다. 뉴욕시의 주택·교육·의료 등에 대한 공공서비스는 계속 축소되었다. 1980년대 후반 경제침체로 실업률이 급격히 증가했을 때 뉴욕의 공원, 터널, 다리 밑, 공터 등에 홈리스들의 오두막이 눈에 띄게 많아졌다. 1990년 무렵 뉴욕의 마약과 범죄 문제는 최악의 상태였으며, 각종 폭력과 보이콧 등으로 인종갈등 역시 첨예해졌다. 당시 딘킨스 시장 역시 복지확대보다는 즉각적 징벌조치를 통해 질서를 회복하라는 압력에 직면했다. 그는 1991년 '안전한 도시, 안전한 거리the Safe City, the Safe Street' 프로그램을 추진하면서 수천 명의 경찰과 치안공무원을 추가로 고용했다.

이어 줄리아니가 등장했다. 줄리아니가 사회적 약자와 노동계급, 복지제도를 공격하는 동안 리버럴한 뉴요커들은 사회적 관용을 외쳤지만, 이를 뒷받침할 구체적인 정치적·물질적 수단이 없었다. 오히려 민주당원을 비롯해 많은 리버럴들은 경제적 성장을 통해 뉴욕의 풍요가 계속될 것이라고 생각했기 때문에 기업과 부동산 개발에 대한 지원을 통한 성장방식에 동의했다.[61] 그러나 성장의 열매는 전 계층에 골고루 배분되지 않았다. 1990년대 후반 뉴욕시 상위 20퍼센트의 평균 가구소득은 하위 20퍼센트의 평균 가구소득보다 20배나 많았다. 1970년대 후반에는 9.5배였다. 워킹푸어(working poor, 근로빈곤층)는 10년 전보다 80퍼센트가량 늘었다. 금융·부동산·지식서비스 업종의 고임금 관리직의 수가 늘었지만, 단순 서비스업종에 종사하는 저임금 직업의 수는 훨씬 많이 증가했다. 경제성장을 통한 트리클다운 trickle down 효과는 없었다.[62]

표현의 자유 억압과 복지제도의 해체, 인종차별적 학대행위, 경찰의 총기발사로 인한 흑인 청년의 죽음 등으로 임기 후반 줄리아니의 지지도는 32퍼센트까지 떨어졌다. 그러나 9·11이 일어나 뉴욕이 아비규환으로 변한 순간 줄리아니는 잿더미로 변한 곳에 나타나 사태수습을 진두지휘하며 다시 미디어의 화려한 조명을 받았다. 그는 인기 없는 뉴욕 시장에서 일약 위기에 빠진 국가를 구해낸 '미국의 시장'으로 부상하며 전 세계인의 주목을 얻었다. 게다가 제로 톨레랑스 치안전략은 훌륭한 '메이드 인 유에스에이' 상품이 되어 수출되었다. 유럽의 보수적 싱크탱크·정치인·관료·고위경찰은 미국 보수세력의 '법과 질서' 정책과 이데올로기를 적극적으로 수입했다. 그들은 줄리아니의 정책을 그대로 받아들이진 않았지만, 신자유주의적 사회경제 정책의 추진으로 나타난 빈곤·실업·저항·폭동·범죄 등 사회의 불안정성을 관리하기 위해 제로 톨레랑스와 관련된 다양한 수사와 정책을 동원했다. 유럽의 선진국가만이 아니라 라틴아메리카에서도 줄리아니의 정책과 수사를 수입했다. 2002년 줄리아니는 '줄리아니와 파트너들' 재단을 통해 멕시코시티 공무원에게 범죄퇴치에 대한 조언을 해주는 대가로 430만 달러를 받기로 계약을 맺었다. 멕시코의 거부 카를로스 슬림이 비용을 댔지만, 미국과 다른 사회문화적 배경과 엄청난 규모의 비공식 경제를 가진 멕시코시티에서 조언이 통할 리 없었다. 더구나 그의 정책이 뉴욕의 범죄를 감소시켰다는 주장 자체가 정치적 프로파간다에 가까웠기 때문에 장소를 옮긴다고 해서 효과를 낼 수는 없었다.

줄리아니는 자신이 뉴욕을 더욱 안전하고 매력적인 도시로 만들었다고 주장한다. 거리를 어지럽히던 사람들을 깨끗이 몰아내고, 기업에 대한 혜택을 늘리고, 관광산업 진흥정책을 펴면서 뉴욕을 기업·중상류층·관광객을 위한 도시로 완전히 탈바꿈시켰기 때문이다. 반면 그는 보복주의적 정책의 추진과 이데올로기적 공격을 통해 비생산적으로 규정된 인구, 복지정책의 수혜자, 저항을 조직화하는 개인과 집단은 가혹하게 다루었다. 이처럼 빈곤과 저항을 범죄화하는 현상은 신자유주의가 확산되는 세계 곳곳에서 일어나고 있다. 사회학자 로이 와캉은 이러한 정치체제를 '자유주의적 가부장주의liberal-paternalist'라고 불렀다. 그의 지적처럼 신자유주의적 통치는 기업과 상류층에는 거의 무제한의 자유를 주는 반면 하위계층과 저항하는 이들에는 더욱 억압적이고 징벌적인 도시와 국가를 만든다.63 이것이 바로 줄리아니가 뉴욕을 '안전한 도시'를 만들었다는 신화 뒤에 감추어진 '현실'이다.

센트럴파크에 잔디를 허하라

뉴욕의 센트럴파크는 '공공장소 public space'다. 누구나 잔디에 누워 햇볕을 쬘 수 있고, 산책하며 신선한 공기를 들이마실 수 있다. 공원의 잔디와 공기는 인종·계급·성으로 사람을 차별하지 않는다. 또 센트럴파크만큼 '도심 속 허파'라는 표현이 잘 들어맞는 곳도 없다. 수직의 건물과 반듯한 도로를 경험한 사람들이 센트럴파크의 푸른 숲과 굽은 길로 들어서면 표정이 밝아진다. 무거웠던 발걸음이 경쾌해지고 경직되었던 어깨에서 힘이 빠지면서 타인에 대한 경계심도 낮아진다. 이처럼 여유를 되찾게 해주는 센트럴파크는 맨해튼에서 가장 인간적인 곳이고, 거리와 사무실에서 벌어지는 온갖 번잡한 일로부터 달아날 수 있는 '도피처'이며 잠시나마 이기심과 탐욕을 잊을 수 있는 '속죄'의 장소다.

150여 년 동안 센트럴파크는 누구에게나 개방된 '민주적 공간'이면서 '도심 속 전원풍경'의 역할을 해왔다. 그러나 아름다운 숲과 잘 정돈된 잔디, 거기서 휴식을 즐기는 사람들이 센트럴파크의 전부는 아니다. "민주적 공간"이라는 수사 뒤에는 특정한 사람과 행동을 배제해온 역사가 있다. 그리스의 아고라에서 국외자와 여성, 노예들이 정치적 주체일 수 없었던 것처럼, 센트럴파크에서도 '공공'의 지위를 부여받지 못한 사람들이 있었고 '공공장소'에서 특정행위를 금지하는 '규칙'이 있었다. 센트럴파크는 건설할 때부터 지금까지 사회적 통제의 장소이면서 저항의 장소였다. 사회적 환경에 따라 그 양상은 달랐지만, 센트럴파크는 언제나 정치적·문화적 행위와 의미들이 충돌하는 공공장소였다. 물론 매우 평화로워 보이는 지금도 갈등과 충돌의 역사로부터 자유롭진 않다.

랜드마크, 메트로폴리스의 조건

19세기 중반 뉴욕은 맨해튼 남부의 항구를 중심으로 공업과 상업이 성장하면서 미국 제1의 도시로 부상하였다. 그러나 인구 대부분이 맨해튼 30번로 아래 남쪽에 살았기 때문에 도시는 점점 비좁아졌고, 새로운 이민자를 위한 일자리와 주택도 충분치 못했다. 이민자들이 모여든 곳은 가난과 질병이 창궐하는 슬럼이 되었고, 수천 명의 홈리스와 고아가 거리를 배회했다. 19세기 초만 해도 브로드웨이나 배터리 지역, 5번가에서 안전하게 다닐 수 있었던 부유한 시민들은 이제 번잡하고 지저분해진 거리를 산책할 수 없게 되었다. 이들은 유럽처럼 마차를 타고 다니면서도 거리의 소란스러움이나 불결함과 마주치지 않아도 되는 공간이 필요하다고 생각했다.[64]

뉴욕의 엘리트들은 또한 유럽 대도시에 맞먹는 경제규모를 갖춰가던 메트로폴리스 뉴욕의 자부심을 보여줄 '랜드마크'를 원했다. 알렉시스 드 토크빌을 비롯해 19세기 중엽 미국을 방문한 유럽인들은 미국 민주주의의 끊임없는 물질적 번영에 놀라워했지만, 미국인들이 문화적 가치엔 무관심하다고 비판했다. 뉴욕의 성공한 부르주아지나 젠틀맨들은 유럽 왕정국가의 귀족이나 부르주아지들로부터 야만적이고 천박하다는 평가를 받는 데 자존심이 상했다. 이에 런던의 하이드파크 같은 대규모 공원을 건설해야겠다는 생각이 더 강해졌다. 한편 부르주아 도덕개혁가들은 공원을 통해 무질서한 노동계급을 변화시키고 통제할 수 있을 것이라고 기대했다. 이들은 개인적 자선보다 저렴하고 깨끗한 공공장소를 제공하는 것이 열악한 노동계급의 생활을 개선하고 올바른 도덕을 갖추도록 하는 데 더 좋은 방법이라고 보았다.

도시가 커지면서 사회적 갈등도 첨예해졌다. 상류층에 대한 가난한 노동자들의 적대감, 새로운 이민자에 대한 기존 엘리트들의 거부감, 저임금 일자리를 놓고 경쟁하는 아프리칸 아메리칸과 아일랜드인의 갈등 등 뉴욕 사회의 긴장이 그 어느 때보다 높았다. 번영하는 도시 밑바닥엔 무질서와 폭력, 두려움이 꿈틀거렸다. 변화 혹은 사회를 통제할 새로운 질서가 필요했다. 부유한 상인들은 도시의 지속적 발전을 위해 효율적

교통시설과 깨끗한 거리, 강한 치안력과 정치적 부패의 척결을 원했고, 중간계급 청교도 개혁가들은 금주와 위생적 주택, 새로운 이민자의 보호를 촉구했다. 노동계급은 더 나은 삶을 위해 노동시간 축소 및 임금인상 등 노동조건 향상과 저렴한 주택을 원했다. 이렇게 모든 계급이 도시의 물리적·문화적 환경의 개선을 원하던 상황에서 뉴욕의 엘리트를 중심으로 대규모 공원을 만들자는 이른바 '공원운동park movement'이 일어나게 된다.

미국 민주주의의 자부심

1858년 센트럴파크 디자인 공모전에서 뉴욕시 정치인들과 긴밀한 관계였던 독일 출신 자산가의 자손 옴스테드와 영국 출신의 건축가 바욱스의 설계도가 최종안으로 채택된다. 새로운 대형공원이 도시의 혼란스러움과 단절된 전원풍경이어야 한다고 생각한 옴스테드와 바욱스는 "민주주의 이념을 어떻게 나무와 흙에 담아" 낼지 또한 고민했다. 나중에 '미국 조경학의 아버지'로 불리며 공원 디자인과 조경에 큰 영향을 미친 옴스테드는 센트럴파크가 뉴욕의 모든 계급에 아름다운 자연과 오락공간을 제공해야 한다고 여겼다. 바욱스는 시민들이 직접 공공장소를 창조하는 "공화국의 위대한 예술작품"이 되어야 한다고 보았다. 이들에게 센트럴파크의 건설은 민주주의 국가 미국의 자부심의 표현이었다. 왕의 사냥터나 궁중귀족의 정원으로 만들어졌다가 나중에 시민에 개방된 유럽의 대공원과 달리 센트럴파크는 처음부터 시민을 위한 공원으로 계획되었기 때문이다.

    스스로를 사회개혁가로 본 옴스테드는 미학적 경험을 통해 사회적 변화를 가져올 수 있다고 믿었다. 그는 공원이 깨끗한 공기와 편안한 휴식공간을 제공하는 도시의 허파여야 하며, 하층계급과 이민자를 교양 있게 만드는 교육적 효과도 있어야 한다고 여겼다. 또한 계급에 상관없이 모든 사람들이 공원에서 마주치고 어울리면서 사회발전에 기여해야 한다고 생각했다.[65] 그러나 센트럴파크 건설에 따른 이익이 모든 계급과 인종에 골고루 돌아가진 않았다. 공원 건설부지에 살던 가난한 아프리칸 아메리칸과 아일랜드·독일 이민자들은 거주지를 떠나야 했으며, 공사 책임자들은 아일랜드계·독일계 노동자들과의 충돌을 우려해 노예 신분에서 해방된 흑인 노동자를 고용하지 않았다. 물론 앵글로색슨 청교도가 아닌 아일랜드인과 독일인들도 아직은 '훌륭한respectable 미국인'이 아니었다. 공사의 총책임자 옴스테드는 "뉴욕의 많은 사람들은 공원에 대해 잘 알지 못한다. 이들이 공원을 올바르게 이용할 수 있도록 교육해야 하고, 공원을 남용하는 것을 제한해야 한다"고 생각했다. 그는 민주주의 사회에서 젠틀맨의 도덕적 의무를 강조하면서, 젠틀맨만이 공원의 올바른 사용을 규정할 수 있으며 하층계급은 공공장소를 이용하기 위해 도덕적·문화적 교육을 받아야 한다고 보았다.

    개장 직후인 1860년대에 센트럴파크는 모든 계급이 향유하는 곳이라기보다 주로 상류층과 부유한 중간계급이 마차를 끌고 산책하는 '엘리트 공원'이었다. 1864년 한 신문은 뉴욕의 유일한 사교장소는 멋진 마차를 타고 새로운 숲과 길 사이를 산책할 수 있는 센트럴파크와 새로운 가수와 오페라 연기를 볼 수 있는 오페라하우스뿐이라고 평했다. 센트럴파크는 뉴욕의 상류층이 지위를 확인하는 장소였지만, 이용객 대부분은 중간계급이었다. 사람들은 소풍을 와서 보트를 타거나 산책을 했고, 토요일에는 무료 밴드공연을 관람했다. 겨울에는 스케이트를 탔다. 그들은 공원의 질서를 흐트러뜨리지 않는 '훌륭한' 사람들이었다. 그러나 일주일에 6~7일을 일하던 노동자계급이 센트럴파크에 갈 시간을 내기란 쉽지 않았다. 더구나 센트럴파크는 여전히 맨해튼 남부에 집중되었던 그들의 주거지와 일터에서 멀리 떨어져 있었다. 게다가 살롱이나 선술집, 거리에서 떠들썩하고 방탕하게 노는 문화를 즐기던 노동계급 남성들에게 '전원풍경'은 큰 의미가 없었다. '훌륭함'이라는 도덕적 가치를 규정하던 뉴욕의 젠틀맨들이 보기에 이들은 닭싸움, 곰 놀리기, 권투 같은 야만적 경기를 즐길 뿐이었다.

잔디보호 대 잔디개방

19세기 말 뉴욕에서는 8시간 노동제를 쟁취하기 위한 광범위한 운동과 파업이 일어났다. 토지단일세를 주장했던 헨리 조지가 '연합노동당 United Labor Party'의 후보로 뉴욕 시장에 출마했다. 그는 1886년 연합노동당 후보를 수락하는 연설에서 노동자들의 더 나은 삶을 위해서 토지단일세가 필요하다며 다음과 같이 말했다.

부유한 이의 아이들은 센트럴파크에 가고, 또 여름이면 시골로 갑니다. 가

난한 아이들은 그렇지 못합니다. 이 도시에 그 아이들을 위한 놀이터는 길거리뿐입니다. 몇몇 자선단체들이 하루 동안 밖으로 소풍을 데리고 나가지만 그들은 다시 열악한 조건으로 돌아와야 합니다. 모든 뉴욕 시민이 자신만의 집을 못 가질 이유는 없습니다. 이 운동의 목적은 그것을 분명히 하는 것입니다. 우리는 토지가 모든 사람의 것이라는 사실을 지지합니다. ……모두가 그것을 공유할 자격이 있습니다. 토지는 모든 사람들이 이용할 수 있는 것이어야 하고, 도시를 아름답게 꾸미고 공공 편의시설과 놀이터, 학교, 오락시설을 제공하기 위한 것이어야 합니다.[66]

노동자계급의 조직화와 권리쟁취운동은 센트럴파크의 운영방식에도 영향을 미쳤다. 1884년 안식일이라는 이유로 행사가 금지되었던 일요일에 음악 콘서트가 허용된다. 수만 명의 인파가 음악회를 보기 위해 잔디 위로 모여들었는데, 대부분이 일주일에 하루를 쉬던 노동자였다. 1880년대에는 청소년들에게 야구가 허용되었고, 중간계급에게 인기가 많던 양궁·풋볼·테니스·롤러스케이트도 허용되었다. 무엇보다 개장 초기부터 엄격히 적용되던 '잔디밭 출입금지keep off the grass'가 조금씩 완화되기 시작해 결국 1890년대에 이르면 잔디보호를 위한 제한 조치들이 거의 사라졌다.

노동계급과 하층 중간계급이 자주 찾으면서 센트럴파크를 '도심 속 전원적 풍경'으로 생각했던 상류층의 이상은 위협받았다. 이들은 사람들이 잔디를 손상하고 시끄럽게 노는 것을 보며 "야만주의로의 퇴행"이라고 비판했고, 서로 모르는 남녀가 공원에서 자유롭게 접촉하는 데

근심을 표현하기도 했다. 그러나 부르주아 도덕개혁가들은 노동자들이 살롱이나 선술집에서 어슬렁거리다가 정치적 선동에 휩쓸려 위험한 군중으로 변하는 것보다 일요일에 공원에서 음악회를 즐기는 '관람자'가 되거나 조직화된 스포츠 활동을 통해 건전한 정신과 육체를 연마하는 것이 훨씬 안전하다는 사실을 깨달았다.

더 많은 뉴요커를 위한 공간으로

센트럴파크에 가장 큰 변화가 일어난 것은 막강한 권위와 추진력을 가진 로버트 모지스라는 인물이 뉴욕시의 공원부서 담당자가 되면서부터다. 모지스는 정치인은 아니었지만, 1920년대부터 1960년대까지 뉴욕의 도로·주택·공원·다리 등 제반시설을 관리하는 부서의 총책임자로 일하며 현대 뉴욕의 모습을 설계했다. 건강한 환경이 건강한 사회적 행동을 만든다는 철학을 가졌던 모지스는 기존의 엘리트들과 달리 센트럴파크에 더 많은 오락공간을 만들어 효율적으로 이용해야 한다고 생각했다. 공원은 여가시간이 많아진 노동자계급이 쾌락을 소비하는 법을 배울 수 있는 사회적 장소였다. 또한 대공황에서 벗어나기 위해 대규모 공공사업을 벌이던 연방정부의 지원을 받아 새로운 고용을 창출할 수 있는 공간이기도 했다.

1930년대 뉴딜정책이 시행되자 뉴욕은 연방정부의 구호기금을 공원과 레크리에이션 시설의 확장에 가장 많이 지출했다. 1935년부터 2년간 뉴욕시의 공원 레크리에이션 부서는 연방정부의 '공공사업진흥청

WPA'으로부터 총 1억1천3백만 달러를 받았고, 공원시설의 확장과 개선을 위해 7만여 명의 노동자를 고용했다. 모지스는 연방정부의 지원금으로 센트럴파크를 과거와 비교할 수 없는 개방적 공간으로 만들어나갔다. 한 개에 불과했던 놀이터는 스물두 개로 늘어났고, 부유층이 이용하던 카지노는 보통 성인을 위한 놀이공간으로 바뀌었으며, 새로운 보트하우스와 공식 야구필드가 생겨났다. 많은 축제와 카니발이 열리기 시작했고, 포크댄스·연날리기·풋볼·야구·탁구·소프트볼·테니스·스케이트 등의 레크리에이션 활동을 하는 사람들로 붐비게 되었다. 그러나 모지스는 레크리에이션 시설이 인종적으로 분리되어야 한다는 인종차별적 생각을 가지고 있었다. 오락시설이 백인 거주지에 집중적으로 지어진 반면, 아프리칸 아메리칸과 푸에르토리코인들이 주로 살던 센트럴파크 북쪽지역의 관리는 상대적으로 소홀했다. 기존 뉴욕의 엘리트들처럼 모지스도 통제되지 않는 군중이 공원을 파괴할 수 있다는 이유로 정치적 성격의 모임을 제한했다. 센트럴파크에서는 오직 뮤지컬이나 음악회 같은 행사만이 열릴 수 있었다.

하지만 1960년대 센트럴파크는 100년이 넘는 역사상 거의 처음으로 정치적 모임의 장소가 되었다(1914년 여성참정권운동 모임이 그때까지 센트럴파크에서 열린 처음이자 마지막 정치적 행사였다). 베트남전쟁 반대운동과 히피들의 반문화는 도심 속 전원풍경으로 시민들의 휴식과 오락 공간이던 센트럴파크를 정치적·문화적 저항의 공간으로 확장시켰다. 1966년 3월 1만여 명이 모인 베트남전 반대집회가 있었고, 이듬해에는 수십만의 군중이 마틴 루터 킹 목사의 행진을 따라 '십 메도우 Sheep Meadow'

에 몰리는 등 많은 정치적 행사가 열렸다. 1970년에는 정부의 동성애자 탄압에 저항한 '스톤월 항쟁Stonewall roits'의 1주년을 기념해 수천 명의 동성애자들이 그리니치빌리지에서 센트럴파크까지 행진했다. 센트럴파크는 젊은이와 히피들의 중요한 모임장소이기도 했다. 1950년대까지 공원에서 수영복이나 짧은 옷을 입는 것이 금지되었고 남자들은 셔츠를 입어야 했으며, 예술가들은 풍경 스케치를 위해 미리 허가를 받아야 했다. 그러나 반문화적 성향의 젊은이들은 잔디에서 사랑을 나누기도 하고 옷을 모두 벗고 눕기도 했다. 행위예술 같은 퍼포먼스 행사도 열렸고, 입영통지서와 성조기를 태우고 마리화나를 피우기도 했다. 1960년대 후반 낡은 조항들은 없어지거나 더이상 적용되지 않았다.

그동안 정치적 모임을 허가하지 않았던 뉴욕시 정부도 센트럴파크의 새로운 이용방식에 호의적이었다. 뉴욕시 역사상 가장 리버럴한 시장이었던 존 린지는 훼손된 잔디를 복원하고 쓰레기를 치우는 데 드는 비용보다는 공공장소에서 정치적 논쟁을 허용함으로써 얻는 사회적 이익이 더 크다고 생각했다. 물론 거리보다 공원처럼 단절된 공간이 정치 행사를 통제하기에 더욱 효과적이었고, 더 큰 봉기로 확대되는 것을 방지할 수도 있었다. 이들과 반대로 센트럴파크를 원래 목적에 맞게 전원 풍경과 휴식공간으로 보존하려는 정치인과 시민들도 있었다. 그들에게 센트럴파크에서의 정치적 행동은 옴스테드의 이상을 파괴하는 무질서한 행위였다. 미국에서 가장 '민주적 공간'이라고 불리는 센트럴파크는 미국 사회의 정치적 소용돌이 속에서 '민주적'이라는 의미가 어디까지 허용되는지, '공공장소'에서 올바른 행위는 무엇인지 묻는 정치적·문화적 행위들의 실험장이었다.

신자유주의 시대의 센트럴파크

지금 센트럴파크는 뉴욕시가 공원의 규칙과 정책결정 권한을 가지고, '센트럴파크보호협회Central Park Conversancy'라는 민간 비영리단체가 관리하는 '민관 파트너십' 모델로 운영된다. 이런 민관 파트너십의 가장 큰 특징은 시민에게 보편적 서비스를 제공하는 영역에서 정부의 역할이 축소되고 민간의 역할이 증대된다는 점이다. 이것은 넓게는 민간영역(기업·비영리단체·지역주민)이 정부가 제공하던 서비스 부문을 대신 맡는 것을 뜻하고, 좁게는 정부와 민간이 컨소시엄을 구성해 도로·공항·교통시설·빌딩 등 대규모 공공인프라를 건설하는 것을 말한다.

센트럴파크의 민관 파트너십 모델은 공공영역을 시장경쟁에 맡기는 방식은 아니지만, 정부의 공적 책임과 예산 감소를 전제로 한다는 점에서 '민영화'라고 할 수 있다. 민관 파트너십은 또한 민영화라는 말이 불러일으키는 정치적·이데올로기적 논란을 피할 수 있다는 점에서 효과적이다. 1970년대 이후 뉴욕시의 공공분야가 해체되기 시작하면서 공원관리 예산과 인력은 크게 줄었고, 센트럴파크를 비롯한 대부분의 공원이 제대로 관리되지 않은 채 방치되었다. 이런 상황에서 정부의 역할을 대신한 것이 바로 센트럴파크보호협회였다. 1980년에 설립된 이 단체는 지금까지 5억 달러가 넘는 기금을 조성해 공원의 환경복원과 운영

에 투자해왔다. 1998년부터는 뉴욕시와 협약을 맺고 주도적으로 예산을 모으고 관리와 프로그램 운영을 책임지며, 대부분의 공원관리 인력까지 직접 고용한다. 현재 센트럴파크 1년 예산에서 이 단체가 담당하는 비율은 85퍼센트에 이른다.

민영화된 이후 센트럴파크는 그 어느 때보다 더 잘 관리되고 있다. 일 년 내내 다양한 행사와 교육프로그램이 열리며, 특히 한여름 밤에 열리는 오페라나 뮤지컬 같은 무료공연은 뉴욕에서 여름을 보내는 사람들에게 인기다. 이제는 범죄가 일어났다는 이야기도 들려오지 않고, 불쾌함을 주던 홈리스들도 사라졌다. 시민들은 뉴욕의 보석 센트럴파크를 위해 자기 주머니를 털고, 봉사활동에 참여한다. 센트럴파크보호협회가 성공하자 '브라이언트파크'나 '메디슨광장파크' 같은 뉴욕의 유명 공원들과 다른 나라의 많은 도심공원들이 민관 파트너십 모델을 벤치마킹해 수용했다. 센트럴파크의 아름다운 숲과 잔디, 풍경만이 아니라 운영방식까지 전 세계적 모델이 된 것이다.

센트럴파크보호협회의 성공은 공공영역에 대한 사회적 책임이 개인의 선택 차원으로 넘어가고 있음을 명확히 보여준다. 한때 뉴욕시 정부 지출의 1퍼센트 이상을 차지했던 공원 관련 예산은 현재 0.5퍼센트 이하로 떨어졌고, 7500명에 달했던 공원 관련 직원은 3분의 1 수준으로 축소되었다. 민관 파트너십 등을 통해 부족한 예산을 메우고 있지만, 문제는 민간의 활동과 기부가 선택적이라는 점이다. 유명한 공원과 중상류층 거주지는 많은 자금과 수단을 동원할 수 있는 반면, 시정부의 예산에 의존해야 하는 저소득층 커뮤니티의 공원 관리는 상대적으로 소홀해졌다. 실제 뉴욕시의 변두리 공원이나 공공장소는 맨해튼만큼 제대로 관리되지 않는다.

공원의 이용방식과 개보수 과정에서도 변화가 생겼다. 뉴욕 '패션위크'와 여름철 HBO의 무료영화 상영으로 널리 알려진 브라이언트파크의 경우, '브라이언트파크 복원법인'이라는 민간단체가 전적으로 예산 조달과 운영을 맡는다. '퍼블릭 스페이스 프로젝트'라는 단체는 브라이언트파크를 '가장 훌륭한 도심공원 리스트'와 '수치의 전당 리스트'에 동시에 올려놓았다. 마약상이 활개치던 곳을 사람들의 사랑을 받는 아름다운 공원으로 바꿔낸 효율적 운영은 칭찬할 만하지만 일 년에 두 차례 열리는 패션위크 때문에 일반시민들이 두 달 동안 공원을 이용할 수 없다는 이유에서다. 한편 센트럴파크보호협회는 수백만 달러의 기부금을 받고 샤넬의 광고물 설치를 허용했다. 2008년 가을 센트럴파크에서 샤넬의 핸드백을 형상화한 거대한 건축물이 20일 동안 전시되었고, 많은 시민과 관광객들이 이를 보기 위해 몰려들었다. 뉴욕시는 또 2008년 '유니언광장파크'의 보수공사를 하면서 북쪽의 파빌리온을 레스토랑으로 개조해 임대하기로 해 지역주민과 시민단체의 분노를 샀다. '워싱턴광장파크' 보수공사를 하면서 많은 이가 사랑하던 중앙분수를 옮기고, 개방된 공간 대신 잔디와 화단을 늘리려고 해서 주민들의 반대에 부딪히기도 했다. 뉴욕시는 각각 인근 상인연합회와 뉴욕대학교로부터 받은 기부금을 공사비로 쓰는 대신, 그들이 원하는 방식의 디자인과 이용방식을 선택한 것이다.

공공영역에 대한 민간의 영향력이 늘어나면서 생긴 다른 문제는 노

동이다. 현재 뉴욕시는 연간 6천 명 이상의 '근로체험프로그램' 참가자를 공원관리에 동원하고 있다. 이들은 1996년 도입된 근로체험프로그램에 따라 최저임금 수준의 복지혜택을 받으며 시정부와 산하기관에서 일한다. 시 공무원들이 맡았던 일을 이제는 공공근로자가 하는 것이다. 게다가 센트럴파크보호협회 같은 민간 비영리단체는 노조에 적대적이다. 이 단체의 창립자 중 한 명인 리처드 길더는 "보호협회는 뉴욕시보다 센트럴파크를 더 잘 운영할 수 있다. 가장 큰 장점은 인력관리다. 보호협회는 다른 민간기업처럼 원예사, 관리인, 청소부 등을 고용한다. 일을 잘하면 계속 고용하고, 못하면 해고된다"고 말했다.[67] 지난 2009년 센트럴파크보호협회는 노동조합을 결성해 활동하던 노동자들 일부를 해고했다.[68]

사회적 책임이 사라진 멋진 신세계

경제학자 밀턴 프리드먼은 생전의 한 인터뷰에서 센트럴파크의 민영화에 대한 질문을 받았다. 질문자는 프리드먼에게 맨해튼 한가운데 있는 센트럴파크를 민영화하면 빌딩과 주차장으로 변해 환경에 나쁜 영향을 끼치지 않겠느냐고 물었다. 신자유주의 전도사답게 프리드먼은 정부의 간섭을 최소화하는 것이 모두에게 이익이 된다는 논리를 내세웠다. 그는 1970년대 센트럴파크에서 범죄가 빈번히 일어나고 제대로 관리되지 않아 황폐해졌던 것은 대부분의 사람이 공공재산을 보호하고 가꾸는 데 관심이 없음을 보여주는 방증이라고 주장했다. 미국 민주주의의 자부심을 보여주기 위해 세워졌던 센트럴파크는 한때 '공유지의 비극'을 보여주는 예였다. 그의 말은 옳았다. 민간이 센트럴파크의 관리를 맡은 뒤 공원은 파괴되기는커녕 그 어느 때보다 아름답게 관리된다. 센트럴파크보호협회와 뉴욕시는 '도심 속 전원적 풍경'을 보존하고 더 많은 시민과 관광객이 편안하게 이용할 수 있도록 노력한다.

물론 프리드먼의 세계가 완성되기 위해서는 몇 가지 조건을 갖추어야 한다. 먼저 공공장소는 '정치'와는 상관없는 곳이어야 한다. 2004년 미국 공화당 전당대회가 뉴욕에서 열렸을 때, 부시 행정부의 전쟁에 반대하기 위해 센트럴파크에 모이려고 했던 시민들의 계획은 성공하지 못했다. 뉴욕시는 정치모임이 규정에 어긋난다고 했고, 법원은 시정부의 손을 들어주었다. 센트럴파크보호협회는 공들여 복원해놓은 환경을 다시 파괴할 수 없다고 했다. 프리드먼이 구상한 세계에서는 공공영역에 대한 사회적 책임은 없고, 모든 것이 개인의 선택에 의존한다. 이런 세계에서 경제적으로 여유 있는 사람들은 세금을 내기보다 기부를 하려하고, 공공부문 축소로 인한 사회적 공백을 자원봉사 활동이라는 개인적 참여로 메우려 한다. 센트럴파크는 아름다운 기부와 봉사활동으로 가꾸어진 '멋진 신세계'다.

양키스 세금보조로 지은
집을 갖다

역사 속으로 사라진 꿈의 구장, 양키 스타디움

뉴욕의 야구 열기는 뜨겁다. 양키스가 경기에서 연달아 지기라도 하면 『뉴욕 포스트』나 『뉴욕 데일리 뉴스』의 스포츠 기사란은 난리법석을 떨고, 라이벌 보스턴 레드삭스와의 경기에서 연승이라도 하는 날이면 반대로 흥분을 감추지 못한다. 세상 모든 스포츠팬처럼 양키스 팬들도 자신이 응원하는 팀의 승리에 열광하고 패배에 좌절한다. 홈팀에 대한 팬들의 사랑이야 우열을 가릴 수 없지만, 이들에겐 미국인이 가장 사랑하는 스포츠 야구에서 가장 강한 팀 뉴욕 양키스가 자신들의 홈팀이라는 특별한 자부심이 있다.

2008년 9월 21일, 뉴욕 양키스는 '양키 스타디움'에서 마지막 경기를 했다. 1923년 4월 18일 보스턴 레드삭스와 첫 경기를 가진 이후 85년 만의 일이었다. 베이브 루스는 양키 스타디움에서 열린 첫 경기에서 3점 홈런을 날리며 팀에 4대 1의 승리를 안겼고, 양키스는 그해 월드시리즈에서 첫 우승을 차지하며 '양키제국' 건설의 출발을 알렸다. 이후 양키 스타디움은 '루스가 지은 집 The House That Ruth Built'이라는 별명으로 불리며 화려한 양키제국 역사의 중심에 서 있었다. 2008년 시즌 마지막 경기가 열리던 날 양키스 팬들은 역사적 순간을 보기 위해 양키구장으로 몰려들었다. 비록 포스트시즌 진출에는 실패했지만 몇몇 팬들은 영광과 감격의 흔적이 남아 있는 양키 스타디움에서의 마지막 경기를 보기 위해 1천~2천 달러를 호가하는 암표를 구입하는 데 망설이지 않았다.

인종·민족·문화적 배경이 다른 이민자들이 건설한 나라 미국에서 야구는 국민적 정체성과 관련된 스포츠이며 문화다. 공통의 역사적 기억이 많지 않은 사람들은 야구를 함께하고 야구에 관해 이야기하면서 미국인으로서 어떤 것을 공유한다는 느낌을 가진다. 시인 월트 휘트먼은 "나는 야구에서 위대한 것들을 본다. 그것은 우리의 게임이다. 미국적 게임이다"라고 말하기도 했다. 야구가 국민오락national pastime인 미국에서 양키구장은 한 메이저리그 팀의 홈구장 이상의 의미를 지닌다. 야구 칼럼니스트 스티브 월프는 양키 스타디움이나 보스턴 레드삭스의 '팬웨이파크'처럼 가장 뛰어난 야구 선수들의 흔적이 남아 있는 구장은 "야구의 알렉산드리아 도서관이고, 가장 위대한 보물들의 저장창고"라며, 이러한 곳에 축적된 기억이야말로 야구를 다른 스포츠와 구별시킨다고 말했다.[69]

양키 스타디움은 베이브 루스, 루 게릭, 조 디마지오, 미키 맨틀 등 당대 최고의 실력과 풍문을 통해 한 시대를 지배했던 전설적 야구선수들의 영원한 '홈Home'이었다. '철마Iron Horse'로 불리던 루 게릭은 1939년 5월 갑작스런 몸의 이상으로 경기를 그만둘 때까지 14년간 2130경기 연속출장이라는 기록을 세웠다. 그는 두 달 뒤 양키 스타디움에서 근육세포가 죽어가는 '근위축성 측삭경화증(후에 그의 이름을 따라 루게릭병으로 명명된다)'에 걸렸음을 밝히면서 양키스에서 뛰었던 자신은 세상에서 가장 행운이라고 말해 경기장에 모인 팬들의 눈시울을 적셨다. 은퇴 후 마릴린 먼로와 '세기의 결혼'으로 유명한 조 디마지오는 양키스에서 뛰는 동안 9번의 월드시리즈 우승을 차지하며 팬들의 우상이 되었다. 지금까지 깨지지 않은 56경기 연속 안타기록을 가진 그는 여전히 양키스 팬과 미국인이 가장 사랑하는 스포츠 영웅 중 한 사람이다. 이들 외에도 수많은 스타들이 야구 인생을 양키 스타디움에서 불태웠고, 그동안 뉴욕 양키스는 26번의 월드시리즈 우승을 차지하며 미국에서 가장 성공적이고 부유한 스포츠 프랜차이즈가 되었다.

가장 화려한 선발 라인업, 가장 화려한 경기장

2008년 포스트시즌 진출에 실패한 양키스는 옛 구장의 맞은편에 신축한 스타디움에서 2009년 시즌을 시작했다. 양키스의 목표는 2000년 이후 9년 만에 월드시리즈 우승을 차지해 새로운 양키 스타디움에서 제국의 영광과 자존심을 되찾겠다는 것이었다. 이를 위해 양키스는 총 4억2350만 달러를 쏟아부어 2007년 아메리칸리그 사이영상 수상자인 CC 사바시아, 2008년 18승을 기록한 A. J. 버넷, 2008년 시즌에 3할8리의 타율과 33개의 홈런을 기록한 1루수 마크 텍세이라를 영입했다. 미국 경제가 불경기를 넘어 공황으로 접어드느냐 마느냐 할 때에 뉴욕 양키스는 오히려 공격적 투자를 한 것이다. 2009년 시즌에 야구팬들은 메이저리그 역사상 가장 큰 계약을 맺은 네 명의 선수 알렉스 로드리게스(10년간 2억7500만 달러)·데릭 지터(10년간 1억8900만 달러)·마크 텍세이라(8

년간 1억8천만 달러)·CC 사바시아(7년간 1억6100만 달러)가 양키스 유니폼을 입고 뛰는 광경을 보았다.

많은 야구 관계자와 팬들이 선수영입에 엄청난 자금을 동원하는 양키스가 반드시 좋은 성적을 거두지는 못할 것이라고 전망했다. 사실 그것은 만족을 모르는 탐식가처럼 모든 것을 집어삼키는 '악의 제국Evil Empire' 양키스에 대한 비난이었다. 게다가 경제불황기에 양키스처럼 공격적 투자를 하는 것은 무모한 일로 비칠 만했다. 하지만 1973년부터 팀을 이끌어온 구단주 조지 스타인브레너와 후계자 두 아들은 승리를 위해 투자를 아끼지 않고 야구를 통해 벌어들인 수익은 오직 팀을 위해 쓴다는 원칙을 다시 한 번 보여주었을 뿐이었다.

구단주의 운영 스타일만이 양키스의 공격적 투자를 이끈 것은 아니다. 선수영입에 엄청난 돈을 쏟아부을 수 있었던 가장 큰 비결은 15억 달러를 들여 지은 새 양키 스타디움이다. 2008년 최대 관중 입장기록을 세운 양키스는 2009년 문을 연 새 구장에서 더 많은 수입을 기대했다. 양키스는 새 경기장의 좌석수를 5천 석 줄이는 대신 고급좌석의 가격을 높여 수익성을 높이려는 계획을 세웠다. 250달러였던 덕아웃 쪽의 좌석가격은 1000달러로 올랐고, 홈플레이트 뒤와 덕아웃 바로 뒤의 좌석가격은 2500달러로 책정되었다. 또한 19개에 불과했던 스위트룸은 51개로 늘어났고, 연간 이용료는 60~85만 달러로 높아졌다.

새 구장의 전체 좌석 수는 줄어들었지만 고급 스위트룸, 옥외 스위트룸, 파티룸, 마티니바, 스테이크하우스, 회원제 레스토랑, 피크닉 공간 등 고급 편의시설은 늘어났고, 기존의 6배에 달하는 고화질 비디오 스

코어보드가 설치되어 팬서비스 수준이 높아졌다. 양키스 구단 관계자는 새 구장이 단순히 야구장이 아니라 "야구장이 달려 있는 5성급 호텔"이라고 말하며 미국 역사상 가장 비싸고 화려한 경기장의 탄생을 알렸다. 비록 시즌 초반에 덕아웃과 홈플레이트 뒤의 비싼 자리들이 예상만큼 팔리지 않아 할인하고 이미 판매된 티켓에 대해서는 그만큼 환불해주는 등 일이 있었지만, 전문가들은 2009년 월드시리즈에서 우승한 양키스의 수입이 2008년보다 20퍼센트 이상 오를 것으로 예상했다.

야구를 열정적으로 좋아하는 '팬'보다는 많은 돈을 쓰는 고급 '소비자'에 서비스의 초점을 맞추는 양키스의 경영전략은 새로운 경기장을 지은 메이저리그 구단의 공통적 구장 운영방식이다. 이런 입장권 수익 전략에 대해 스포츠 경제학자 J. C. 브래드버리는 "가난한 사람들이 TV를 통해 경기를 보는 동안 부자들은 경기장에 모습을 드러낼 것이다. 정말 돈을 버는 방법은 사람들이 스시와 고급 와인을 즐기도록 하고, 40피트 높이에 있는 스카이박스석이나 고급좌석에 앉도록 하는 것이다"라고 말했다.[70]

세금보조로 지어진 새 양키 스타디움

여기까지만 보면 새 경기장 건설을 통한 경기장 수입 극대화는 경기의 승리와 이익창출을 목표로 하는 프로스포츠 구단의 당연한 운영방식으로 생각할 수도 있다. 문제는 새 양키 스타디움 건설에 엄청난 공적자금이 투입되었다는 것이다. 뉴욕시는 산하기관이 발행한 '면세채권

tax-exempt bonds'을 통해 자금을 조달해 시 공원부지에 새 양키 스타디움을 건설했다.

2008년 가을 미 하원의 '국내정책 소위원회'는 뉴욕시와 양키스 구단의 협상과정을 조사했다. 데니스 쿠시니치 연방 하원의원은 뉴욕시가 채권발행 과정에서 구장부지의 가치를 일곱 배 이상 높이는 등 지가를 조작했다고 지적했다. 그의 말대로 마이클 블룸버그 시장(2002~)의 수석 보좌관은 면세채권 발행을 위해 담당자에게 구장부지의 가치를 높이라는 압력을 행사했다. 이에 원래 2700만 달러에 불과했던 구장부지의 시장가치가 2억700만 달러로 평가되었고, 뉴욕시는 그 가격에 기초해 9억4520만 달러어치의 면세채권을 발행했다.[71] 시정부는 2009년 완공된 메츠의 새 구장을 건설하는 데도 5억2800만 달러어치의 면세채권을 발행했다.

미국 국세청 규정의미국 국세청은 프로스포츠의 경기장 건설에 지역정부가 면세채권을 발행하는 것을 금지하고 있다. 쿠시니치는 뉴욕시가 이 규정의 허점을 이용하기 위해 속임수를 썼다고 주장했다. 2006년 뉴욕시와 양키스의 합의에 따르면 뉴욕시는 면세채권 발행으로 경기장을 건설하고 완성된 경기장을 소유하게 된다. 양키스는 이 경기장을 40년간 임대해 거의 독점적으로 사용한다. 특이한 것은 양키스가 시에 임대료가 아니라 '세금대체지불 PILOTs, payment in lieu of taxes'이라는 형식으로 경기장 이용료를 낸다는 점이다. 세금대체지불은 원래 지역정부가 자신의 권역 아래 있는 주정부나 연방정부의 땅과 건물 등에 세금을 부과하지 않음으로써 생기는 손실을 상쇄하기 위해, 주정부나 연방

정부가 세금 대신 다른 형식으로 그 지역정부에 지불하는 돈을 말한다.

미국 국세청IRS은 채권의 10퍼센트 이상이 민간사업 용도로 사용되거나 민간이 채권상환 비용을 부담하는 경우 지역정부가 면세채권을 발행할 수 없도록 한다. 따라서 양키 스타디움 건설은 공공사업이어야 하고, 채권상환 비용은 양키스의 임대료 수입이 아니라 뉴욕시 금고로부터 직접 지불되어야 한다. 국세청 규정을 충족시키기 위해 양키스는 임대료를 내지만 임대료 형식이 아니라 세금대체지불 방식으로 뉴욕시에 지불하기로 한 것이다. 뉴욕시는 양키스로부터 받는 돈을 고스란히 채권상환에 쓰지만, 세금대체지불 형태로 지급받았기 때문에 면세채권 관련 규정을 어기지 않는 것이다. 이후 국세청은 규정을 강화해 면세채권이 프로스포츠 경기장을 위한 자금조달에 이용되는 걸 막으려는 움직임을 보였지만, 뉴욕시는 양키스와 메츠의 추가자금 요청을 받아들여 총 3억4120만 달러어치의 면세채권을 다시 발행했다. 이로써 뉴욕 양키스가 받은 면세채권은 12억 달러, 뉴욕 메츠가 받은 면세채권은 6억9700만 달러에 달했다.[72]

면세채권 발행으로 양키스가 얻는 이익은 크게 두 가지다. 먼저 양키스는 직접 채권을 발행할 때보다 낮은 이자율을 부담하며, 채권 발행에 대한 세금을 내지 않아도 된다. 뉴욕시 '독립예산청IBO'의 보고서에 따르면 시정부는 면세채권을 발행함으로써 양키스와 메츠의 새 구장 건설을 위해 각각 3억6300만 달러와 1억3800만 달러를 대신 부담하게 되었으며, 양키스와 메츠는 앞으로 40년간 각각 7억8700만 달러와 5억1300만 달러의 혜택을 받게 된다고 한다. 또한 양키스는 경기장에 대한 독점적 운영권을 가지면서도 소유주가 아니기 때문에 재산세를 납부하지 않아도 된다. 뉴욕 주의회 의원 브로드스키는 뉴욕 시·주정부의 잠재적 재산세 수입포기까지 고려하면 무려 40억 달러의 세금이 뉴욕 양키스 구장의 건설에 투입되는 것이라고 주장한다.[73]

면세채권 발행 외에도 뉴욕 시·주정부는 새 양키 스타디움이 들어선 자리에 있던 공원의 이전, 주변도로 확장, 주차장 건설, 구장 인근에 새로운 지하철역 건설 같은 기반시설 개선과 확충을 위해 각각 2억8100만 달러와 8530만 달러를 직접 투자하는 등 메이저리그의 가장 부자 구단의 경기장 신축을 위해 엄청난 공적 자금을 동원했다. 뉴욕시 관료들은 새 양키 스타디움 건설로 수천 개의 새로운 일자리가 창출되었고, 낙후된 브롱크스 지역의 투자를 촉진할 것이라고 주장했다. 그러나 브로드스키는 새로운 경제적 효과가 미미할 뿐더러 구장 신축으로 창출된 일자리가 대부분 임시직이라고 비판했다.[74] 또한 많은 공적 자금과 면세 채권이 양키 스타디움 건설을 위해 이용되었지만, 앞으로 40년간 경기장 운영으로 얻게 되는 모든 수입은 양키스 구단이 가져간다고 지적했다. 그는 "우리는 MTA(Metropolitan Transit Authority, 뉴욕주 대중교통 담당기관)를 위한 자금을 조달할 수 없다. 우리는 지금 공공병원들에 대한 지원을 삭감하고 있다"며 양키 스타디움 건설에 공적 자금 투입을 비난했다.[75]

미국의 프로스포츠 경기장 건설 붐

1990년 이후 2007년까지 미국에서 70개 이상의 프로스포츠 경기장이 새로 지어지는, 이른바 '경기장 건설 붐'이 일었다. 메이저리그에서는 1992년 볼티모어 오리올스가 상업화·고급화·슬림화된 현대식 구장을 세운 뒤 전체 30개의 구단 중 20개가 새 경기장을 건설했거나 건설 중이다. 이러한 프로스포츠 경기장 신축에 투입된 공적 자금은 110억 달러에 달한다.[76]

스포츠 경기장 건설에 공적 자금을 투입하는 것을 지지하는 이들은 건설과정에서 발생하는 고용효과와 지역경제의 활성화를 이유로 든다. 그리고 건설 이후 프랜차이즈 프로스포츠 팀의 존재로 생겨날 관광효과(지역의 레스토랑·바·호텔 등에 대한 지출증가)도 강조한다. 지원을 반대하는 이들은 학교·병원·대중교통 등 다른 공공 분야에 지출할 수 있

는 예산을 프로스포츠 구단을 위해 사용하는 것이 옳은지 묻는다. 이들은 경기장 건설과정에서 생겨나는 직업이 대부분 임시직이고, 스포츠에 대한 소비지출의 증가는 영화관람 등 다른 엔터테인먼트에 대한 소비지출의 감소이기 때문에 지역경제 활성화와 상관없다고 주장한다. 또한 경기장 건설비용을 조달하기 위한 세금인상이나 복권발행으로 중저소득층의 부담은 늘어나지만 프로스포츠 구단의 이익은 대부분 구단 관계자나 고소득 스포츠 선수들에게 돌아간다고 지적한다.

이러한 논란에도 불구하고 프로스포츠 경기장 건설에 공적 자금이 투입된 것은 메이저리그 구단이 각 지역에 대한 독점적 지배력을 행사하는 데다가 레이건 시대 이후 대기업들에 대한 연방정부와 지역정부의 각종 세금감면 혜택과 지원이 증가해왔기 때문이다. 메이저리그의 구단주들은 전체 메이저리그 구단 수와 프랜차이즈 지역을 엄격히 통제하면서, 지역에 대한 독점적 지배력을 유지한다. 구단들은 경기장 신축에 대한 투자 등 혜택을 늘리지 않는다면 연고지를 옮기겠다고 지역정부를 위협했고, 다른 지역으로 구단이 가버릴 것을 걱정한 지역정부들은 경쟁적으로 세금감면 혜택과 자금지원 등을 통해 그들의 발을 묶어놓으려 했다.

이 과정에서 프로스포츠 구단의 로비와 지역정부 관료와의 커넥션이 더 많은 지원을 얻어내는 데 중요한 역할을 했다. 뉴욕 양키스의 경우 1980년대 후반부터 연고지를 인근 뉴저지로 옮기려는 계획을 내비치며 시정부를 압박하는 한편, 로비를 통해 시·주정부로부터 경기장 운영과 새 양키 스타디움 건설에 대한 지원을 받아내려 했다. 양키스의 열렬한 팬으로 알려진 루돌프 줄리아니는 시장 재임시 경기장 임대료를 감면했고, (반대에 부딪혀 무산되고 말았지만) 맨해튼에 새 스타디움 건설을 약속하는 등 양키스를 전폭적으로 지원했다. 줄리아니 정부에서 일하던 관료와 정치인들은 후에 양키스 구단 관계자로 자리를 옮겨 '양키 스타디움 프로젝트'에 직간접적으로 관여했다. 나중에 줄리아니는 재임 시절 양키스가 차지한 네 차례의 월드시리즈 우승반지를 소유하고 있다는 사실이 알려져 곤욕을 치렀다.

실패한 사업가였던 조지 W. 부시 전 대통령 또한 대부분의 재산을 메이저리그 구단에 대한 투자와 운영을 통해 벌어들였다. 부시는 은행에서 60만 달러를 빌려 텍사스 레인저스에 투자했고, 구단 운영자로 일하면서 연고지를 옮기겠다고 지역정부를 위협해서 얻어낸 공적 자금으로 새로운 현대식 구장을 지었다. 그는 텍사스 주지사로 취임한 뒤 금융업자 토마스 힉스에게 여러 가지 특혜를 주었고, 후에 힉스는 레인저스를 2억5천만 달러에 매입했다. 이 과정에서 부시는 자기 지분에 대한 1500만 달러의 이익을 챙겼다. 대통령이 되기 전 부시는 메이저리그 구단을 운영하면서, 자신과 아버지 부시의 정치적 네트워크를 이용해 많은 이익을 챙기는 방법을 터득했던 것이다.[77]

과거에 지역정부나 연방정부가 건설비용을 조달해 경기장을 짓는 경우, 정부가 경기장 운영과 입장권 가격결정에 관여하는 것이 일반적이었다. 그러나 최근 20~30년 동안의 경기장 건설 붐을 타고 이런 상황이 크게 달라졌다. 대형 스포츠 경기장 건설비용은 대부분 지역의 특별세나 공공기관의 채권발행 등으로 조달되지만, 지역정부는 이제 입장권 가격책정과 수익 배분과정 등을 거의 규제하지 않는다. 여기에 더해 많은 지역정부가 프로스포츠 구단이 운영하는 경기장에 세금감면, 운영비 지원 등의 혜택을 준다. 이런 혜택이 늘어나는 동안 메이저리그 구단들은 성장을 계속하며 엄청난 수익을 거둬들였다. 『포브스』의 보도에 따르면 2007년 메이저리그 30개 구단들의 총 가치는 2006년에 비해 7.7퍼센트 뛴 55억 달러에 달했고, 이는 1998년에 비해 2.5배 가까이 오른 수치다. 『포브스』는 뉴욕 양키스의 기업가치를 13억 달러로 평가하면서, 투자의 귀재 워런 버핏이 1973년 양키스를 1천만 달러에 매입해 130배 가까이 가치를 높인 구단주 스타인브레너의 경영방법을 한번쯤 배워볼 필요가 있다고 덧붙였다.★

기업-관료의 커넥션에 의해 움직이는 미국

프로스포츠 구단만이 지역정부나 연방정부로부터 혜택을 받은 것은 아니었다. 퓰리처상 수상 저널리스트 데이비드 케이 존스턴은 『프리 런치—내가 낸 세금은 다 어디로 갔을까?』라는 책에서 뉴욕 양키스와 조지 W. 부시 외에도 워런 버핏, 스티브 잡스, 도널드 트럼프 등 미국에서 가장 부유한 사람과 기업이 법의 허점을 이용하거나 로비와 정치적 커넥션을 통해 시민들의 세금을 탈취해왔다고 주장한다. 시민들이 꼬박

★ 『포브스』지의 2009년도 메이저리그 구단 가치 순위에서 양키스는 전년에 비해 15퍼센트 오른 15억 달러로 평가되어 12년 연속 1위를 유지했다(Michael K. Ozanian & Kurt Badenhausen, "The Business Of Baseball", *Forbes*, April 16, 2008).

꼬박 낸 세금이 부자와 기업들의 주머니로 흘러들어갔다는 것이다. 미국의 정치인과 기업인들은 오랫동안 '작은 정부'를 주장해왔지만 그것은 허구일 뿐이었다. 레이건 시대 이후 미국 사회는 작은 정부와 탈규제를 시장경제의 도그마로 여겨왔지만, 실제로는 정부의 지출규모가 늘어나면서 재정적자가 커졌다. 그러나 공공의 복지와 삶의 질 개선을 위해 사용되는 예산은 점점 줄어든 반면 거대기업이나 부유층에 대한 정부의 직간접적 지원은 더욱 늘어났다.[78]

뉴욕의 시·주정부는 15억 달러에 달하는 양키 스타디움을 짓는 과정에서 면세채권 발행과 각종 기반시설 건설 등을 통해 양키스에 많은 혜택을 주었다. 이를 두고 비평가들은 새 양키 스타디움을 "세금보조로 지은 집The House That Tax Subsidies Built"이라고 부르며 건설과정의 문제점을 꼬집었다. 양키스는 그 세금보조로 지은 집으로 이사한 첫 해인 2009년 월드시리즈 우승을 차지함으로써 양키제국의 부활을 알렸다. 그러나 양키 스타디움이 있는 브롱크스 지역에 사는 사람들이 더욱 비싸고 화려해진 양키 스타디움에 앉아 경기를 보는 것은 더욱 어려워졌다. 양키스는 언제나 월드시리즈 우승을 목표로 내세우는 팀이지만, 빈곤인구 비율이 30퍼센트에 육박하는 브롱크스는 미국 인구조사에서 항상 '가장 가난한 카운티' 부문의 1, 2위를 다투는 지역이다. 미국에서 가장 부유한 스포츠 구단 뉴욕 양키스는 미국에서 가장 가난한 지역 브롱크스에서 전 세계를 향해 격렬한 승리의 함성을 내지르고 있다.

아이 러브 유 뉴욕

영감의 원천 글로벌시티 뉴욕

세계 정치경제 질서에서 미국이 행사하던 헤게모니에 균열이 생긴 20세기 후반, 한때 위험하고 쇠락한 도시였던 뉴욕은 세계 금융·문화·예술·미디어의 중심도시로 새롭게 태어났다. 뉴욕과 관련된 이미지와 상품은 전 세계 문화산업에서 중요한 영감의 원천이고, 세련되면서도 개방적인 뉴욕 라이프스타일은 젊은이와 중상류층의 동경의 대상이다. 맥도날드·코카콜라·나이키·디즈니 같은 브랜드는 세계인의 일상생활을 미국 상업문화로 식민화하는 주범으로 비판받지만, 뉴욕과 뉴요커는 사람들의 삶과 상상력을 풍요롭게 해주는 기호다.

금융자본이 주도하는 세계화가 진행되고 문화산업이 시장경제의 중요한 영역으로 부상하면서 뉴욕은 세계 구석구석까지 이름을 떨치게 되었다. 미국의 지리학자 사스키아 사센은 1970년대 이후 뉴욕·런던·도쿄 등의 도시들이 긴밀하게 통합된 세계경제 시스템에서 금융과 경제 권력이 집중된 '글로벌시티'가 되었다고 말한다. 통신과 교통의 발달로 시공간적 압축이 가속화되고 국가경제의 위상이 약화되면서 글로벌시티가 금융자본의 흐름을 통제하는 전략적 공간이자 초국적 기업들의 본사가 입지하는 장소로서 중요해진 것이다. 사센은 네트워크화된 세계경제에서 글로벌시티가 "금융과 전문적 서비스산업의 생산장소, 기업과 정부가 금융상품과 전문화된 서비스 활동을 구매하는 초국적 시장의 역할을 한다"고 말한다.[79]

전 세계 주요 대도시들은 금융·정보·미디어 등의 산업이 입지하기에 최적의 조건을 갖추고, 이 분야의 고소득 전문직과 중간계급을 위한 주택과 문화시설, 관광객을 위한 각종 편의시설을 구비하기 위해 경쟁하고 있다. 20세기 자본주의 축적양식의 변화를 연구한 데이비드 하비는 정치경제적 전환의 과정에서 도시와 자본축적의 관계를 분석하려면 도시가 가진 상징자본에 주목해야 한다고 말한다. 그는 부르디외가 개인의 차원으로 한정시킨 '상징자본' 연구를 장소가 가진 "집합적 상징자본collective symbolic capital"으로 확대하자고 주장한다. 도시의 집합적 상징자본은 기후 같은 자연환경뿐 아니라 역사유적지나 유명 건축가가 설계한 건물, 미술관과 박물관 같은 건조환경built environment을 통해서도 구축된다. 또한 역사적 서사와 집합적 기억, 각종 이벤트 등도 도시공간의 상품화 과정에서 중요한 자원이 된다. 21세기 한국 사회에서 적극적으로 추진되고 있는 도시 브랜드화와 마케팅도 도시의 집합적 상징자본을 높이려는 전략이다.

자본·인간·정보의 이동이 빨라지고 자유로워진 시대에 도시와 도시 관련 산업은 장소의 특성을 부각시킴으로써 차별화를 시도하고 경쟁력을 높인다. 교통·통신의 발달과 무역장벽의 제거로 지역경제나 국가경제에서 한 장소가 가졌던 자연적 독점력이 약화되었기 때문이다.[80] 뉴욕은 집합적 상징자본을 가장 성공적으로 축적한 도시다. 뉴욕에는 근대 도시문명을 상징하는 마천루, 거대한 규모의 박물관, 예술가들의 창조적인 에너지로 충만한 화랑과 아트 스튜디오, 브로드웨이 뮤지컬 등 화려한 볼거리가 가득하다. 또 영화와 드라마를 통해 재현된 이미지와 거기서 파생된 새로운 이야기, 유명인사들과 관련된 장소(예컨대 존 레넌이 총격당했던 곳, 밥 딜런이 노래했던 곳) 등도 대중문화 소비계층에게 큰 소구력訴求力을 가진다.

상징자본의 축적은 독특함을 강조하고 때론 창조해내는 담론의 생산을 통해서도 이루어진다. 전 세계 미디어의 중심 뉴욕의 패션·음식·여행·미술·음악·영화 비평가들은 뉴욕이라는 도시와 뉴요커 라이프스타일의 특징을 강조하고, 이것은 빠른 속도로 세계 곳곳으로 퍼져나간다. 무엇보다 다인종·다문화라는 뉴욕의 사회적 특성은 다양성과 이질성의 문화가 중요해진 시대에 더욱 매력적이다. 로스앤젤레스나 토론토 같은 도시의 이민자 비율은 뉴욕보다 높지만 인종·민족의 다양성에서는 뉴욕에 결코 범접하지 못한다. 뉴욕의 장소적 특성을

센트럴파크 '스트로베리 필드' 바닥에는 존 레넌을 추모하는 '이매진' 모자이크가 있다. 레넌은 1980년 12월 센트럴파크 바로 옆에 있는 자신의 아파트 앞에서 총에 맞아 숨졌다. '소유가 사라진 세상'을 꿈꿨던 레넌은 이제 뉴욕의 중요한 관광자원이다.

강조하는 이미지와 담론은 도시와 국가의 경계를 넘어 생산·유통·소비되면서 뉴욕의 상징자본을 강화하고, 다시 자본축적의 과정에 통합된다.

뉴욕과 사랑에 빠진 한국

뉴욕이 가진 집합적 상징자본의 영향력은 한국에서 유독 두드러진다. 뉴욕 관광청NYC & Company의 발표에 따르면 2002년 8만1천 명이었던 한국인 방문객 수는 경제위기가 본격화되기 이전인 2007년에는 26만1천여 명으로 늘어났다.[81] 이는 캐나다나 멕시코 같은 인접 국가와 유럽 국가를 제외하면 가장 많은 수이며, 같은 기간 다소 감소한 일본인 관광객 수를 근소한 차로 앞선 것이다. 또 캐나다와 멕시코를 제외하면 한국은 외국인 방문객수 10위권 국가 가운데 당시 유일하게 비자면제협정체결국이 아니었다. 이 사실은 뉴욕에 대한 한국인의 문화적 관심이 증가했고, 업무적 방문을 통한 물적·인적 교류가 확대되었음을 보여준다.

스타벅스 매장의 급격한 증가 또한 뉴욕에 대한 한국 사회의 욕망을 보여주는 증거다. 10여 년 전 한국에 1호점을 개설한 스타벅스는 현재 3백여 개의 매장을 운영한다. 2008년 말 『뉴스위크』에 스타벅스가 많을수록 미국식 소비지향적 자본주의를 따르는 경향이 있고, 그만큼 금융위기에 취약하다는 기사가 실렸다. 경제금융 기자 대니얼 그로스는 뉴욕의 맨해튼에만 200개가 넘는 스타벅스 매장이 있으며, 이는 '거품경

제의 상징'이라고 주장했다. 당시 금융위기를 맞았거나 구제금융법안을 발표한 영국(런던 256개), 한국(서울 253개), 에스파냐(마드리드 48개), 아랍에미리트연합(두바이 48개)에 스타벅스가 많다는 것이 그 근거였다.[82] 미국적 삶을 동경해왔던 한국인에게 스타벅스는 뉴욕 라이프스타일을 표상하는 기호품으로 받아들여졌다. 맨해튼 거리를 활보하는 뉴요커의 멋스러움, 경쾌한 발걸음 뒤로 펼쳐진 뉴욕 풍경들, 그 손에 들린 스타벅스는 스타일을 중시하는 소비자들이 욕망하는 기호였다. 이 이미지를 소비하는 대가로 세계에서 가장 비싼 수준의 커피값을 내는 것은 아깝지 않은 일이다.

이런 라이프스타일을 단순히 '된장녀'라고 규정하며 여성을 비하하고 지나쳐선 안 된다. 뉴욕과 뉴요커에 대한 한국 사회의 욕망은 가깝게 보면 해방 후 미군정 시대, 멀게는 개화기부터 시작된 미국화의 가장 최신판이다. 뉴욕과 뉴요커에 관련된 상품·기호·이미지의 소비가 한국에서 유독 두드러진 것은 한국 사회에 내재한 미국화 경향, 즉 정치·경제·종교·언론·학계에 깊숙이 뿌리내린 미국적 시스템과 더불어 이런 상품과 기호를 소비할 수 있는 경제적 부와 문화적 자본을 축적했기 때문이다. 문화비평가 이동연은 미국화의 변화 양상에 대해 다음과 같이 이야기한다.

> 미국화의 욕망은 냉전 시기부터 지속되어왔지만, 탈냉전 시기에 들어와 오히려 냉전 시기보다 내면화되었다. 단순한 모방과 동경, 번역의 수준에 그쳤던 냉전기 미국화는 1980년대 이후 다국적 서비스산업의 발전과 위성 다

매체의 영향으로 지리적으로는 근접하지 않았지만 일상의 라이프스타일에서는 공통의 기호를 더 긴밀하게 소비함으로써 내면화된 것이다.[83]

그는 1990년대 이후 한국 대중문화의 자생적 성장과 축적은 미국적 라이프스타일의 한국적 변용과 재가공을 가능케 했고, 이를 통해 미국적 라이프스타일을 일상 수준에서 내면화했다고 말한다. 2000년대 한국에서 뉴욕과 뉴요커가 가장 매혹적이 된 것은 결코 우연이 아니다. 뉴욕은 1990년대 월스트리트의 금융·보험업과 부동산업을 중심으로 성장가도를 달렸고, 줄리아니 시장의 강력한 치안정책과 홍보를 통해 '안전한 도시' 이미지를 구축했다. 그 과정에서 전통적인 산업 대도시 뉴욕은 금융과 지식서비스 산업의 기업활동과 고소득층, 창조적 예술가, 관광객을 위한 도시로 탈바꿈했고, 뉴욕을 다양성이 공존하고 세련되고 흥미로운 도시로 마케팅하는 전략도 성공했다. 같은 기간 한국 사회는 금융 중심의 세계화에 편입했고, 소비문화는 일상생활 공간과 삶의 논리 속에서 더욱 치밀하게 확산되었다. 또한 해외여행과 유학생활, 미국 대중문화의 실시간적 소비를 통해 '뉴욕' 같은 도시를 직간접적으로 체험할 수 있는 기회가 많아졌다.

세계화와 소비자본주의 시대, 한국 사회는 쿨한 기호와 상품을 소비한다면 누구나 뉴요커가 될 수 있다는 환상을 구축한다. 언론이 뉴욕과 뉴요커를 표제로 한 라이프스타일 기사를 쏟아내면, 블로거들은 경험담을 통해 그러한 콘텐츠들이 채워주지 못한 욕망의 틈새를 메운다. 새로운 상품을 쿨함과 연결시키는 가장 좋은 방법은 뉴욕과 뉴요커의 이미지에 잇는 것이다. 뉴요커에 대한 관심이 커지면서 유사 뉴요커가 많아진다는 우려가 나타났지만, 그 틈을 헤집고 '진정한 뉴요커'의 라이프스타일을 찾으려는 노력도 계속된다. 뉴욕과 서울에서 진정한 뉴요커라는 가상의 주체가 출몰해 사람들의 욕망을 자극하고, 중상류층의 '구별짓기' 욕망은 끝없는 '진짜 찾기' 게임을 통해 매끄럽게 작동한다. 이는 뉴욕이 가진 집합적 상징자본의 권력이 강화되는 과정인 동시에 한국 사회의 개인들이 문화적 자본을 추구하는 전략의 일환이다. 나아가 특정한 사회적 욕망을 정당화하면서 삶의 질서를 바꾸는 정치경제적 프로젝트의 실현과정이기도 하다.

한국 사회의 유토피아, 뉴욕

한국 사회에서 뉴욕은 '취향의 사법권력'이 행사되는 공간이다. 이건희 삼성 회장은 2006년 맨해튼에서 열린 삼성전자 계열사 사장단 회의에서 "뉴욕의 최고급 소비자로부터 인정받아야 진정한 세계 최고 제품이 될 수 있다"며 최상류층 뉴요커들이 취향의 위계질서 맨 꼭대기에 있음을 지적했다. 특히 브랜드나 스타일이 중요한 문화상품이 세계적으로 인정받기 위해서는 뉴욕에서 시험해봐야 하는 것이 불문율이 되었다. (흔히 언론에서 '뉴요커의 시선을 사로잡았다' '뉴요커도 반한'이라는 식으로 표현되는) 한국 상품이 뉴요커의 취향을 만족시켰다는 것은, 또 대중문화 스타가 뉴욕의 공연장에서 연주를 했다는 것은 미국에서의 실제 성공 여부와 상관없이 미디어를 통해 부풀려진다. 물론 아무도 그 사로

잡힌 '뉴요커'가 누구인지, 어떤 집단인지 정확히 말하지 않는다. '월드 스타'와 '세계화'에 목말라하는 한국에서 일단 뉴욕에 상륙했다는 사실이 중요한 것이다.

뉴욕은 또한 글로벌한 문화환경을 체험해온 젊은층에게 꿈·열정이라는 가치와 삶의 방식을 실험하는 공간으로 재현된다. 조국 근대화와 산업화 시대의 미국 이민사는 가난에서 벗어나고자 아메리칸드림을 추구하는 개인과 가족에 관한 서사가 지배적이었지만, 소비자본주의 시대 한국에서는 뉴욕에서 우아한 라이프스타일을 누리는 한국인 뉴요커의 도전과 좌절, 성공과 실패, 자아찾기 식의 서사가 많아졌다. 아이비리그에 도전하는 사람들의 꿈과 노력이 부각되는 것도 비슷한 맥락이다. 그러나 불안정한 노동시장에 뛰어들어야 하는 이민자들의 삶에 대한 이야기는 거의 없다. 우리가 아는 전형적 뉴요커는 낭만적 이미지의 파리지앵과 달리 열정적으로 일하고 즐기며 전투적으로 살아간다. 따라서 개인적 성공과 쾌락을 동시에 추구하는 인간형을 장려하는 신자유주의 시대 한국에서 '뉴요커'는 이상적 모델이다. 경제적 부와 예술적 삶이 공존하는 뉴욕은 우리 시대의 지배적 윤리 "도전하라, 그리고 즐겨라"가 진리 값을 획득하는 장소인 것이다.

한국에서 뉴욕은 정치적으로도 흠잡을 데 없는 공간이다. 뉴욕 스스로가 오만한 제국 미국과 다르다고 주장하듯, 한국 사회에서 뉴욕은 미국의 일부이기보다는 세계 금융·문화·예술·미디어의 중심도시다. 뉴욕은 물질주의적이고 배타적인 미국적 삶이 아니라 다양성과 관용이라는 가치와 쿨한 라이프스타일을 향유할 수 있는 곳이다. 그래서 삶의 모든 윤리적 측면이 '라이프스타일'이라는 형태로 상품소비와 결부되는 시대에 뉴욕과 뉴요커만큼 이상적인 것도 없다. 고단한 현실에 지친 대중의 인식 속에서 뉴욕은 '누구나 한번쯤 살기를 꿈꾸는 도시' '꿈을 실현할 수 있는 이상적 자본주의 도시'로 코드화된다. 신자유주의 시대 한국에서 뉴욕은 하나의 유토피아다.

뉴욕과 뉴요커를 내세우는 상품·이미지·담론이 단지 특정 취향과 경제적 지위를 가진 이들의 문화적 자본 추구와 관련되는 것만은 아니다. 정치인과 언론은 성장과 개발로 도시 경쟁력을 높이고 주민들의 삶의 질을 개선한다는 기업주의 도시 발전전략의 서사 안으로 그것들을 통합한다. 대표적인 것이 오세훈 서울 시장이 추진하는 새로운 서울 만들기 프로젝트다. 그는 '세계 디자인 수도' '명품도시 마케팅' '한강 르네상스' 등을 통해 서울의 브랜드 가치를 높이고 경쟁력을 높이겠다고 하지만, 그것이 보통 시민들의 삶의 질과 어떤 관계가 있는지는 설명하지 못한다. 또 "'파리지앵'이나 '뉴요커'처럼 서울 시민도 서울이란 도시에 강한 자부심을 가질 수 있도록" 만들겠다며 자신의 비전을 정당화하지만, 어떤 파리지앵이고 뉴요커인지는 말하지 않는다. 그러면서 도시 마케팅에 수천억을 쏟아붓고, 한강 인공섬을 만드는 데 9백억을 들여 서울을 『뉴욕 타임스』가 선정한 '2010년 꼭 가봐야 할 여행지' 3위에 올려놓는 성과(?)를 이뤄냈다.

오세훈 시장이 입이 마르도록 칭찬하는 뉴욕은 글로벌시티로 부상하고 도시 마케팅에 성공해 연간 5천만 명에 가까운 사람들이 방문하는 도시가 되는 동안 사회경제적 양극화를 경험했다. 월스트리트로의 부의 집중이 가속화되었고, 도심고급화로 인해 부동산 가격이 폭등했다. 기업하기, 관광하기 좋은 도시로 탈바꿈하면서 중상류층과 부유한 관광객의 삶의 질은 높아졌지만, 복지의 축소와 부동산 임대료의 상승으로 중하류층과 빈민층의 삶의 질은 하락했다. 서울의 브랜드 가치를 높여 '세계명품도시'로 만들겠다는 오세훈의 원대한 야심은 부유한 외국 관광객들이 '원더풀'을 외치도록 만들겠지만 보통 서울 시민들의 삶을 개선하지는 못한다. 오히려 뉴타운 같은 개발과 브랜드 가치 극대화 전략으로 서울의 모습을 바꾸려고 한다면 사회적 양극화를 그대로 재생산하는 도시 공간을 구축할 뿐이다.

'뉴욕'의 소비, '소비'의 뉴욕

서울이 뉴욕 · 파리 · 런던 같은 도시를 참조하여 도시 공간을 재편할 때 부딪히는 모순은 공간의 동질화 homogenization 문제다. 세계화를 통해 다양한 문화가 뒤섞여 새로운 형태로 진화할 것이라는 주장도 있지만, 최소한 도시 브랜드 만들기와 마케팅의 차원에서 이루어지는 도시공간의 변화는 비슷해지는 경향을 보인다. 자본축적을 위한 도심개발과 도시경관 미화를 추구하는 과정에서 그 장소에서 일하고 살던 사람들을 몰아내기 때문이다. 삶의 흔적을 덜어낸 장소에선 더욱 화려한 상업시설을 짓는 일밖에 할 수 없다. 세계 어느 대도시에나 있는 비슷한 쇼핑몰들, 중심가에 몰린 부유한 계층과 관광객들은 도시의 고유성 · 진정성이 소진된다는 증거다. 동질화의 압력에 직면한 도시들은 끊임

없이 새로운 것을 부각시키며 차별화를 시도한다. 더 화려한 스펙터클을 전시하고, 랜드마크 건물을 짓고, 역사를 관광자원으로 서사화하고, 상징과 기호의 조작으로 독특함을 계속 생산하지만 이는 다시 도시공간의 상업화를 부추겨 새로운 동질화의 압력으로 작용할 뿐이다.[84]

1970년대 중반 이후 기업주의 도시 발전전략의 본격적 추진과 아이러브뉴욕(I♥NY) 마케팅으로 변화된 뉴욕은 동질화된 도시공간의 모습이 어떤지 잘 보여준다. 사실 한국 사회는 뉴욕과 뉴요커의 독특함을 강조하면서 열광하지만, 정작 뉴욕에 오랫동안 산 사람들은 뉴욕이 미국의 다른 도시와 점점 닮아간다며 안타까워한다. 뉴욕이 교외 스타일의 안전하고 가족 중심적 쇼핑공간으로 변하면서 뉴욕 거리에 생동감을 불어넣어주던 우연성, 예측불가능성, 개방성, 날것 그대로의 창조성 등이 사라졌다는 것이다. 뉴요커들이 사람들의 땀냄새와 창조적 에너지가 어우러져 있었다고 기억하는 공간들은 1990년대 이후 급격히 중간계급 가족과 힙스터족, 관광객을 위한 소비장소로 변모했다. 다양한 문화가 충돌하던 타임스광장은 디즈니화된 공간이 되었고, 한때 수십만 명이 일하는 항구였던 사우스 시포트South Seaport는 관광객용 쇼핑몰과 레스토랑이 되었다. 또한 예술가와 작가, 아나키스트적 보헤미안들의 근거지였던 이스트빌리지는 힙스터들의 집결지가 되었다. 예전에는 자신의 능력을 입증하러 온 가난한 젊은이들이 맨해튼에서 살 수 있었지만, 이제는 충분한 돈을 가진 이들만이 맨해튼에서 생존할 수 있다. 1984년 뉴욕으로 이주해온 오스트레일리아 출신의 작가 매기 리글리는 뉴욕의 상징과도 같은 맨해튼이 다국적·다인종 상류층을 위한 공간으

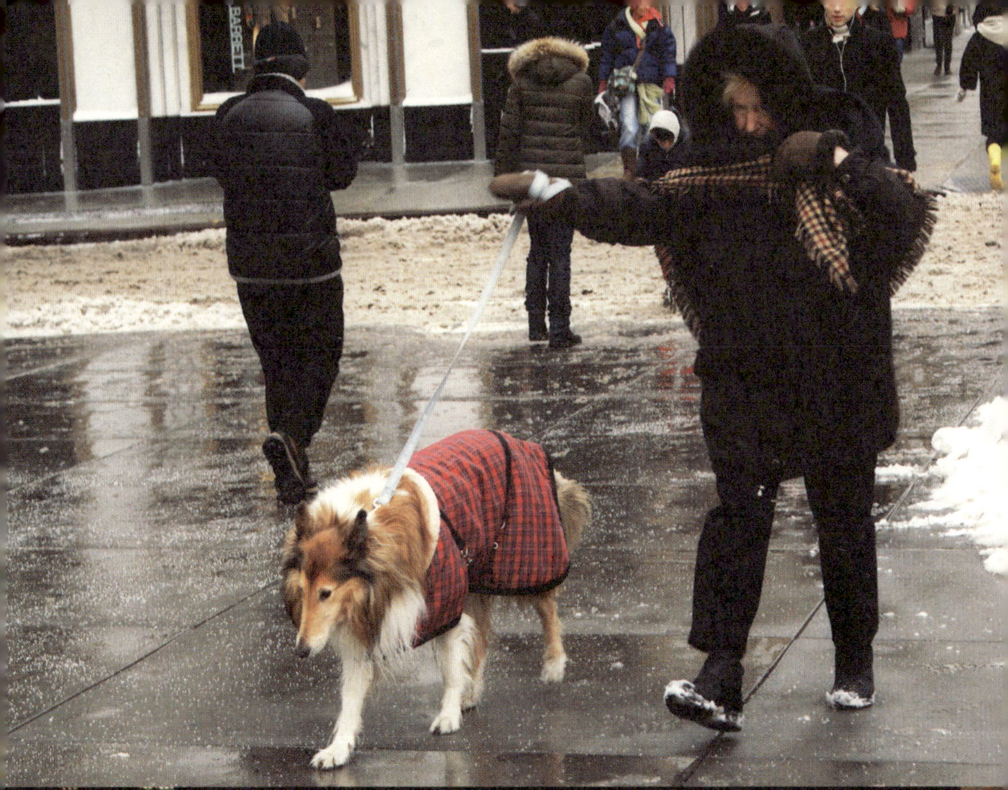

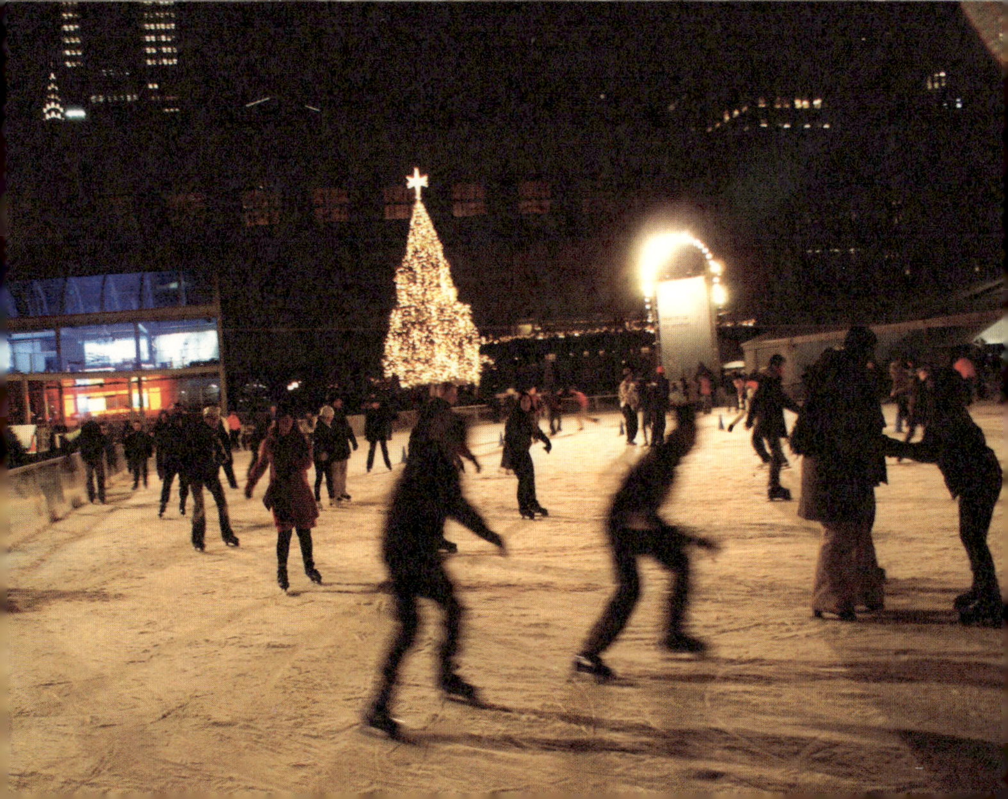

로 변해가는 현실에 아쉬워한다.[85]

지금 맨해튼에 오는 사람들이 삶의 수단들을 구입할 수 있을 만큼 충분히 부유하다는 사실에 화가 나고 슬프다. 자신들만의 삶의 방식과 정취, 스타일을 가지고 올 이주민은 없는 것이다. 가난한 예술가나 작가, 음악가들이 와서 자신의 가치를 증명하기 위해 싸울 수도 없을 것이다. 싸움도 모험도 없다. 머물기 위해서는 오직 돈을 내야 한다.

물론 대부분의 이민자들이 정착하는 곳은 맨해튼이 아니라 퀸스나 브루클린, 브롱크스다. 이들은 여전히 과거의 이민자들처럼 뉴욕의 새로운 도시 문화와 풍경을 만들어나가고 있다. 그러나 맨해튼의 치솟는 임대료를 감당할 수 없는 이들이 인근 지역으로 이주하면서 퀸스나 브루클린의 맨해튼화Manhattanization가 일어나고, 이는 다시 뉴욕시 전체 부동산 가격의 상승을 부추긴다. 미국 전체 인구의 3분의 2는 자기 집이 있지만 뉴욕시 인구의 3분의 2는 자기 집을 가지고 있지 못하다. 2000년대 중반 뉴욕시의 임대가구 중 절반은 수입의 30퍼센트 이상을 임대비로 지출하고, 28퍼센트는 수입의 50퍼센트 이상을 지불했다. 20세기 후반부터 중남미와 아시아 등지에서 많은 이민자들이 이주해오면서 뉴욕의 인종적·문화적 다양성은 그 어느 때보다 높아졌지만, 보이지 않는 벽 또한 굳건해졌다. 미국에서 가장 리버럴한 도시 뉴욕은 인종과 계층에 따른 주거지 분리가 가장 심한 도시 중 하나이기도 하다.

지난 30여 년간 뉴욕은 안전해졌고, 거리의 볼거리와 이벤트는 더욱 풍성해졌다. 미국의 다른 지역과 전 세계로부터 더 많은 사람이 뉴욕이 제공하는 라이프스타일을 향유하기 위해 몰려온다. 뉴욕에 대한 정체성은 새롭게 만들어지고 있다. 바로 기업활동하기 좋은 도시, 관광하기 좋은 도시, 그래서 중상류층 거주자와 관광객들에게 쾌락과 안전을 제공하는 도시다.

뉴욕이 가장 미국적이지 않은 곳이라고 생각했던 뉴요커들은 자부심의 근거를 잃어버렸지만, 사회제도와 삶의 모든 면에서 미국화를 이루어낸 한국은 독특함과 고유성을 잃어버린 뉴욕과 사랑에 빠져 있다. 사실 우리는 시크한 신자유주의 도시 뉴욕의 현실이 아니라 한국 사회의 욕망을 투사한 뉴욕과 뉴요커를 보며 사랑에 빠진 것이다. 마치 연못에 비친 자신의 모습을 보고 사랑에 빠진 나르키소스처럼 말이다.

[THIRD PIECE]
NEW YORK LIFE

• 지역-중위가구 소득(괄호 안 숫자는 뉴욕시 경제기회센터 빈곤인구 비율, 미국과 뉴욕주는 미 연방 인구조사 빈곤인구 비율)

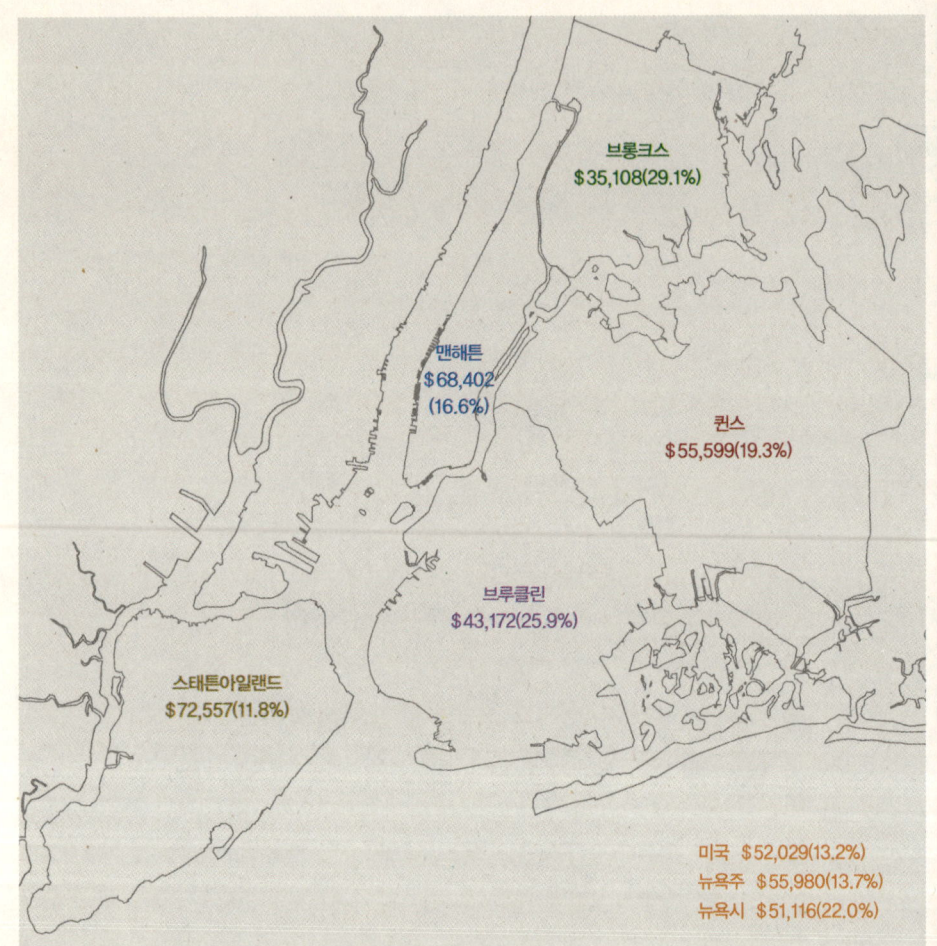

브롱크스 $35,108(29.1%)
맨해튼 $68,402(16.6%)
퀸스 $55,599(19.3%)
브루클린 $43,172(25.9%)
스태튼아일랜드 $72,557(11.8%)

미국 $52,029(13.2%)
뉴욕주 $55,980(13.7%)
뉴욕시 $51,116(22.0%)

미국 연방정부 인구조사에 따르면 2008년 뉴욕주의 빈곤인구 비율은 13.6%(미국 평균 13.2%)이고, 뉴욕시만 따로 놓고 보면 18.2%다. 4인 가족 기준 빈곤선은 2만1834달러다. 연방정부의 인구조사는 식품비 지출에 초점을 맞춘 1960년대의 방식을 사용하고 있어 빈곤인구 조사에 적절하지 않다는 비판을 받아왔다. 뉴욕시의 블룸버그 시장은 빈곤문제에 적절한 대책을 마련하기 위해 국립과학아카데미(NAS)가 개발한 새로운 방법으로 빈곤율을 측정했다. 이 방법은 주거비, 의류비, 각종 공과금 등을 종합적으로 감안하는데, 과거에 비해 생활비에서 주거비 지출 등의 비율이 월등히 높아진 현실을 고려한 것이다. 뉴욕시 경제기회센터(CEO) 조사에 따르면 2008년 뉴욕시의 빈곤인구 비율은 22%에 이른다. 곧 전체 뉴욕시 인구 836만 명 중 184만 명이 빈곤인구인 셈이다. 4인 가족 기준 빈곤선은 2005년 2만4353달러에서 2008년 3만419달러로 높아졌다. 이는 뉴욕시의 부동산 가격이 오르면서 임대비 또한 급격히 높아졌기 때문이다. 2008년 뉴욕시의 중위가구 소득(median household income)*은 5만1116달러이고, 가구 평균소득은 8만803달러이다.

*중위가구소득: 전체 가구를 소득 순으로 나열했을 때 가운데 있는 가구의 소득

- 뉴욕시 인종별 구성(2008)

백인 35.0% / 히스패닉 27.7% / 흑인 23.3% / 아시안 11.8% / 아메리칸 인디언 및 알래스카 선주민 0.2% / 기타 0.9% / 혼혈 1.1%
(뉴욕시 인구 36.4%가 미국 영토 밖 태생이고, 이중 51.7%가 시민권을 획득했다.)

- 뉴욕시 인종·민족 별 빈곤인구 비율(2008)

백인 13.7% / 흑인 25.1% / 아시안 25.3% / 히스패닉·기타 28.6%

- 뉴욕시 18~64세 경제활동 가능 인구 교육수준(2008)

중학교 졸업 이하 34.5% / 고등학교 졸업 22.9% / 전문대·4년제 대학 재학 및 중퇴 18.5% / 4년제 대학 이상 9.2%

The CEO Poverty Measure 2005-2008, NYC Center for Economic Opportunity & *2008 American Community Survey*, US Census Bureau 참고.

필요한 것은 지속가능한 삶

뉴욕 학교의 두 얼굴

〈가십걸〉과 〈하프넬슨〉의 뉴욕

〈가십걸〉은 뉴욕 맨해튼의 한 사립고등학교를 배경으로 하는 텔레비전 드라마다. 주인공인 십대 고등학생들이 보여주는 욕망·사랑·배신·음모는 여느 성인들 못지않게 직설적이며 화끈하다. 미국 십대들의 열렬한 지지를 받는 이 드라마는 한국의 케이블채널을 통해 방영되면서 〈섹스 앤 더 시티〉를 잇는 뉴욕 판타지극으로 자리매김했다.

〈가십걸〉은 시청자를 뉴욕 최상류층 아이들의 삶을 은밀히 엿보는 구경꾼으로 초대한다. 척의 아버지는 엄청난 재산을 가진 사업가이고, 블레어의 어머니는 부와 명성을 쌓은 패션디자이너다. 상류층들이 모여사는 어퍼 이스트사이드에 살지 못하고 브룩클린의 덤보에 사는 댄과 제니의 아버지는 부자는 아니지만, 자식들에게 눈높이를 맞출 줄 아는 쿨한 중년의 예술가다. 드라마에서 주인공들은 메트로폴리탄박물관 계단에 앉아 점심을 먹고, 기사가 딸린 고급차를 타고 학교에 등교한다. 부자 부모를 둔 아이들의 화려한 파티는 지겹도록 반복된다. 시청자들은 주인공을 통해 뉴욕의 최신 패션 흐름을 보고, 아이비리그 대학에 관한 이야기를 엿듣고, 호사스러운 귀족생활을 간접 경험한다.

독립영화 〈하프넬슨〉은 〈가십걸〉과 여러 면에서 대척점에 서 있다. 한국에서 이 영화는 DVD로만 나왔을 뿐 극장에서 개봉하지 않았다. 안나 보덴(각본)과 라이언 플렉(각본·감독)은 70만 달러의 예산으로 자신들이 사는 브루클린의 가난한 동네를 배경으로 영화를 만들었다. 2006년 뉴욕 개봉 당시 〈하프넬슨〉은 '보석 같은 영화'라는 평단의 지지를 얻으며 뉴욕비평가협회 신인작품상을 받았다. 또한 "심지어 9·11에 관한 영화조차 정치에 대해 말하지 않는 시대에 '도덕적 의무'와 '정치의식'에 관한 주장을 펼치는 비범하고 보기 드문 미국 영화"라는 평을 받으며 독립영화계에 신선한 바람을 불어넣었다.[86]

〈하프넬슨〉은 백인 역사교사 댄과 흑인 소녀 드레이의 관계를 중심으로 이야기가 진행된다. 드레이는 이혼한 엄마와 단 둘이 산다. 병원 경비원으로 일하는 엄마는 야간근무를 다반사로 하고 따로 사는 아빠는 무엇을 하는지 딸에게 전혀 관심을 쏟지 않는다. 마약을 팔던 드레이의 오빠는 감옥에 들어가 있다. 수업을 마친 뒤 학교 농구팀에서 땀을 흘리며 시간을 보내는 것이 드레이의 유일한 오락이지만, 카메라는 그마저도 건조하게 보여준다. 드레이의 오빠를 마약거래에 이용했던 마약거래상 프랭크는 그녀에게도 손길을 뻗쳐온다.

드레이가 다니는 중학교에 새로 부임한 댄은 인권운동에 관심이 많고 집에 체 게바라, 『공산당 선언』 같은 책을 쌓아둔 소위 '빨갱이' 역사 교사다. '역사는 변화다'라고 생각하는 댄은 첫 시간부터 대뜸 '변증법'이라는 말을 꺼내든다. 그는 교과서 안의 박제된 역사보다 살아 있는 역사를 가르치려고 한다. 1954년 캔사스주의 인종분리적 학교에 대해 연방대법원이 위헌 판결을 내린 '브라운 대對 학교위원회' 사건부터, 1971년 뉴욕주 '아티카' 감옥에서 비인간적 대우에 저항해 수감자들이 일으킨 폭동, 1973년 9월 11일 미국 정부의 지원을 받은 쿠데타로 붕괴된 칠레의 아옌데 정부, 동성애자로는 처음 미국에서 선출직 공무원이 된 '하비 밀크'가 암살된 사건 등이 수업시간에 등장한다. 그는 날짜가 아니라 왜 그러한 사건들이 일어났고 그것이 무얼 뜻하는지 아는 것이 중요하다고 강조한다.

교장은 댄에게 주어진 교재의 진도를 나가라고 주의를 주지만 그는 끝까지 자신의 방법으로 수업을 진행한다. 하지만 교실에서 아이들에게 변화를 이야기하는 댄은 현실과 이상의 괴리에 좌절한 채 마약에 찌들어 살면서 절망의 구렁에서 빠져나오지 못하는 허무주의적 급진주의자다. 칠칠하지 못하게 학교 화장실에서 몰래 크랙을 피우다가 드레이에게 걸리기까지 한다.

〈하프넬슨〉은 이런 절망적 상황에서 빠져나오기 위해 댄과 드레이가 '한 걸음' 내딛는 모습을 보여준다. 이야기는 사랑과 배신, 화해라는 대중드라마의 기본적 플롯 대신에 역사수업시간에 등장한 변증법이라는 틀을 따라 진행된다. 댄과 드레이는 서로에게 다가갔다가 다시 멀어지면서, 자기를 조금씩 허물고 다시 어렵게 새 걸음을 내딛으며 '변화'의 과정으로 힘겹게 들어간다. 영화는 상대방의 힘을 역이용해 제압하는 레슬링 기술 '하프넬슨'처럼 서로 부딪히고 힘을 겨루는 과정을 거쳐야만 변화를 일으킬 수 있음을 보여주는 것이다.

중퇴공장, 위기의 미국 교육

〈가십걸〉의 주인공들이 다니는 사립학교가 있는 맨해튼의 어퍼 이스트사이드가 세상 모든 사람들이 한번쯤 살아보길 원하는 세계라면, 〈하프넬슨〉의 배경인 브루클린의 학교와 동네는 미국 사회의 짙은 그늘이다. 미국 공교육의 문제점을 지적할 때 언급되는 곳이 바로 이런 저소득층 흑인과 히스패닉이 모여 사는 대도시의 공립학교다. 미국에서는 주정부와 주의회에서 전반적 교육정책을 수립하지만, 교육재정 지출과 교사임용 등은 대체로 지역 교육위원회와 커뮤니티 학교위원회 등이 결정한다. 문제는 지역단위로 징수되는 재산세가 교육재정의 대부분이기 때문에 저소득층 지역의 교육여건은 열악할 수밖에 없다는 것이다.[87] 이런 지역은 학생들의 출석률이 낮고 성적이 부진한 데다 학업에 대한 열의도 적어 교사들마저 기피한다.

미국에서는 매년 120만여 명의 공립고등학교 학생이 학교를 그만둔다. 이러한 교육 현실을 가장 잘 설명해주는 표현이 "중퇴공장Dropout

Factory"이다. '미국희망연대America's Promise Alliance'를 이끄는 콜린 파월 전 국무장관은 "매년 1백만 명 이상의 고등학생이 학교를 그만둔다면, 그것은 단순히 문제가 아니라 재앙으로 봐야 한다"고 말했다. 미국희망연대의 2008년 보고서에 따르면, 미국 공립학교 고등학생의 70퍼센트만이 4년 이내에 학교를 졸업한다.[88] 고등학교 졸업률은 인종에 따라 다른데, 백인은 76.2퍼센트, 아시아인은 80.2퍼센트에 달하지만, 아메리칸 인디언의 경우 49.3퍼센트밖에 안되며, 흑인은 53.4퍼센트, 히스패닉은 57.8퍼센트에 불과하다.

대도시 지역의 졸업률은 더 낮다. 미국 50개 주요 대도시 공립고등학교의 졸업률은 평균 52퍼센트에 불과하다. 뉴욕시 공립고등학교의 졸업률은 45.2퍼센트로 50개 대도시 중 43위다. 꼴찌를 차지한 디트로이트시의 경우 24.9퍼센트만이 고등학교를 졸업했다. 같은 대도시 안에서도 도심과 교외지역의 졸업률은 엄청난 차이를 보인다. 뉴욕 메트로폴리탄 지역(뉴욕시를 중심생활권으로 하는 뉴욕주, 뉴저지주, 펜실베이니아주, 코네티컷주의 일부지역)의 경우 도심학군의 졸업률은 47.4퍼센트에 불과하지만, 교외학군은 82.9퍼센트에 달했다. 조사기관과 방법에 따라 수치는 조금씩 편차를 보이지만 모든 조사가 중간계급이 거주하는 교외와 도심의 저소득층 밀집지역 사이의 교육격차를 명확히 보여준다.

교육개혁의 칼자루를 쥔 보수세력

1983년 레이건 정부가 「위기에 처한 국가」라는 보고서에서 평범한 학생을 양산하는 교육이 미국의 미래를 위협하고 있다고 지적한 뒤, 공립학교 개혁은 국가적 아젠다가 되었다. 1989년 조지 W. H. 부시 대통령은 주지사와 3백여 명의 기업 CEO로 구성된 '비즈니스 원탁회의'를 구성했다. 여기서 각 주들이 표준화된 시험제도, 결과 중심의 교육, 학생의 학업성취도에 대한 교사와 학교의 책무성 강조, 개별 학교에 대한 보상과 처벌 제도 확립, 학교의 자율화, 모든 학생의 학습기대치 상향조정 등을 제도화하기로 의견을 모은다. 당시 아칸소 주지사였던 빌 클린턴은 대통령 취임 이후 'Goal 2000'이라는 목표를 세우고 국가적 표준을 만들려고 노력했지만, 다수당이던 공화당의 반대로 법안 제정까지는 나아가지 못했다.

2001년 조지 W. 부시 정부는 '낙오학생방지법No Child Left Behind'을 제정해 인종과 계급의 차이에 따른 '학업성취도 격차Achievement Gap'를 해소하겠다고 발표했다. 민주·공화 양당의 초당적 지지를 받은 낙오학생방지법의 통과로 모든 주에서 연례 표준학력평가를 통해 모든 3~8학년 학생이 독해와 수학 시험을 봐야 한다. 또한 인종, 제2외국어 사용 학생, 특수교육 학생 등 세분화된 집단별로 학업성취도 결과를 의무적으로 보고해야 한다. 연간 향상목표를 달성하지 못하는 학교에는 운영과 수업방식의 개입이나 학교폐쇄 같은 조치를 취하고, 성적이 우수한 학교에는 재정적 보상을 할 수 있다. 미국 연방정부는 이를 통해 2014년까지 모든 3~8학년 학생의 수리와 독해 능력을 높이려고 한다.

부시 정부는 낙오학생방지법으로 주·지역정부 차원의 책무성 강조, 학생과 학부모의 선택권 확대, 표준화된 평가방식 도입을 기조로 추진해오던 교육개혁에 힘을 실어주었다. '교육개혁가'로 나선 정치인이나 행정관료들은 공립학교 교사의 책무성과 표준화된 시험을 통한 성적향상을 강조했다. 이에 일선 학교의 교사들은 수업을 시험준비 중심으로 바꿔 학생들이 더 높은 성적을 받도록 해야 했다. 교사와 일부 학부모들은 낙오학생방지법이 교육을 획일화시킨다는 이유로 반발했지만, 성적향상과 인종 간 학업성취도 차이 해소라는 목표를 반대할 구체적 대안은 제시하지 못했다.

낙오학생방지법의 도입은 1980년대부터 본격화된 신자유주의적 공립학교의 개혁을 연방 차원에서 더욱 적극적으로 추진하는 것을 의미했다. 이것은 민주시민 양성, 비판적 사고력 함양 같은 가치보다 투입—산출 관계에 기반한 효율성을 추구하면서 학교 운영방식, 학습 프로그램, 교과내용 등을 재조정했다. 이러한 교육개혁 프레임 아래서 학생들의 성적을 향상시키지 못하는 교사와 학교는 무능하다고 규정된다. 또한 학부모와 학생은 지역 커뮤니티의 일원이 아닌, 학교선택권을 가진 소비자로 교육과정에 참여한다. 교육의 본질적 의미를 논하거나 교육문제를 임금격차나 제도화된 인종차별 등과 관련시키는 것은 공립학교의 관료주의와 무능한 교사를 옹호하면서 학생 입장에서 교육을 생각하지 않는 무책임한 일로 공격받는다.★ 신자유주의적 교육개혁을 이끄

★ 「네이션」지는 현재 미국 사회에서 공립학교 개혁에 대한 프레임이 편향되어 있다고 말한다. 교육개혁가라고 불리는 집단은 다양한 평가방법 대신 단답형 시험과 주입식 교재를 선호하며, (특히 학업능력이 떨어지는 학생들에) 암기식 학습을 강조한다. 또한 보상(특히 현금)과 처벌에 기반한 동기모델을 선호하고, 교육에 대해 시장논리로 접근하며, 차터스쿨 등을 지지한다는 것이다(Alfie Kohn, "Beware School 'Reformers'", *The Nation*, December 29, 2008).

는 이들은 공립학교 민영화, 차터스쿨(charter school, 자율형 공립학교), 학교 바우처(school voucher, 학군 밖의 사립학교에 자녀를 보낸 학부모의 교육비를 지원하는 제도) 등을 통한 공립학교 시스템의 해체 역시 추구한다.

낙오학생방지법의 통과는 보수적 교육개혁의 공고화와 미국 리버럴 세력의 실패를 뜻한다. 리버럴 성향의 잡지 『아메리칸 프로스펙트』는 민주당과 민주당의 가장 큰 지지세력인 교사 노조가 1970년대 이후 "교육재정의 확충과 교사임용의 확대"를 일관되게 주장해왔지만, 민주당의 전통적 지지층인 마이너리티와 그 자녀들이 다니는 공립학교 교육의 개선에는 실패했다고 지적한다. 기사는 리버럴 세력이 교육문제를 실업·주택·건강보험 등의 사회정책과 연관해 보긴 했지만, 사회 양극화 문제를 적극적으로 다루기보다는 교육문제를 학교 안의 문제로 환원해왔다고 분석한다. 직업 안정성과 교사의 자율성 확보에 초점을 맞추어온 교사 노조도 공립학교의 문제를 해결하지 못하면서 학부모나 지역 커뮤니티로부터 고립되었고, 이제는 무능한 교사, 부패한 노조세력 등으로 규정되어 오히려 개혁의 대상으로 공격받게 되었다고 말한다.[89] 보수세력이 표준화된 시험, 교원성과급제, 차터스쿨 등으로 교육격차를 해소할 수 있다고 주장하면서 대중적 설득력을 얻는 사이, 리버럴 세력은 수세에 몰려 자기 이익을 지키는 데 급급했다는 것이다.

오바마 정부의 교육개혁

현재 '교육개혁가'라고 자처하는 정치인과 행정관료 대부분은 시장

원리를 공교육제도에 적용시킨다. 기업 CEO와 보수적 싱크탱크는 이들을 적극적으로 지지하면서 정부의 교육정책에 영향력을 행사한다. 가장 대표적인 것이 '교육개혁을 위한 민주당원DFER'이다. 이 단체는 차터스쿨과 바우처의 확대, 학생성적과 교사평가 결과를 공개할 것을 주장하며 민주당에서 시장논리 중심의 교육개혁이 확산되도록 노력해왔다. 월스트리트의 기업에서 지원받는 '교육개혁을 위한 민주당원'은 로비와 모금활동, 언론홍보를 통해 오바마 정부의 교육정책에도 큰 영향을 미친다. 한편으로 민주당에는 학교를 지역커뮤니티의 거점으로 생각하며 저소득층 자녀에 대한 조기교육, 유치원, 건강보험, 방과후 교실 등의 확대를 요구하는 목소리도 있다. 이들은 저소득층에 대한 복지를 늘리지 않는다면 인종·계층 간 학업성취 격차를 줄일 수 없다고 주장한다.[90]

　오바마는 교육의 획일화를 부추긴다고 비판받는 낙오학생방지법의 수정을 약속했다. 그는 경기부양 지원자금 중 1천억 달러를 교육 분야에 쓰겠다고 밝혔다. 오바마 교육정책의 주요 목표는 조기교육·특수교육·육아지원의 확대, 공립학교 교사의 수준과 학업성취도 향상, 그리고 대학을 비롯한 고등교육에 대한 접근성 확대 등이다.[91] 중요한 것은 오바마 대통령이 여러 정치세력과 교육개혁 집단들의 로비와 반대를 어떻게 조정해 정책을 수립하고 실행할지다. 오바마 정부는 2009년 11월 공교육 체계를 혁신하기 위해 '정상을 향한 경쟁Race to the Top' 안을 확정지었다. 이 안에 따르면 연방정부는 각 주가 추진하는 공립학교 개혁안을 평가해 교육교부금 43억5천만 달러를 차등 지급한다. 학생들

의 학업성취도를 높이고, 비판적 사고를 측정할 수 있는 평가방식을 세우며, 교사의 수준을 올리고, 성적이 낮은 학교의 지도방식을 향상시키는 데이터시스템의 확립 등을 유도한다는 방침이다.[92]

'정상을 향한 경쟁' 프로그램 이면에는 공립학교 개혁에서 가장 논란이 되는 차터스쿨의 확대와 학업성취도에 기반한 교원성과급제에 따른 문제가 숨어 있다. 오바마 정부의 교육장관 안 덩컨(전 시카고 교육감)은 커리큘럼, 교사 임용기준, 학교 수업일수 조정, 노조정책, 학생 선발방식 등에서 자율적인 차터스쿨을 지지하고 학업성취도를 교원 성과급과 임금에 연동하는 것을 주장한다. 그러나 2009년 7월 법 초안에서 일부 주에서 실시하는 차터캡(차터스쿨 수를 제한하는 제도)의 폐지와 학업성취도를 교원평가에 연동하는 제도의 도입을 장려하는 안을 내놓았다가 교육단체들로부터 거센 비판을 받았다. 이에 11월 최종안에서는 차터스쿨을 포함한 '다양한' 공립학교 혁신방안과 '다양한' 방식의 교원평가제 도입이라는 형식을 취하면서 한걸음 비켜섰다.[93]

현재 미국 교육개혁은 차터스쿨과 교원성과급 문제로 첨예하게 맞서고 있다. 차터스쿨의 확대를 주장하는 이들은 학부모와 학생들의 학교선택권을 강화하고, 다양한 교육방식과 학교들의 경쟁을 통해 학업성취도를 높일 수 있다고 말한다. 반면 반대자들은 민간이 운영하는 차터스쿨의 확대가 결국 공립학교 제도를 파괴하고 경쟁의 확대로 인해 교육을 파괴할 것이라고 주장한다. 차터스쿨이 시장논리를 교육에 적용하는 기획의 일부라는 것이다. 찬성과 반대 편은 차터스쿨의 성과를 입증하는 연구결과와 그 효과를 반박하는 연구결과를 계속 내놓으며 논쟁을 벌인다. 또한 학업성취도를 교원성과급이나 임금에 연동하는 것을 놓고 교사의 '책무성'을 높이는 방법이라는 주장과 시험 중심의 교육만을 강화할 것이라는 주장이 대립하고 있다.

필요한 것은 지속가능한 삶

미국 공립학교의 교실에는 한 번에 해결할 수 없는 문제들이 복잡하게 뒤얽혀 있다. 많은 학생이 공부에는 전혀 관심이 없고, 빈번히 일어나는 학교폭력은 골칫거리다. 슬럼지역의 공립학교 교사들은 교재와 학습도구가 턱없이 부족하고 시설은 낡았으며 학생 수가 너무 많다고 교육당국에 항의한다. 또 저소득층 커뮤니티 안에 퍼져 있는 패배주의적 문화도 문제의 원인으로 지적된다. 공립학교 교육의 실패를 주장해온 교육개혁가들은 글로벌 시장에서 살아남을 수 있는 경쟁력을 갖춘 노동력을 배출하기 위해서는 반드시 공교육제도를 개혁해야 한다고 주장한다. 그러나 교육개혁의 성공사례들이 꾸준히 보도됨에도 불구하고 낮은 졸업률과 인종·계층 간의 심각한 학업성취도 격차가 쉽게 사라질 기미는 보이지 않는다.

사실 미국 공립학교의 실패는 사회 양극화와 인종차별과 같은 미국 사회의 구조적 문제와 관련되어 있다. 저소득층 마이너리티 커뮤니티의 패배감과 교육에 대한 무관심은 그들이 처한 경제적 어려움과 학교 졸업장이 더 나은 미래를 보장해주지 않는 어두운 현실을 반영한다. 살아남을 확률이 낮은 경쟁에 뛰어드느니 차라리 학교를 그만두고, 졸업

한다 하더라도 군입대가 가장 나은 현실에서 희미한 희망을 부여잡느니 좌절과 포기를 택하는 것이다. 게다가 주·시정부의 대학지원금이 삭감되면서 저소득층 자녀들이 비싼 등록금을 내며 대학에 가는 것은 더욱 어려워졌다. 소외된 학부모와 학생들에게 필요한 것은 가시적인 성적향상이 아니라 학교를 졸업한 뒤에도 '지속가능한 삶'을 살 수 있는 사회다. 많은 학생을 절망으로 밀어넣는 사회를 바꾸지 못한다면 어떤 교육개혁도 성공하지 못한다. 오바마 정부가 추진하는 공립학교 개혁이 빈곤해소와 건강보험 개혁 등 구조적 문제해결과 이어지지 않는다면, 그 성과가 제한적일 수밖에 없다.

부자 부모들의 경제적 정서적 보살핌을 넘치도록 받는 〈가십걸〉의 십대 주인공들과 달리 영화 〈하프넬슨〉의 흑인 소녀 드레이는 사느라 바쁜 엄마에게 충분한 관심을 받지 못한다. 마약상이 드레이에게 손을 뻗치듯, 미국의 가난한 동네 곳곳에는 범죄의 유혹이 도사린다. 현실의 수많은 드레이들이 미국 사회에서 낙오되지 않고 자라나 안정적인 삶을 살아갈 수 있을까? 교육개혁을 주장하는 이들처럼 현실 속 드레이의 부모들이 자녀를 위해 모든 걸 쏟아붓고, 학생은 성적을 올리기 위해 열심히 공부에만 몰두할 수 있을까? 성적향상만이 올바른 해결 방법일까? 영화 〈하프넬슨〉은 학교에서 해고당한 댄과 드레이가 소파에 나란히 앉아 있는 장면으로 끝난다. 역사는 성적이 아니라 불의에 맞서 싸우는 사람에 의해 전진한다는 사실을 깨우쳐주려고 했던 교사와 현실에 좌절한 그를 위로하는 한 소녀 사이의 우정이 작은 희망처럼 빛났다.

더 높은 점수를 향하여

교육개혁 신화의 탄생

미국의 보수세력과 언론은 (학생의 학교생활이 아니라 성적에 대한) 교사와 학교의 책무성 강조, 학생과 학부모의 선택권 확대, 표준화된 평가방식을 기조로 하는 교육개혁의 정당성을 확보하기 위해 공립학교 개혁의 성공신화를 끊임없이 만들어내 선전해왔다. 2000년대 초반엔 '휴스턴의 기적'과 '텍사스의 기적'이 언론의 집중조명을 받았다. 휴스턴의 기적을 만든 로드 페이지는 부시 행정부의 교육장관으로 임명되어 낙오학생방지법을 주도적으로 추진했다. 그러나 시간이 흐르면서 이런 기적이 과장되거나 왜곡된 것으로 밝혀졌다. 눈부신 성적향상을 이뤄낸 휴스턴에서는 몇몇 학교들이 일부 성적이 부진한 학생들을 빼고 시험을 치렀고, 중퇴율 제로를 달성했던 텍사스의 일부 학교들은 데이터를 조작한 것으로 드러났다.[94]

그럼에도 공립학교 개혁의 성공 모델을 찾으려는 노력은 계속된다. 최근에는 조엘 클라인(뉴욕시 교육감), 안 덩컨(전 시카고 교육감), 미셸 리(워싱턴 D.C. 교육감) 등이 추진한 교육개혁이 휴스턴과 텍사스의 기적을 잇는 성공신화로 조명되고 있다. 덩컨은 오바마 정부의 교육장관으로 취임했고, 미셸 리는 교육개혁의 전도사로 부상했다.

2007년 워싱턴 D.C. 교육감으로 취임한 미셸 리는 흑인과 히스패닉 등 마이너리티 학생이 80퍼센트가 넘는 워싱턴 D.C.에서 성적향상과 학업성취도 격차감소를 이끌어냈다. 그러나 지역사회를 뒤흔드는 개혁으로 열렬한 지지와 반대를 동시에 받는다. 미셸 리는 25개의 공립학교를 폐쇄했고, 공립학교 교장의 절반가량을 교체했다. 그리고 수백 명의 교사를 무능하다는 이유로 해고하고, 더 많은 교사를 새로 임용했다. 또한 교사들이 능력에 따라 임금을 받도록 했고, 이제는 교원정년제를 없애려고 한다. 미국의 기업 CEO와 보수언론은 이러한 개혁방식을 절대적으로 지지한다. 『타임』과 『뉴스위크』 등은 워싱턴 D.C.를 공립학교 개혁의 성공적 모델로 부각시키며 미셸 리가 이뤄낸 성과와 더불어 비효율적 관료주의, 무능한 교사 등과 열정적으로 싸우는 모습을 강조했다. 그녀의 카리스마적 리더십, 지역사회와 노조의 비판을 두려워하지 않는 뚝심, 무능한 교사의 퇴출, 능력급제의 도입과 정년제 폐지 주장 등이 기업이 선호하는 이윤추구형 조직모델과 닮았기 때문이다.

시카고 일리노이대 교수이면서 교육운동가인 빌 아이어스는 지금 미국에서 떠오르는 조엘 클라인이나 미셸 리 같은 '교육개혁가'를 실패자로 규정한다. 그는 무자비한 교원해고와 학교폐쇄를 단행한 미셸 리를 가장 이념편향적 인물로 본다. 학부모단체와 지역 커뮤니티, 교사 노조의 의견에 귀 기울이지 않고 자신의 교육관에 바탕한 정책만이 성공적인 결과를 가져온다고 믿는다는 것이다.[95] 미셸 리는 TV 프로그램의 인터뷰에서 "독재자라고 불리는 것이 괜찮은가?"라는 질문에 "옳은 정책을 추진하고 그 결과에 책임질 수 있다면, 독재자도 될 수 있다"고 답했다.[96] 그녀는 선거를 통해 선출된 시장은 이미 다수의 지지를 받은 것이기 때문에, 정책결정과 추진과정에서의 권력행위는 문제삼을 수 없다고 주장했다. 보수적 교육개혁을 지지하는 이들은 미셸 리의 단호한 신념과 리더십을 칭송하지만, 반대하는 이들은 그녀의 행동을 독선적이라고 판단한다.

한국 언론도 미셸 리의 교육개혁을 비중 있게 다룬다. 한국에서는 미셸 리가 미국에서 성공한 한국인이라는 이유로, 특히 한국 보수세력이 추구하는 가치를 미국의 수도에서 몸소 실천한다는 이유로 주목한다. 사실 이들은 미셸 리의 작은 성과보다는 교원단체나 학부모단체 등의 반대에도 주춤하지 않고 밀어붙이는 단호한 행동에서 영감을 얻는다. 불도저식 개혁이 교사 노조나 학부모단체를 성가시다고 생각하는 한국의 보수세력을 깊이 감화시킨 것이다. 성적비관으로 학생들이 자살하고 광풍이라 불리는 사교육이 존재하는 한국의 상황을 자세히 알 리가 없는 (혹은 의도적으로 무시하는) 오바마 대통령이 한국 교육에 관해

가끔씩 언급해주면 이들은 어쩔 줄 몰라 하거나 우쭐해지기까지 한다.

오바마는 사립학교나 중상류층 커뮤니티의 공립학교 학생과 학부모들에게 한국의 교육열을 본받으라고 하진 않는다. 그는 공립학교 교육과정을 이수하고도 일하는 데 필요한 최소한의 능력을 갖추지 못하는 이들에게 더 열심히 공부하라고 촉구할 뿐이다. 이들 대부분이 미국 사회에서 저임금 노동력층을 형성할 저소득층 커뮤니티의 학생이다. 미국 내 비판자들은 오바마가 공립학교 교육을 한국처럼 시험 중심으로 개편하면서 다양한 교육적 가능성을 축소시킨다고 지적한다.

블룸버그 뉴욕 시장의 교육개혁

뉴욕시도 공립학교 개혁이 성공적이라는 평가를 받는다. 미국에서 가장 큰 공립학교 시스템을 가지고 있기 때문에 뉴욕에서의 성패는 미국 교육개혁의 방향을 좌우할 수밖에 없다. 뉴욕의 교육개혁을 이끄는 이는 시장 마이클 블룸버그다. 뉴요커들은 대통령 선거에서는 민주당을 압도적으로 지지하지만, 1993년 이후 뉴욕 시장 선거에서는 한 번도 민주당 후보를 선택하지 않았다. 블룸버그통신으로 성공한 사업가 마이클 블룸버그는 강력한 치안정책으로 뉴욕시의 모습을 드라마틱하게 바꾸어놓은 루돌프 줄리아니에 이어 시장으로 당선되었다(2001년 민주당에서 공화당으로 당적을 옮긴 뒤 시장으로 당선된 블룸버그는 2007년 공화당을 탈당했다). 그는 줄리아니처럼 인종차별적이고 권위주의적 스타일은 아니지만, 성공한 기업가답게 친기업적 정책을 펼친다. 블룸버그는 세금감면을 비판해왔지만 실제로는 세금감면 혜택을 펼쳤고, 공공주택을 확충하겠다고 말했지만 대형 건설 프로젝트에 초점을 맞추는 도시개발 정책을 추진했다.

튼튼한 정치적 배경이 없던 블룸버그는 취임 이후 정치인, 전직 관료, 기업 엘리트 등을 측근으로 기용하며 행정부 운영의 안정적 초석을 다지는 한편, 뉴욕 지역사회의 에스닉 그룹, 문화단체 등의 지도자들과 관계를 원만히 하고자 노력했다. 그는 지지를 얻지는 못할지라도 비판을 잠재우는 법을 알고 있었다. 블룸버그는 첫 임기 4년 동안 자신의 회사(블룸버그 L.P.)와 자선재단을 통해 비영리단체에 6억 달러를 기부했다. 많은 에스닉 커뮤니티 단체, 비영리 문화재단·교육단체 등이 거기에 포함되었다. 블룸버그는 비영리단체에 대한 공적 지원은 축소했지만, 엄청난 사재를 이용해 반대의 목소리를 꺾었다.[97] 블룸버그는 또한 '교육시장'으로 자처하며, 교육개혁의 결과를 보고 자신을 평가해달라고 말했다. 그가 동원한 수사修辭는 변화를 거부하는 공립학교의 관료주의를 '개혁'하고, 학생들의 성적과 수업의 질에 대한 학교 교직원의 '책무성'을 강화한다는 것이었다. 또 학부모와 학생들에게는 더 많은 학교 '선택권'을 약속했다.

블룸버그는 법률가 출신의 조엘 클라인을 교육감으로 영입해 공립학교 개혁에 본격적으로 나섰다. 이들은 부시 정부가 도입한 낙오학생방지법을 적극적으로 지지하면서, 뉴욕시에서 이를 더 급진적으로 추진했다. 블룸버그는 교육개혁을 추진하는 데 가장 큰 장애물이 지역주민·학부모·교사·정치인의 이해관계가 복잡하게 얽힌 의사결정 구조라고 생각했다. 기업가 출신의 그가 선호한 것은 하향식 의사결정 구조였다. 그는 시 교육위원회Board of Education와 지역단위의 학교위원회 School Board로 이원화된 공립학교의 의사결정 구조를 시장 산하의 교육부로 집중시키는 안을 제출해 뉴욕 주의회의 승인을 받았다. 그는 이를 통해 지역 학교위원회와 교사들 사이에 팽배한 관료주의를 깨고, 지역적으로 불균등한 교육재정을 시정부가 더욱 고르게 배분할 수 있다고 주장했다.

블룸버그 시정부는 책무성 강화를 위해 학생들의 성적을 교장의 해임 여부, 교원성과급, 학생들의 유급 결정, 방과후 프로그램과 개인과외 프로그램에 대한 지원 등과 연동했다. 뉴욕시는 뉴욕주 연례 일제고사를 통해 학생들을 1~4등급, 공립학교들을 A~F등급으로 구분한다. 등급에 따라 교사와 교장에게 보너스를 차등지급하고, 2년 연속 D~F를 받은 학교는 운영방식과 커리큘럼을 조정하거나 아예 폐쇄한다.

블룸버그 시정부는 한 걸음 더 나아가 3·5·7학년 학생들의 일제고사 성적을 진급과 연관시키는 제도를 도입했다. 일 년에 한 번 치르는 시험을 통과하지 못한 학생은 여름방학에 특별수업을 듣거나 유급당한다. 최근에는 연례 일제고사와는 별도로 초중학생은 수학과 독해 시험을 일 년에 다섯 번, 고등학생은 일 년에 네 번 치러야 하는 뉴욕시 정기고사 제도를 도입했다. 블룸버그는 공립학교 교육을 시험 중심으로 재편하면서 데이터를 정확히 축적할 수 있는 '성취도 보고 및 혁신 시스템Achievement Reporting and Innovation System'을 구축하는 데 8천만 달러를 쓰는 등 총 1억3천만 달러를 학생과 학교 성적을 전산화하는 데 투자

3선 도전에 나섰던 블룸버그 뉴욕 시장은
뉴욕시 지하철 곳곳에 자신의 교육정책의 성과를 홍보하는 광고를 게재했다.

하기로 했다.

뉴욕시는 기업이나 민간단체의 기부로 조성된 자금으로 저소득층 학생이 밀집한 일부 학교를 대상으로 인센티브 프로그램도 실시했다. 여기에는 시험성적에 따라 4학년에게는 5~25달러, 7학년에게는 10~50달러를 지급하는 프로그램과 시험에서 A를 받은 중학생에게 휴대폰과 무료 통화시간을 지급하는 프로그램, 대학 선수학점 이수 프로그램인 'AP_{Advanced Placement}'에서 과목당 최고 1천 달러를 지급하는 프로그램 등이 들어 있다.

뉴욕시는 차터스쿨 같은 새로운 학교 운영모델을 도입하는 데도 적극적이다. 블룸버그 시정부는 80여 개의 차터스쿨을 열었는데, 이는 저소득층 지역에 집중되었다. 차터스쿨은 학생 성적향상에 초점을 맞추기 때문에 성적이 저조한 공립학교를 대체할 모델로 급부상했다. 뉴욕시는 또한 학생들의 성적을 올리는 데 실패한 학교를 폐쇄하고 새로운 학교를 열거나, 이전의 큰 학교를 여러 개의 작은 학교로 쪼개어 경쟁하도록 하는 방식으로 기존의 공립학교 시스템을 해체하고 있다. 이러한 개혁은 학교 운영방식과 교사의 능력에 따라 공립학교의 교육의 질이 높아진다는 전제에서 이루어진 것이다.

교육 비즈니스의 가시적 성과?

블룸버그 시장은 교육개혁이 성과를 내고 있음을 보여주기 위해 교사의 임금인상, 학교성적 향상, 졸업률 상승, 학교범죄 감소 등에 대한 지표를 지속적으로 발표해왔다. 그러나 한편에서는 시정부가 개혁평가에 유리한 뉴욕주 일제고사의 자료를 이용해 홍보한다고 비판한다. 실제 주정부가 실시하는 일제고사의 결과와 연방정부가 측정하는 '전국교육향상평가 NAEP'의 결과에는 엄청난 차이가 있었다.

2009년에 발표된 뉴욕주 일제고사 결과에 의하면 뉴욕시 8학년의 80퍼센트(2007년에는 59퍼센트)가 수학시험에서 평균 이상 점수를 받았지만, 표본조사로 실시된 NAEP 결과에 따르면 8학년 중 34퍼센트(2007년에는 30퍼센트)만 수학에서 '우수 proficiency'에 해당하는 점수를 받았다. 또 주정부 일제고사 결과에서는 인종 간 학업성취도 격차가 상당히 줄어들었지만, NAEP 결과에서는 인종 간 격차가 여전히 컸다. NAEP 시험결과를 보면 4학년 수학의 경우 백인의 50퍼센트가 '우수'에 해당하는 점수를 받았으나 히스패닉은 25퍼센트, 흑인은 19퍼센트에 그쳤다. 주정부의 일제고사를 비판하는 이들은 주에서 실시하는 시험은 시험범위가 좁고 학생들에게 미리 연습문제를 많이 풀어보도록 하기 때문에 성적이 훨씬 더 좋게 나올 수밖에 없다고 주장한다.[98]

교육단체와 학부모들은 블룸버그 시정부가 학교수업을 시험점수 향상에 초점을 맞추도록 유도해 공립학교 교육을 황폐화시켰다고 주장한다. 학부모들은 수학이나 독해 같은 과목을 중심으로 한 '표준화된 시험'의 확대와 유급제 도입 등 시험에 대한 과도한 부담으로 인해 공립학교에서 예술·음악·역사 등 다양한 교육을 받을 기회가 줄어들었다고 말한다. 일부 중간계급 학부모들은 이제 공립학교에서는 시험보는 법만 배울 수 있다며 다양하고 수준 높은 교육을 제공하는 사립학교로 옮기기도 했다.

뉴욕은 미국 공립학교 개혁을 둘러싼 싸움에서 가장 크고 중요한 전쟁터다. 전 세계 미디어의 관심이 집중된 도시인 데다 공립학교 시스템이 미국에서 가장 크기 때문이다. 블룸버그의 교육개혁이 성공할지는 아직 미지수이지만, 교육개혁을 둘러싼 지형은 그에게 유리하게 움직이고 있다. 2009년 뉴욕 주의회는 뉴욕 시장 산하 교육부로 집중된 공립학교 운영 의사결정 구조를 2015년까지 연장시켰다. 이어 3선에 성공한 블룸버그 시장은 그동안 추진해왔던 공립학교 개혁을 더욱 강하게 밀고 나가겠다고 밝혔다. 오바마 정부의 안 덩컨 교육장관도 뉴욕시의 교육개혁을 적극적으로 지지하고 있고, 조엘 클라인 교육감은 미셸 리와 더불어 가장 성공적인 교육개혁가로 언론의 집중조명을 받고 있다.

블룸버그 시정부는 현재 오바마 정부가 내놓은 '정상을 향한 경쟁' 안을 지렛대로 이용해 책무성 강화, 선택권 확대, 표준평가 실시 중심의 교육개혁을 더욱 거세게 밀어붙이고 있다. 조엘 클라인은 무엇보다 차터스쿨 확대에 열의를 보인다. 그는 2009년 현재 83개인 뉴욕시의 차터스쿨을 4년 안에 200개까지 늘리는 방안을 추진하고 있다. 또한 일제고사 결과를 교사의 성과급만이 아니라 임금과 교사정년 심사에까지 연동시켜 교원의 책무성을 높이려 한다. 2010년 초 뉴욕시는 열아홉 군데의 공립학교를 폐쇄하기로 결정했지만, 맬컴 스미스 뉴욕주 상원의장과 블룸버그 시장 등이 설립을 도왔거나 관여한 차터스쿨 세 곳에 학교 건물 건축비용으로 7200만 달러 이상을 지원하기로 했다.

기업 엘리트들 또한 블룸버그 시정부의 교육개혁을 다양한 방식으

로 지원한다. 월스트리트 헤지펀드의 CEO나 고위임원들은 차터스쿨 이사회의 이사로 활동하며 기부금을 모으고 학교운영, 커리큘럼 조정, 교사임용 등에 영향을 미치고 있다.[99] 반노조정책으로 유명한 잭 웰치 전 GE 회장은 교장 양성기관인 '리더십 아카데미'를 이끌고 있다. 잭 웰치의 신념과 경영철학을 전수받은 교장들은 일선 학교에서 블룸버그 정부가 추진하는 교육개혁을 이끈다. 이처럼 기업 엘리트들은 교육개혁 운동에 많은 돈을 기부하면서 학교의 민영화와 차터스쿨 같은 기업 운영 모델의 확대에 정성을 쏟고 있다.

블룸버그는 또한 마이너리티 집단이 차터스쿨을 인종·계층 간 학력 격차를 줄일 대안으로 보도록 유도한다. 블룸버그가 운영하는 민간재단은 오랫동안 뉴욕의 흑인 민권운동을 대표해온 알 샤프턴이 주도하는 '국민행동네트워크National Action Network'에 50만 달러를 기부했다. 그 대가로 알 샤프턴은 월스트리트 CEO, 교육관료, 정치인, 보수 싱크탱크들이 참여하는 전국 규모의 교육단체 '교육평등프로젝트EEP'에 이름을 올리고, 차터스쿨의 지지를 선언했다.[100] 많은 언론의 주목을 받는 '교육평등프로젝트'는 차터스쿨 확대와 표준화된 평가의 실시, 학업성취도에 기반한 교원평가의 강화 같은 시장원리를 교육제도에 도입하는 것이 학업성취도 격차를 해결하는 최선의 방법이라고 주장한다.

지금 뉴욕에서는 공립학교 개혁을 둘러싼 전투가 벌어지고 있다. 블룸버그 뉴욕 시장은 교육개혁을 중요한 정책 이슈로 꼽는다. 기업 엘리트와 보수세력은 정치가들이 추진하는 교육개혁을 적극적으로 지지하며 오랫동안 방치했던 공립학교의 "창조적 파괴"를 시도한다. 그러나 이들이 교육개혁을 지원하는 이유는 비판적 사고력을 가진 민주시민을 양성하기 위해서가 아니라 기본적 직무를 수행할 정도의 독해와 수리 능력을 가진 노동력을 창출하기 위한 것이다. 강력한 조직력을 가진 뉴욕의 교원노조는 교육개혁을 이끌어가기는커녕 오히려 시정부에 이끌려가고 있다. 다만 지역사회의 학부모와 교육운동가를 중심으로 학부모와 교사, 지역 커뮤니티의 연대를 복원하는 일이 공립학교의 교육을 살리는 데 더 중요하다는 주장이 간간이 제기되고 있을 뿐이다.

전쟁은 평화다

오웰리언의 미국, 뉴욕

뉴욕 거리에서 마주친 『1984』

몇 월 며칠이었는지, 맨해튼이었는지 브루클린의 어느 동네였는지 기억나지 않는다. 따스한 햇볕이 쏟아지고 가로수에서 나뭇잎들이 막 고개를 내밀던 어느 봄날, 길을 걷다가 어느 집앞 계단에 놓인 작은 상자를 발견했다. 누군가 쓰던 물건을 다른 사람이 가져갈 수 있도록 밖에 내놓은 것이었다. 원주인에게 더이상 필요 없어진 장신구들이 상자 안에서 뒤섞인 채 새 주인을 기다리고 있었다. 내 눈에 들어온 건 앞날개가 떨어져나간 한 권의 책이었다. 종이가 누렇게 변한 빈티지 판형의 소설 『1984』였다.

지하철에 앉아 모서리가 닳아서 해진 책을 조심스럽게 들고 훑어보기 시작했다. 첫 장에는 조지 오웰이 '에릭 블레어'의 필명이라는 설명이 적혀 있었다. 처음 알게 된 사실이었다. 다시 한 장을 넘기자 큼지막하게 인쇄된 '1984'라는 숫자가 스크린에 떠오르는 영화제목처럼 눈앞에 나타났다. 커다란 숫자는 어둠의 세계를 지키는 문지기처럼 위협적이고 튼튼해 보였다.

언제 조지 오웰의 『1984』를 처음 알게 되었는지 기억나지 않는다. 그의 다른 소설 『카탈로니아 찬가』는 읽었지만, 좀더 유명한 『1984』나 『동물농장』은 몇 페이지를 넘기다가 그만두고 말았다. 『카탈로니아 찬가』의 줄거리는 지금 가물가물하지만, 『1984』의 의미가 감시가 일상화된 전체주의 사회임은 또렷이 알고 있다. 어느 신문기사를 보니 영국인의 60퍼센트 이상이 지적으로 보이기 위해 읽지도 않은 책을 읽었다고 거짓말한 적이 있는데 가장 많이 꼽은 책이 바로 『1984』라고 했다. 소설에 나오는 '빅브라더Big Brother'나 '텔레스크린Telescreen' 같은 용어 몇 가지 알면 감시사회의 문제점에 대해 몇 분간은 떠들 수 있기 때문이다. 조지 오웰의 『1984』는 누구나 무엇을 뜻하는지 알기 때문에 제대로 몰라도 아는 '척'할 수 있는 '거시기'인 셈이다.

뉴욕의 길거리에서 우연히 주운 거시기는 1984년을 목전에 두고 출판된 책[101]이었다. 뒤표지에는 이렇게 쓰여 있었다. "마침내 1984년이 우리 앞에 다가왔다." '마침내'라는 부사에서 아주 작은 설렘과 거대한 불안이 교차하고 있음을 느꼈다. 서문은 당시 미국의 대표적 뉴스 진행자인 월터 크롱카이트가 쓴 것이었다. 그에게 『1984』는 현실 바깥에 있는 픽션이 아니었다. 그는 빅브라더나 '뉴스피크Newspeak' 같은 말이 소설을 읽어보지도 않았을 수많은 사람에게도 친숙해졌다고 말한다. 크롱카이트가 소설 속의 디스토피아와 겹쳐놓은 전체주의 체제는 히틀러의 독일과 스탈린의 소련, 이슬람 혁명으로 집권한 호메이니의 이란이었다. 그에게는 미국 사회 바깥에서 『1984』의 세계를 찾는 것이 훨씬 더 쉬웠을 것이다.

오웰리언 언어로 고문을 정당화한 부시

『1984』가 그리는 전체주의적 감시사회의 모습이 북한이나 쿠바, 이란뿐 아니라 미국과 같은 민주주의 국가 내부에도 존재한다는 인식은 그다지 새롭지 않다. 미국인들은 부시 행정부 시절 군대와 정보기관들이 벌인 일을 통해 '1984' 체제가 자국에서 적나라하게 실현되었음을 목격했다.

나오미 울프는 『미국의 종말』에서 부시의 미국은 히틀러 치하의 독일이나 피노체트의 칠레를 닮았다고 말한다. 그녀는 예로 옛 소련의 정치범수용소인 굴라그Gulag 같은 치외법권지대의 수용소가 미국 정부에 의해 설치 운영된다는 것을 지적한다. 오바마 정부는 관타나모포로수용소를 폐쇄하겠다고 했지만, 여전히 관타나모에는 기소나 재판 없이 수년간 구금된 사람들이 있다. 부시 재임시절 관타나모와 아부그라이브교도소, 그리고 중앙정보국CIA이 운영하는 비밀수용소에서는 백악관과 '국가안보회의National Security Council'의 지휘로 수용자들의 옷을 강제로 벗기고, 머리를 벽에다 찧으며, 얼굴에 물을 들이붓고, 며칠씩 재우지 않으며, 어두운 상자 안에 가두어 놓는 등의 고문이 행해졌다.

2009년 4월 공개된 미 사법부의 메모는 사법부의 '법률자문국OLC'에 소속된 존 우나 제이 바이비 등의 법률가들이 이러한 행위가 "고문이 아니"고 심지어 "잔혹하지도 비인간적이지도 불명예스러운 것도 아니다"라며 CIA 요원들에게 법적 근거를 제공했다는 사실을 알려주었다. 이들은 이 같은 결론을 내리기 위해 법률조항을 자의적으로 해석하고 언어의 의미를 왜곡했다. 영국의 『가디언』지는 이들이 고문을 정당화하기 위해 '오웰리언Orwellian'의 언어를 썼다고 비판하며 한 사람에게 183번이나, 또다른 사람에게 83번이나 물을 퍼부어 두려움에 빠지도록 하는 것이 어떻게 고문이 아니고 잔인하지도 않은 일일 수 있는지 묻는다.[102]

조지 오웰은 언어가 진실을 은폐하고 여론을 조작하는 힘이 있음을 간파한 작가였다. 그는 『1984』를 집필하기 전 이미 「정치와 영어」(1946)라는 글에서 언어의 악용은 거짓말을 진실처럼 보이게 하고, 민주주의를 타락시키는 주범이라고 지적했다. 정치인과 정부관료, 언론인은 오웰리언식 언어로 대중들을 기만하고 현혹해왔다. 부시 정부 들어 미국 정치인과 관료들은 오웰리언식 언어를 더욱 적나라하게 사용했다. 딕 체니를 비롯한 부시 행정부 관료들은 자신들은 언제나 미국민의 안전과 국가의 안보를 위해 일해왔다고 주장하면서, 결코 '유엔고문반대협약' 같은 국제법과 미국의 국내법을 어기면서 고문한 적은 없다고 주장했다. 이들은 물을 퍼붓는 행위waterboarding는 심각한 정신적 고통을 수반하지 않기 때문에 고문이 아니라고 주장한다. 소설 『1984』의 당 관료들이 뉴스피크라는 언어체계 안에서 "전쟁은 평화다 War is Peace" "자유는 노예다 Freedom is Slavery"와 같은 진리를 창조해내는 것처럼 이들은 "얼굴에 물을 퍼붓는 행위는 고문이 아니다"라는 논리를 만들어낸 것이다.★

또한 사법부의 법률가들은 법률적 위반행위의 충족요건을 피하기 위해 CIA 요원들에게 구체적 지침까지 내려주었고, 심리학자와 의사 등의 전문가들은 고문방법을 더욱 정교하고 효과적으로 만드는 데에 관여했다. 다음은 취조방식의 구체적인 지침을 제시하는 제이 바이비 메모의 일부다.

주바이다(알카에다의 핵심간부로 알려진 테러용의자)를 상자에 그냥 가두는 것 외에도, 상자에 곤충을 집어넣을 수 있다. 우리가 그것을 알고 있듯이, 당신은 주바이다에게 독침 벌레를 상자에 넣는다고 알리려 할 것이다. 하지만 사실은 나비 유충 같은 무해한 벌레를 넣어라. 그렇게 하는 경우 당신이 '술어적 행위(법률상 심각한 정신적 고통을 주는 것으로 여겨질 행동)'를 하고 있지 않음을 확실히 하기 위해, 주바이다에게 그 벌레가 심한 고통을 주거나 죽음에 이르게 할 독침이 없다고 알려야 한다. 그러나 당신의 행위를 알리지 않고 곤충을 상자에 집어넣을 경우 '술어적 행위'를 범하는 것을 피하려면, 심각한 고통이나 상처를 주거나 죽음을 유발할 수 있는 독침을 가진 벌레가 있다고 그가 믿도록 해서는 안 된다. …… 설명한 지침대로만 한다면 벌레를 상자 안에 넣는 행위는 이성적인 사람에게 심각한 물리적 고통을

★ 오바마 대통령은 물 퍼붓기는 명백한 고문이라고 말했지만, 고문 관련자들을 기소하는 것은 반대했다.

주거나 상처입히는 위협행위의 구성요건을 충족시키지 않는다.[103]

부시 행정부에서 행해진 고문을 조사해온 인권변호사 스코트 호튼은 벌레를 이용한 고문이 『1984』에서 주인공 윈스턴을 고문했던 상황과 흡사하다고 지적한다.[104] 소설에서 당의 고위관료 오브라이언은 윈스턴을 101호실로 데려간다. 사람들은 그곳에서 자신이 가장 두려워하는 것을 경험한다. 윈스턴이 무서워한 것은 쥐였다. 오브라이언은 쥐 두 마리가 든 우리를 윈스턴의 얼굴 위에 올려놓으려고 하면서 겁을 준다. 의자에 묶인 채 쥐가 점점 다가오는 것을 느끼는 윈스턴은 심각한 패닉 상태에 빠진다. 의식을 잠시 잃었다가 깨어난 그는 끔찍한 공포와 절망 속에서 빠져나올 수 있는 유일한 방법을 택한다. 바로 다른 사람이 자기 대신 고문당하도록 하는 것이다. 윈스턴은 사랑하는 여인의 이름을 부른다. "줄리아한테 그것을 해, 줄리아한테. 내가 아니라 줄리아한테. 네가 그녀에게 무슨 짓을 하든지 난 상관하지 않아. 그녀의 얼굴을 찢어버리고, 뼈만 보이도록 발라내버려." 윈스턴은 연인을 배신하고 빅브라더에게 굴복하고 만다.

부시 재임시절 미국인들은 조지 오웰의 세계가 곁에서 어른거리는 것을 보았다. 가장 아찔했던 순간은 2002년 미 국방부(펜타곤)가 '통합정보인식Total Information Awareness' 프로그램을 구축하려고 시도한 때였다. 이 프로그램의 목적은 국가가 공공기관과 민간에 의해 구축된 모든 데이터베이스를 이용할 수 있도록 만드는 것이었다. 펜타곤의 의도대로라면 미국 정부기관들은 거의 아무런 제한 없이 개인정보에 접근할 수 있는, 역사상 가장 광범위하고 강력한 정보수집망을 가지게 되는 것이었다. 예컨대 신용카드로 무엇을 사고, 어떤 책과 잡지를 구독하고, 누구와 통화하고 이메일을 주고받는지, 어떤 웹사이트에 접속하는지, 금융거래를 어떻게 하고 건강상태는 어떠하며 여행은 얼마나 자주 하는지 등 시민들의 일상생활에서 거의 모든 기록이 국가의 손에 합법적으로 놓이게 되는 것이다.

통합정보인식 프로그램에 관한 계획이 알려지자 『1984』를 읽지 않은 사람들조차 이것이 오웰이 창조해낸 전체주의 사회의 감시시스템과 닮았음을 알아차렸다. 결국 미국 의회는 사생활 침해를 우려하는 여론이 높아지자 펜타곤의 계획을 승인하지 않았다. 비록 부시 행정부는 통합적 감시네트워크를 만드는 데는 실패했지만, 정보기관들은 '애국자법The Patriot Act' 아래 초법적 정보수집과 감시활동을 펼쳤다. 국가안전보장국NSA은 수백만 미국인의 정보를 수집했고, 정보통신 회사들은 NSA가 고객정보에 접근할 수 있도록 협조했다. 연방수사국FBI은 테러와 관련된 자금 흐름을 추적하기 위해 수많은 시민의 계좌를 추적하고 데이터베이스화했다. 정보기관은 정당한 사유를 대지 않고도 의료, 여행, 금융정보, 인터넷 이용, 도서 대출과 구입에 관한 개인정보에 접근하고 도청까지 할 수 있게 되었다.

스카이워치, 무엇에 쓰는 물건인고?

뉴욕에서 본 가장 희한한 문물 중 하나는 뉴욕 경찰이 설치한 '스카이워치Sky Watch'라고 불리는 감시탑이었다. 2007년 어느 날 웹서핑을 하다 한 인터넷 매체와 블로그에서 이것의 사진과 기사를 처음 접했다. 6미터 정도 되는 높이의 작은 컨테이너 구조물인 스카이워치에는 360도의 시야를 확보할 수 있도록 4개의 감시카메라가 각 방향에 달려 있고, 그 속에서 경찰관이 직접 바깥 상황을 관찰할 수 있다. 원래 국경지역의 감시를 위해 이용되던 이 기구는 2006년부터 뉴욕에 설치 운영되었다.

 어느 날 갑자기 동네에 세워진 이 기구를 처음 본 사람들은 "무엇에 쓰는 물건인고?"라며 호기심을 가졌지만, 이내 그것이 감시카메라가 설치된 정찰기구임을 알아차렸다. 어떤 사람들은 범죄를 줄이기 위해서는 어쩔 수 없이 이것이 필요하다면서 반기기도 했다. 그러나 많은 이들이 갑자기 동네에 세워졌다가 사라지는 스카이워치를 보며 불편함을 느낄 수밖에 없었다. 할렘에 건축 중인 고급 콘도미니엄 바로 앞에 선 이 기구를 보고 사람들은 부자들의 재산을 보호하기 위해 세워졌다고 말하기도 했고, 『1984』를 언급하며 감시사회로 점점 치닫는 현실에 대한 두려움을 표하기도 했다. 범죄를 줄이기 위해 주민과 협의해서 커뮤니티의 문제를 해결하기보다 감시와 통제를 강화하려는 뉴욕 경찰의 태도를 본 것이다.★

★ 감시카메라의 설치가 범죄율을 감소시킨다는 주장의 근거는 탄탄하지 못하다. 뉴욕대학교 연구진은 감시카메라 설치와 범죄율 감소의 상관관계를 찾기 위해 2002년부터 5년 동안 감시카메라가 설치된 맨해튼의 두 복합아파트 단지의 범죄율 추이를 조사했지만, 감시카메라가 범죄율을 떨어뜨린다는 유의미한 증거를 발견하지 못했다(JENNIFER 8. LEE, "Study Questions Whether Cameras Cut Crime", *The New York Times*, March 3, 2009 참고).

NYPD
NYPD

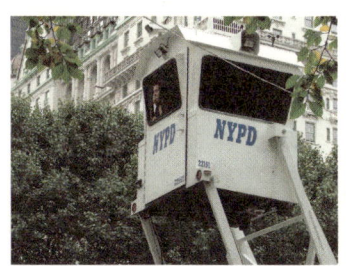

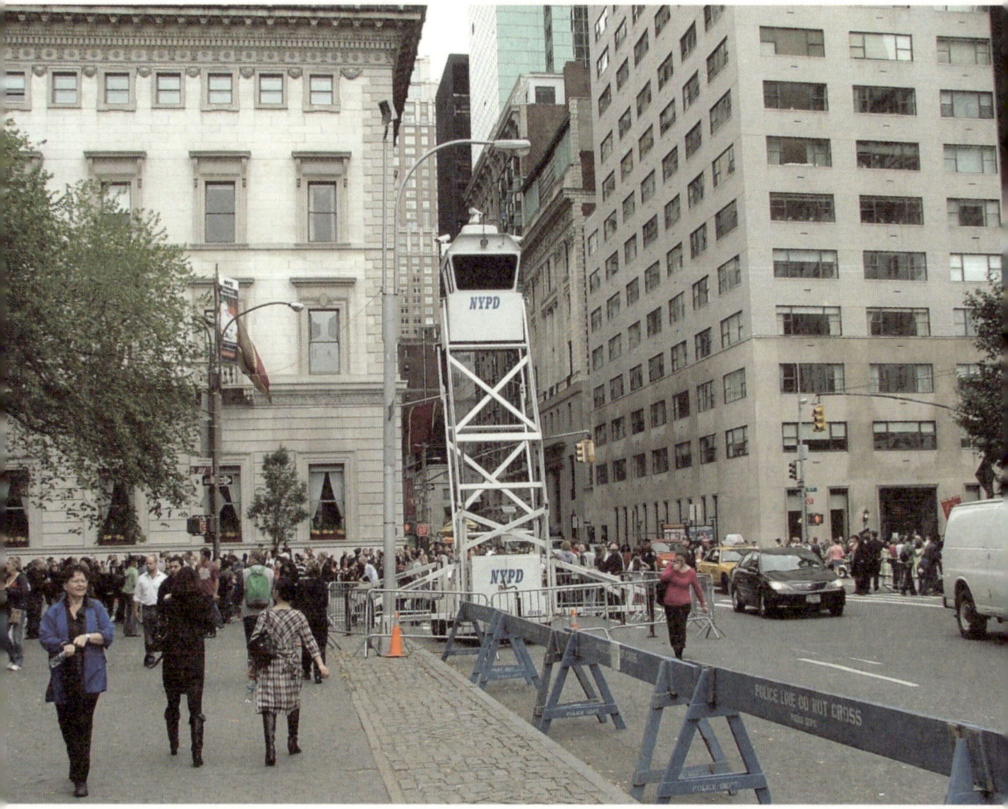
NYPD
NYPD
POLICE LINE DO NOT CROSS

이동 가능한 감시탑 스카이워치는 범죄예방을 목적으로 할렘을 비롯해 어퍼 이스트사이드, 덤보와 윌리엄스버그, 브루클린의 크라운 헤이츠 등 여러 지역에 설치되었다가 다른 곳으로 옮겨가는 식으로 운영되었다. 나는 미셸 푸코가 『감시와 처벌』에서 언급한 판옵티콘Panopticon 모형에 나오는 원형탑의 미니어처 같기도 하고, 과수원의 원두막 같기도 한 그 희한한 물건을 한번 보고 싶었다. 그 소망은 얼마 안 가 이루어졌다. 맨해튼의 5번가에서 열린 어느 행사의 질서유지를 위해 서 있는 스카이워치를 발견한 것이다. 얼마쯤 지나자 행사가 잦고 유동인구가 많은 맨해튼의 미드타운에서 스카이워치를 보는 일이 빈번해졌다. 아직은 몇 개 정도만 이동 운영되는 것 같은 이 요상한 물건이 뉴욕 거리 풍경의 일부가 되지 않으리라는 보장도 없다.

하나 덧붙이자면 시민들의 잦은 시위로 밤잠을 설칠 한국의 정치인과 치안기관을 위해 이 물건의 "국내 도입이 시급"하다고 본다. 높은 곳에서 시위대를 촬영하고 디지털이미지를 바로 분석할 수 있으니, 전문 시위꾼들의 색출에 매우 요긴하게 쓰일 것이다.

순찰차 퍼레이드와 불심검문

뉴욕의 또다른 볼거리는 맨해튼 미드타운의 주요도로를 행진하는 경찰 순찰차들이다. 오후가 되면 맨해튼 5번가와 34번로, 42번로와 같은 대로에는 30~40대의 순찰차가 일렬로 지나가곤 한다. 번쩍이는 경광등과 요란한 사이렌 소리가 잠깐 동안 도로를 뒤덮는다. 그들은 흡사 전쟁에서 승리하고 돌아와 개선행진을 하는 기마대 같아 보인다. 뉴욕 경찰은 '대테러정책'의 일환으로 이러한 순찰차들의 행진을 거리에서 '연출'한다. 이 '스펙터클'을 통해 치안기관이 '거리의 질서'를 유지하고 시민들을 안전하게 보호하고 있음을 보여주려고 한다.

순찰차들이 지나갈 때 우뚝 솟은 빌딩과 복잡한 인파로 뒤덮인 어수선한 맨해튼 거리는 갑자기 놀이공원처럼 느껴진다. 디즈니랜드의 캐릭터처럼 뉴욕 경찰의 순찰차들은 느릿느릿 거리를 미끄러져 나간다. 하지만 도로변에 줄지어 서서 성조기를 흔들며 환영하는 인파도 없고, 고적대의 힘찬 음악소리도 없다. 오직 고층빌딩에 줄지어 꽂힌 대형 성조기만이 이 움직임과 어울릴 뿐이다. 관광객들은 호기심 어린 눈으로 이러한 행진을 지켜보지만, 대부분의 시민들은 눈길 한번 주지 않는다. 맨해튼의 활기찬 거리를 자랑스럽게 여기는 뉴요커들은 이 연출된 장면을 보면서 분명 손발이 오그라들 만큼의 이질감을 느낄 것이다. 순찰차들의 행진 또한 스카이워치와 더불어 정부에 국내 도입을 권하고 싶은 '뉴욕 스타일'이다. 다만 경찰들의 물대포도 두려워하지 않는 한국 시민들의 성향을 고려해 귀여운 순찰차보다는 우람한 전경버스 수십 대를 동원해 서울 시내 곳곳을 매일 행진하는 것은 어떨까 하는 생각이 든다.

스카이워치나 순찰차 퍼레이드와 더불어 관광객이 많은 곳에서 볼 수 있는 기마경찰, 앙증맞은 삼륜 경찰차는 경찰의 이미지를 친근하게 만들면서 시민과 관광객들에게 눈요깃거리를 제공해준다. 그러나 이러한 볼거리를 즐기다가도 가끔 지하철 입구에서 경찰에게 가방 안을 보

여주어야 할 상황에 처하게 되면 뒤가 구린 사람마냥 심리적으로 위축된다. 서울에서 예닐곱 해 살면서 경찰에게 검문을 당한 적은 딱 세 번이다. 한 번은 다니던 대학교에서 열릴 예정이던 정치적 행사를 막으려고 경찰들이 학교로 들어오는 모든 사람의 신분증을 확인할 때였다. 선배들은 불심검문은 개인의 권리 침해라며 불심검문자의 신분을 확인한 뒤 거절하라고 가르쳤지만, 소심한 내가 그렇게까지 일을 크게 벌일 요량은 없었다. 학생증을 보여주고 무사히 들어가는 것이 나의 대처법이었다. 다른 한 번은 동서울터미널에서 고향에 내려가는 버스를 타려고 기다리고 있을 때 의경으로부터, 또다른 한 번은 강원도 어느 지역에서 버스를 탔다가 탈영범을 찾던 군인으로부터 신분증 제시를 요구받았다. 평소 소도둑놈 인상이라는 소릴 많이 들었기에 세 번이면 선방한 것이라고 여겼다.

   3년 가까이 뉴욕에서 지내면서 경찰에게 가방을 수색당한 것 또한 세 번이다. 개인의 사생활과 권리를 중요하게 여기는 미국에서 당연히 이건 문제적 상황이다. 정 거북하고 부당하다고 생각하면 가방 수색요구를 거부하는 대신 그 지하철역을 이용하지 않는 방법이 있지만, 나는 '무사안일'한 태도가 몸에 밴 마이너리티였다. 말이 잘 통하지 않아 시원하게 항의할 수도 없는 노릇이고, 괜히 거부했다가 수갑을 차게 될지도 모른다는 두려움도 있었다. 미국 경찰이 범죄혐의자에게 수갑을 채우는 것은 아주 흔하고, 혐의자의 행동이 위험하다고 판단되면 총을 쏘는 일도 빈번하기 때문이다.

   마음만 먹으면 누구나 총을 가지고 다닐 수 있는 나라이기 때문에 경찰들이 업무 중에 겪는 고충과 두려움을 이해하는 바이지만, 이들의 '인권' 의식 수준이 그렇게 높아 보이지도 않았다. 사실 뉴욕에 도착한 지 얼마 되지 않은 어느 늦은 밤 지하철에서 경찰관 두 명이 홈리스로 보이는 사람을 괴롭히는 것을 목격한 적도 있다. 지하철 개찰구 쪽에 누워 있는 사람은 술에 취한 듯 거동도 제대로 못하는 상태였고, 두 경찰관은 조롱의 미소를 지으며 그를 노리개 다루듯 발로 툭툭 쳤다. 그들은 내가 지나가는 것을 의식한 듯 보였지만 전혀 개의치 않고 하던 행동을 계속했다. 말로만 듣던 미국 경찰의 야만적 모습을 실제 보았지만, 나는 내 한 몸 무사히 지하철역을 빠져나오는 길을 택했다.

여전히 오웰리언의 세계는 진화하고 있다

개인적 경험을 진술하며 뉴욕 경찰에 대한 부정적 인상을 과장하고 있는지도 모르겠다. 경찰이 없다면 나와 같은 이방인들은 뉴욕의 거리를 안전하게 걸어다닐 수 없을 것이다. 뉴욕에 존재하는 빈부격차, 테러 공격 등의 위험요소를 통제하고 시민들의 안전을 지켜주는 가장 큰 힘은 뉴요커들의 자부심이기보다는 강력한 치안력이다. 그러나 끊임없이 눈으로 보고 몸으로 경험해야 하는 촘촘한 '치안력'의 존재는 언제나 불편했다.

'강력한 치안력'을 통해 '안전'과 '질서'를 유지하는 도시는 그만큼 어두운 그늘을 가지고 있기 마련이다. 종종 듣는 뉴스들은 안전을 지켜주는 치안력의 명암을 더욱 분명히 해준다. 결혼식 전날밤 파티를 마치

고 귀가하던 숀 벨이라는 흑인청년에게 50여 발이 넘는 총격을 가해 죽음에 이르게 했지만 가해경찰들은 법적 처벌을 받지 않은 사건(이는 미국 사회 마이너리티 인종들에게 주기적으로 반복되는 일이며, 마이너리티 커뮤니티의 분노를 불러일으켜 큰 사회적 갈등으로 비화하기도 한다), 백인보다 흑인이나 히스패닉계에 대한 불심검문이 몇 배나 더 이루어진다는 사실, 그리고 9·11 이후 이슬람 커뮤니티에 대한 감시와 차별이 심해진 것이 안전한 뉴욕의 또다른 모습이다.

    9·11 이후 더욱 확대된 감시시스템도 뉴욕의 일상을 바꾸고 있다. 뉴욕 경찰은 런던의 '철옹성Ring of Steel'이라는 감시시스템을 모델로 해서 월스트리트와 관공서 지역에 대규모 감시네트워크를 구축하고 있다.[105] '로어맨해튼보안법안'으로 불리는 이 감시네트워크의 구축계획에 따르면, 뉴욕 경찰과 민간업체들은 고감도 센서가 부착된 3천여 대의 감시카메라를 설치하고 중앙센터에서 운영 통제할 것이다. 뉴욕 경찰은 이 시스템을 통해 카날로路 남부에 출입하는 모든 차량과 사람을 촬영해 디지털화하고 판독해 테러 공격의 혐의가 있다고 판단되는 차와 인물을 실시간으로 통제하게 된다. 다시 말해 '소도둑놈'이나 '테러범' 인상을 가진 사람들을 미리 색출해내겠다는 것이다.

    테러리스트의 공격을 미리 차단하겠다는 목적이지만, 시민들의 일상생활 또한 감시카메라에 포착될 수밖에 없으므로 사생활 침해는 불가피해 보인다. 게다가 수상한 사람을 찾는다는 것은 결국 특정 인종에 대한 감시의 강화로 이어질 수밖에 없다. 뉴욕 경찰은 이러한 시스템을 미드타운 지역까지 확대하고, 맨해튼에 연결된 다리와 터널을 통해 맨

해튼에 출입하는 모든 차량을 인식할 수 있는 시스템을 구축하려는 계획을 추진하고 있다.[106]

조지 오웰의 『1984』는 소설이었지만 예언서처럼 읽힌다. 감시사회와 동의어가 된 빅브라더와 언어의 정치적 악용을 뜻하는 뉴스피크 같은 말들은 전혀 생소하지 않다. 『1984』라는 픽션은 천천히, 그러나 더 교묘한 방식으로 현실이 되고 있다. 뉴욕의 길거리에서 주운 헌책에 쓰여 있던 "마침내 1984년이 우리 앞에 다가왔다"라는 문구에는 『1984』가 제기하는 문제들이 현재진행형이라는 자조가 섞여 있었다. 많은 이가 지적한 것처럼, 크롱카이트도 이 책의 서문에서 오웰의 소설은 예언이 아니라 인류에게 보내는 경고라고 말한다. 국가권력만이 개인의 자유를 위협하는 것이 아니다. 이제 기업들은 정보를 상품화하고 거래한다. '나'의 생각과 행동, '내'가 남긴 흔적이 소비자의 취향과 행동으로 유형화되어 누군가의 데이터베이스에 저장되고 있다. 새로운 테크놀로지는 개인정보 수집을 더욱 용이하게 만든다.

이 글을 시작하면서 『1984』를 완독할 계획을 세웠지만 실행하지는 못했다. 이 소설을 언급한 기사와 글을 참조하고, 사적인 경험을 얼기설기 엮었을 뿐이다. 그러나 현실의 조각들을 이어붙이는 것만으로도 『1984』는 눈앞에 생생하게 펼쳐졌다. '1984'라는 숫자는 앞으로도 계속 우리의 삶 깊은 곳까지 영향을 미칠 것이다. 오웰의 세계는 진화하고, 오웰리언식 언어사용은 더욱 교묘해진다. 나는 여전히 그의 책을 다 읽지 못한 채, 오웰리언의 세계가 실현되는 것을 지켜보고 있을 뿐이다.

If You See Something, Say Something

"뭔가를 봤다면 말하십시오."

뉴욕의 대중교통에서 어렵지 않게 볼 수 있는 공공 캠페인 슬로건이다. 처음에 봤을 땐 지하철 벽에 붙은 많은 상업광고 가운데 하나이겠거니 지나쳤는데, 나중에 자세히 보니 큼지막한 카피 아래 이렇게 적혀 있었다.

지하철 승강장이나 열차 안에서 의심스러운 사람이나 물건을 보면, 혼자서만 알고 있지 말고 …… 테러 직통전화 1-888-NYC-Safe로 신고하십시오.

NEW YORK LIFE

한국식으로 바꿔보면 "수상한 사람을 보면 즉시 가까운 군부대나 경찰서로 신고하시오. 간첩신고는 국번 없이 113"쯤 될 것이다. "의심나면 다시 보고 수상하면 신고하자" 따위의 직설적 반공표어에 익숙했던 나에게 '뭔가를 봤다면 말하십시오' 식으로 에두르는 표현은 신선했다. 친구에게 이 슬로건이 멋지지 않냐고 묻자 그는 너무 많이 봐서 지겹다며 심드렁하게 웃어넘긴다. 그렇지만 나는 그렇게 넘어갈 수가 없었다.

그 캠페인 문구는 내 의식 한구석에 자리잡은 간첩이니 반공이니 하는 것에 대한 기억을 건드렸다. 어렸을 때 수없이 봤던 간첩신고 벽보 안의 반공표어들이 "If You See Something, Say Something" 위로 오버랩되었다. 학교 교실과 복도에서, 길거리와 공공장소에서 자주 부딪혔던 글귀들이 하나둘 떠올랐다. 반공 포스터와 표어를 만들기 위해 온갖 단어들을 끼워맞추며 끙끙대던 국민학생 시절이 뉴욕 한복판으로 소환되었다. 추억은 정겨웠지만 오싹하기도 했다.

뉴욕에도 동료시민들에게 의심의 눈길을 거두지 말라는 명령이 존재한다. 물론 '무찌르자 공산당'을 경험했던 사람의 과대망상일 수도 혹은 9·11 같은 테러 공격을 경험하지 못한 이방인의 과장된 문제의식일 수도 있다. 한국인들이 예전에 간첩을 잡기 위해 매달렸던 것처럼 테러리스트를 발본색원해 때려잡아야 한다는 강박적 생각을 하는 뉴요커는 그리 많지 않아 보였기 때문이다. 그럼에도 그 슬로건은 2001년 9월 11일 이후 미국 사회의 한 단면을, 뉴욕이라는 도시가 안고 있는 불안을 내비추고 있었다.

테러와의 전쟁, 일상의 변화

21세기의 첫 세계적 사건이었던 9·11은 뉴요커의 일상을 바꾸었다. 테러 방지를 목적으로 더 많은 감시카메라가 설치되었고, 지하철역 같은 공공장소와 길거리에 더 많은 경찰이 배치되었다. 무장경찰을 보는 일도 흔해졌고, 지하철역이나 그 주변을 서성이며 사진을 찍다가 테러 정보를 수집하는 것으로 오해받아 조사받는 경우도 종종 발생했다.

뉴욕 경찰은 2005년부터 지하철 입구에서 시민들의 가방을 수색하기 시작했다. 테러를 방지하기 위해서라고는 하지만 사적인 물건을 경찰에게 보여줘야 하는 일이 즐거울 리 없다. 개인의 자유를 심각히 침해한다며 반발하는 시민들도 있었지만 뉴욕 경찰은 테러 방지라는 명분으로 가방수색을 계속했다.[107] 하지만 지난 몇 년간 단지 몇몇 큰 지하철역 입구에서 산발적으로 이루어지는 가방수색에 걸려든 테러리스트는 없었다. 물론 그런 멍청한 테러리스트는 앞으로도 없을 것이다.

시민들의 공포에 대한 감각에도 변화가 생겼다. 한국전쟁을 경험한 한국인들이 끔찍한 일을 당했을 때 '전쟁 난 줄 알았다'며 놀라움을 표현하는 것처럼, 9·11은 뉴요커들이 생각하는 가장 끔찍한 경험의 기준이 되었다. 그날은 사랑하는 가족과 친구를 잃은 날, 몇 시간씩 가족의 생사를 알 길이 없어 가슴 졸였던 날 그리고 맨해튼 남부에 높이 솟았던 쌍둥이 빌딩이 주저앉는 것을 보았던 날이었다. 뉴요커들의 의식 속에서 2001년 9월 11일은 두 번 다시 겪고 싶지 않은 두려운 날이다. 뉴욕 시민들은 이제 재난사고라도 나면 그날을 떠올리며 가슴을 쓸어내린

다. 실제 2007년 여름 맨해튼 한복판에서 낡은 스팀파이프가 폭발하는 사고가 일어났을 때 사람들의 첫 반응은 하나같이 '또다시 테러가 일어난 줄 알았다'였다.

적은 당신 곁에 있다

미국 정부는 9·11 테러 공격에 분노한 국민들에게 세계 최강대국의 위력을 보여주었다. 미군은 아프가니스탄 탈레반 정부에 즉각적 보복 공격을 감행했다. 대중선동 기관 같았던 미국 정부는 또다른 9·11이 언제든지 다시 일어날 수 있다며 시민들의 공포와 두려움을 확대 재생산했다. 부시 대통령을 비롯한 많은 보수정치인은 대중연설이나 인터뷰에서 미국인이 9·11이 어떤 의미인지 이해해야 한다고 강조했다. 그들은 9·11의 희생자들을 언급하면서 미국을 공격한 적이 누구인지 상기시키려고 했다. '잊지 말자 6·25'처럼 미국 본토를 공격한 이들이 누군지, 그 테러리스트들 때문에 어떤 고통을 당했는지, 그날이 얼마나 끔찍했는지 절대 잊어선 안 되었다.

시민들의 일상 속에서도 두려움을 확산시킬 기제들을 만들 필요가 있었다. 부시 정부는 테러와의 전쟁을 선언하면서 그 적이 바로 당신 곁의 사람일 수 있다고 강조했다. 2002년 법무부 장관이었던 존 애시크로프트는 '테러리스트들에 대한 핵심적 방어전선 a vital line of defense against terrorists'을 구축해야 한다고 말했다.

이 새로운 전쟁에서 적군은 관광객이나 학생, 노동자들과 조용히 뒤섞여 국경을 넘어오고 있다. 그들은 우리 모르게 마을과 도시, 공공장소를 옮겨다닌다. 그들은 제복을 입고 있지 않다. 그들은 숲속의 초록이 아니라 평범한 거리의 옷 색깔 속에 몸을 숨긴다. 그들의 전략은 국경에서 자신들이 인지될 수 있는 상황을 교묘히 피하는 것이고, 미국 내에서는 발각되지 않기 위해 노력하는 것이다. 테러리스트로서의 그들의 임무는 미국을 패배시키는 것, 그리고 우리의 가치를 파괴하고 죄 없는 사람들을 죽이는 것이다.[108]

마치 한국전쟁 당시 '예비검속'을 통해 빨갱이 사냥을 했듯, 9·11 이후 부시 행정부는 미국 사회의 가치를 파괴하고 무고한 시민을 죽일 수 있는 잠재적 내부의 적을 찾아나섰다. 문명화된 정글 속에 숨은 적은 이민자들, 그중에서도 특히 아랍인과 무슬림이었다. 미국 행정부와 치안기관은 이들을 아주 쉽게 이슬람 극단주의자들과 동일시했다. 존 애시크로프트의 주장은 '국가안보출입국등록제' 일명 '특별등록제'라는 프로그램으로 구체화되었다.

이 프로그램이 실행되자 미 정부가 지정한 25개국에서 온 16세 이상 비시민권자 성인남성들은 의무적으로 이민국 사무소에 가서 신고해야 했다. 이들은 지문을 채취당했고, 사진을 찍혔고, 담당자들로부터 신변사항에 관해 심문받았다. 변호사의 접견은 금지되었다. 북한을 제외하면 모두 이란, 이라크, 레바논처럼 국민 다수가 무슬림인 국가였다. 그러나 2002년 11월부터 2003년 5월까지 자발적으로 등록한 8만 명 이상의 사람들 중에서 테러조직과 관련된 범죄로 기소된 사람은 단 한 명도

없었다.[109] 미 정부는 이민법을 위반했다는 이유로 1만3천여 명 이상에게 추방을 명령했다. 평상시 같으면 추방명령까지 되지 않았을 사소한 위반조차 추방사유가 되었다.

'테러와의 전쟁A War on Terror'을 통해 국가는 적을 일상에 편재하는 존재로 만들었다. 스티븐 그레이엄은 9·11 이후 부시 정부가 테러와의 전쟁을 수행하는 동시에 일상적 도시공간의 안보화를 추구하고, 국가가 보호해야 할 국토의 실제적·가상적 경계를 재설정했다고 이야기한다. 국가는 시민을 외부의 공격으로부터 보호한다는 명분으로 국토안보를 강조했고, 미국 안에서 적과 시민을 구분하는 경계를 통해 내부전선을 만들어냈다. 그 과정에서 시민들의 일상공간과 신체를 위협할 수 있는 모든 잠재적인 것이 적으로 규정되었다. 그래함은 또 단일하고 순수한 미국 혹은 미국인이라는 담론이 이런 전선을 명확히 하는 역할을 했다고 지적한다. 9·11 희생자들의 인종적·민족적 구성이 다양했음에도 불구하고 미국 주류언론은 이들의 정체성을 오직 테러에 희생당한 애국적 미국인들로 규정했다는 것이다.

테러와의 전쟁은 도시 일상생활 체계를 더욱 내밀한 감시시스템의 통제 아래 놓이게 했다. 감시카메라, 체크포인트, 대중교통시설의 감시 강화, 테러 공격을 방어하기 위한 건물 디자인과 사회정책 등이 시민들의 일상적 경험세계를 바꾸어놓았다. 무엇보다 9·11 이후 국가와 미디어는 일상공간 속에서 영구적 두려움을 만들어내려고 했다. "주차된 밴 승용차, 지연되는 지하철, 흰 가루가 든 봉투, 이상한 봉투를 든 사람, 아랍인처럼 생긴 사람, 독감, 낮게 나는 비행기, 정전 …… 컴퓨터 바이러스, 지하철 탈선" 등 일상에서 벌어지는 작은 해프닝이나 사건이 모두 테러와 연관된다.[110] 이 모든 것이 반공감시 사회에서 어린 시절을 보낸 내게는 낯설지 않은 이야기다.

테러와의 전쟁? 시민의 자유에 대한 테러

2003년 뉴욕주 대중교통 담당기관 MTA이 시작한 "뭔가를 봤다면 말하십시오" 캠페인은 이렇게 속삭인다. 당신 주위에 당신과 당신의 친구와 가족의 안전을 위협하는 테러리스트가 있을 수도 있다. 수상한 것이 있으면 신고해라. 처음으로 미국 본토가 공격받았던 9·11 이후, 미국의 보수정치 세력은 이제 적들은 자유민주주의 같은 미국적 가치뿐 아니라 당신의 일상 전체를 파괴할 수 있다고 노골적으로 외치기 시작했다.

"뭔가를 봤다면 말하십시오"이라는 슬로건은 핵심을 비켜가지 않으면서도 에두르는 솜씨가 상업광고 못지않게 날렵하다. 명령하지만 강압적이지 않다. 대부분의 시민은 그 캠페인에 무덤덤하게 반응한다. 실제로 뉴요커들의 테러에 대한 두려움은 점점 희미해진다. 2008년 CNN 설문조사에 따르면 '수주 이내에 또다른 테러리스트 공격이 있을 것'이라고 생각하느냐는 질문에 응답자의 35퍼센트가 '매우 그렇다' 혹은 '그렇다'라고 답했다. 2002년 같은 질문에 60퍼센트의 응답자가 이 대답을 한 것에 비해 현격히 감소한 수치다. 이는 2001년 9월 11일 이후 가장 낮은 수치이기도 하다.[111]

그러나 명령하는 자와 명령받는 자 사이의 긴장관계가 느슨하지만

은 않다. 명령은 사회적 이데올로기 체계 안에서 제 기능을 하고 있다. 미국 사회에서 '의심스러운 사람'으로 규정된 이들은 팽팽한 긴장감을 가지고 이와 마주해야 한다. 시민들 사이에 불균등한 긴장관계를 만들어내는 것, 그것이 바로 이 슬로건이 권력에 제공하는 효용이다. 뉴욕에 사는 한 무슬림 여성은 지하철 안에서 "뭔가를 봤다면 말하십시오" 캠페인 광고 근처에 앉았을 때 느꼈던 기분을 다음과 같이 표현했다.

> 금융지구에서 퀸스에 있는 집으로 가기 위해 R선 트레인을 탄 동안 그 단어들이 나를 내려다본다. 겨우 시선을 돌려본다. 사람들의 시선의 무게가 나를 짓누르고 있음을 느낀다. 안절부절 못하기 시작한다. 내가 그렇게 불편해야 할 이유는 없을 것이다. 하지만 거기 앉아 있는 동안 나는 끔찍한 공포를 느꼈다.[112]

그녀는 자신의 전쟁지역에는 탱크나 폭격기 대신 상징으로 가득하다고 말한다. 9·11 이후 더욱 많은 곳에서 휘날리는 성조기나 시민들에게 수상한 사람을 신고하라고 독려하는 "뭔가를 봤다면 말하십시오" 같은 슬로건이 매일매일 부딪히며 싸워야 하는 것들이다. 그 무슬림 여성은 지하철 안에서 코란을 읽고 있었을 때 한 남자로부터 "당신 때문에 많은 사람이 불편해하고 있다"라는 말을 들었던 경험을 이야기하며, 대부분의 사람이 자신이 무엇과 싸우고 있는지 모른다고 이야기한다. 테러와의 전쟁은 아프가니스탄에서만 수행되지 않았다. 그것은 미국 내에서 시민들의 일상에서도 수행되고 있다. 다만 대다수가 인지하지 못하도록 국가안보의 강화라는 외피 아래 이루어질 뿐이다.

이 무슬림 여성이 뉴욕 지하철 안에서 느꼈던 감정은 결코 과장된 것이 아니다. 9·11 직후 미국에서 아랍인과 무슬림에 대한 적대적 정서가 확산되면서 이들에 대한 증오범죄도 늘어났다. 뉴욕도 예외는 아니다. '히잡(Hijab, 이슬람식 베일)'을 머리에 두른 여성이 공격당하기도 했고, 모스크(이슬람 사원)에 폭발위협도 있었다. 미국과 이스라엘이 중동에서 벌이는 전쟁에 반대하는 의미에서 영어와 아랍어로 쓰인 "우리는 침묵하지 않을 것이다"라는 티셔츠를 입었던 한 아랍계 학생은 JFK국제공항에서 다른 승객들에게 불편을 준다는 이유로 옷을 갈아입을 것을 요구받기도 했다.

치안기관들은 시민의 불안과 두려움에 기대어 '대테러정책'을 강화했다. 뉴욕 경찰은 무슬림 커뮤니티에 대한 감시와 사찰을 강화했다. 모스크나 무슬림이 운영하는 상점에 대한 순찰과 정보수집 활동을 늘리는 한편, 커뮤니티 내의 동향을 면밀히 살피기 위해 비밀정보원을 고용하기도 했다. 친한 친구나 친척이 경찰의 끄나풀이 되어 자신들의 말과 행동을 보고할 수도 있는 상황이 되었다. 무슬림 커뮤니티의 구성원들은 분노했지만 그들의 목소리에 호응해주는 이는 그렇게 많지 않았다.

2004년 뉴욕 경찰은 맨해튼 34번로의 헤럴드광장역을 폭파하려는 계획을 미리 탐지하고 브루클린에 거주하던 두 명의 테러리스트를 체포했다. 주범은 샤하라 마틴 시라시라는 당시 22세의 파키스탄 이민자였다. 하지만 그는 알카에다 같은 이슬람 테러단체와 연관되어 있기는커녕 경찰이 고용한 비밀정보원을 통해 소위 '빨간물'이 들어 폭파계

LAST YEAR 1,944
NEW YORKERS SAW
SOMETHING AND
SAID SOMETHING.
Thank you for keeping your eyes and ears open.
And not keeping your suspicions to yourself.
SEE SOMETHING, SAY SOMETHING.
Tell a cop or an MTA employee. Or call
1-888-NYC-SAFE
Metropolitan Transportation Authority

THERE ARE 16 MILLION EYES IN THE CITY.
WE'RE COUNTING ON ALL OF THEM.
IF YOU SEE SOMETHING, SAY SOMETHING.
Tell a cop, an MTA employee or call 1-888-NYC-SAFE.
SubTalk
New York City Transit

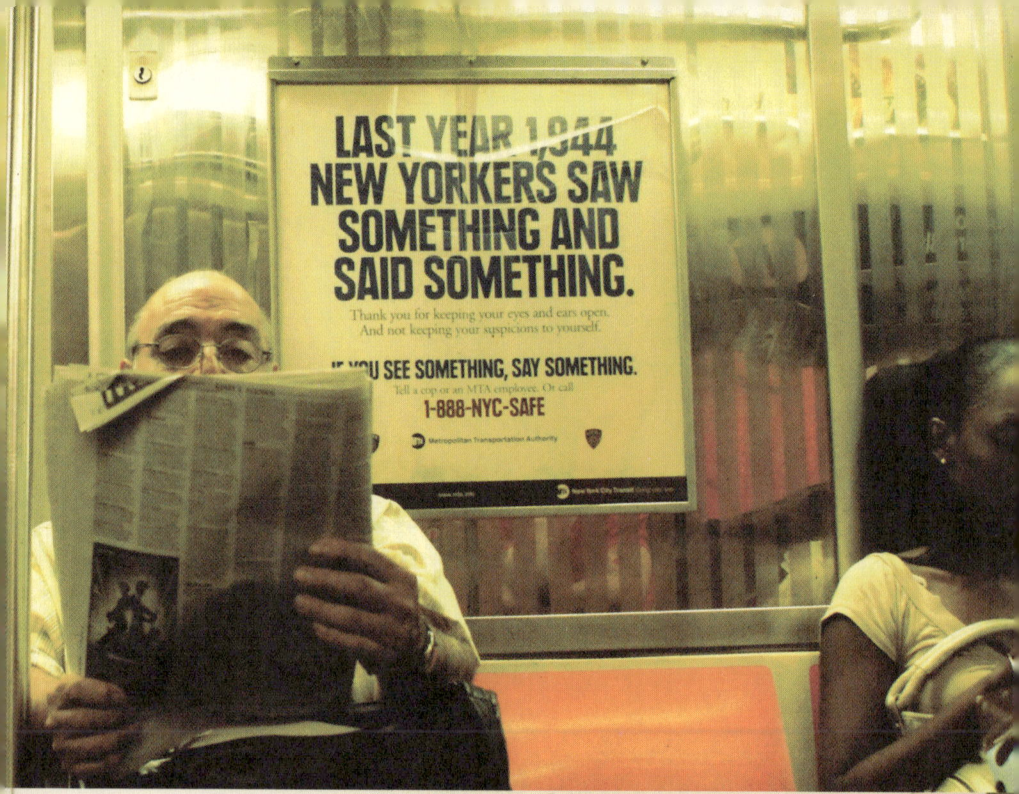

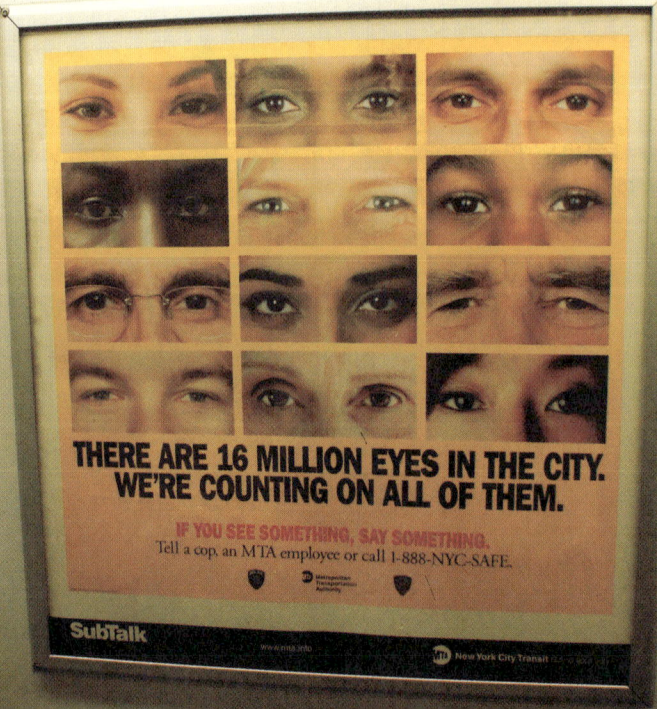

획을 세운 것이었다. 심지어 폭파계획을 먼저 제안한 것도, 그리고 폭발물과 가방을 제공하겠다고 약속한 것도 그 정보원이었다. 시라시의 변호사 말에 따르면 그는 알카에다처럼 무시무시한 테러리스트가 아니라 세상물정 모르고 판단이 미숙한 젊은이였다. 뉴요커들의 가슴을 철렁하게 했던 시라시가 체포된 것은 대통령 후보를 지명하는 공화당 전당대회가 뉴욕에서 열리기 전날 밤이었다. 수십만 명의 시민이 부시의 이라크전쟁에 반대해 거리로 나왔던 전당대회 기간에 1806명이라는 미국 전당대회 시위 역사상 가장 많은 사람이 체포되었다.

치안기관의 대테러정책을 정당화할 수 있는 체계적 연구도 함께 진행되었다. 2007년 뉴욕 경찰은 미국 문화와 가치에 동화되지 않은 무슬림이 극단주의에 경도될 가능성이 높다는 연구결과를 담은 보고서를 발표했다. 그 보고서는 네 단계의 급진화 과정(예비급진화 pre-radicalization / 자기동일시 self-identification / 세뇌 indoctrination / 성전화 jihadization)을 제시하며 테러리스트를 분쇄하기 위해서는 평범한 무슬림이 어떻게 급진적으로 되는지 이해하는 것이 중요하다고 주장했다.[113] 모든 아랍인과 무슬림이 잠재적 범죄자로 취급당했다. 9·11이후 아랍인과 무슬림을 잠재적 범죄자로 취급하는 분위기가 확산되면서 이들에 대한 인종 프로파일링이 늘어났다. 미국 사회에서 인종 프로파일링의 주요 대상은 흑인이나 히스패닉이지만, 이들에 대한 인종 프로파일링은 인종차별이 만연한 미국 사회의 제도적 모순으로 인식된다. 반면 아랍인과 무슬림에 대한 인종 프로파일링은 테러방지를 위한 정당행위로 이해된다. 많은 미국인이 공항 같은 시설에서 안보에 위협을 줄 수 있다고 여겨지는 자

들, 특히 중동이나 남부아시아에서 온 사람들을 철저히 검색하는 것에 찬성한다.[114]

'우리 미국인' 이란 정체성에서 벗어나기

보수언론이나 단체들도 무슬림과 아랍인에 대한 공격에 가세했다.★ 대표적인 것이 아랍어를 제2외국어로 가르치는 미국 최초의 공립학교 '칼릴 지브란 인터내셔널 아카데미'를 둘러싼 논란이었다. 아랍어를 가르치는 데 거부감을 가진 보수언론과 일부 지역주민들은 이 학교의 창립자이면서 초대 교장인 데비 알먼타서를 이슬람 극단주의자로 몰아가며 마녀사냥을 벌였다. 뉴욕의 가장 대표적인 보수신문 『뉴욕 포스트』는 '아랍여성미디어예술행동Arab Women Active in Art and Media' 이라는 단체가 제작 배포한 티셔츠에 새겨진 문구 "인티파다 뉴욕시"가 뉴욕에서 팔레스타인 가자 스타일의 봉기를 호소한다고 비난했다. 또 그 단체와 같은 사무실을 사용하던 단체의 위원회 멤버였던 데비 알먼타서가 그와 관련이 있다며 논란의 불을 지폈다. 보수세력은 그녀를 폭력과 봉기를 조장하는 교육자로 규정했다. 그러나 지역 내에서 여성들의 권리와 리더십 강화를 목적으로 활동하던 이 아랍 여성단체는 '동요,

---

★ 유명한 보수논객 데이비드 호로비츠는 〈폭스 뉴스〉에 출연해 대학 무슬림 학생단체들이 테러리스트와 관련되어 있다고 주장해 논란을 일으켰다. 'Fair'라는 비영리단체가 발간한 보고서는 9·11 이후 보수논객들이 어떻게 신문이나 방송, 책 등에서 '이슬람 혐오(Islammophobia)'를 부추기는지 분석한다 ("Smearcasting: How Islamophobes spread fear, bigotry and misinfomation", *FAIR October 2008 report* 참조).

제거, 거절shaking off' 등을 의미하는 인티파다는 여러 맥락에서 쓰이는데, 티셔츠의 '인티파다 뉴욕시'는 억압에 대한 아랍 여성들의 저항, 투쟁을 의미한다고 주장했다.

2007년 8월, 알먼타서는 미국 사회에서 아랍 문화에 대한 이해의 폭을 넓히겠다는 꿈을 접고 사임했다. 첫 학기가 시작되기 직전이었다. 뉴욕 시장 블룸버그는 그녀가 테러리스트가 아닌 것은 분명하지만, 사임결정을 환영한다고 밝혔다. 뉴욕 시장 또한 보수세력의 공격에 굴복하고 만 것이다. 보수논객 대니얼 파이프스는 『뉴욕 선』에 기고한 칼럼에서 아랍어와 아랍문화를 가르치는 것은 이슬람 극단주의에 물들 기회를 주는 일이라고 주장했다. 아랍어를 배운 이들은 쉽게 이슬람 극단주의자들의 책과 사상을 접할 수 있고, 결국 이는 미국 안보에 위협이 된다는 논리였다. 그는 데비 알먼타서에 대한 비판은 단지 더 큰 싸움을 위한 사소한 전투일 뿐이라며, 무슬림이 미국 내에서 팽창하는 것을 더 이상 방관하지 않겠다고 말했다.[115]

9·11 이후 미국에서는 이러한 극단적 보수세력의 목소리가 커졌다. 그들은 미국적 가치를 보존해야 한다고 주장하며 불법이민자와 이슬람 세력에 대한 강력한 제재와 공격을 요구했다. 그들은 오직 '우리 아메리칸We American'이 세상을 바라보는 것만이 옳다고 말한다. 이들에게 미국적 가치를 수용하지 않는 이들은 마땅히 제거되어야 하는 존재다. 마치 한국의 극우세력에게 온 세상이 사냥해야 할 '빨갱이'로 가득 차 있는 것처럼 미국의 극우세력에게도 세계는 미국의 가치와 안보를 위협할 잠재적 '테러리스트'가 득실거리는 곳이다.

미국 역사에는 언제나 미국적 가치를 파괴한다고 여겨지던 '그들'이 있었다. 인디언, 흑인, 가톨릭 이민자, 무정부주의자, 일본계 미국인, 공산주의자들이었다. 9·11 이후 그 목록에 아랍인과 무슬림이 추가되었다. 미국의 진보세력과 인권운동가들은 9·11 이후 아랍인과 무슬림이 당한 구금과 추방을 제2차 세계대전 당시 격리수용되었던 일본계 미국인의 상황과 비교했다. 또한 무슬림과 아랍인을 이슬람 극단주의와 동일시하는 사회적 분위기가 매카시즘 당시의 광기어린 빨갱이 사냥 같다고 언급했다.

9·11 이후 미국 연방정부는 '애국자법'을 통해 FBI와 NSA가 광범위한 초법적 권위를 가지도록 했다. 이들은 은행과 통신회사에 요구해 시민들의 신용정보와 통신정보를 열람할 수 있고, 도서관 대출목록과 서점에서의 책 구입목록도 추적할 수 있다. 테러 조직과 연관성이 있다고 '의심' 되는 사람을 영장 없이 무제한 구금하는 것도 가능해졌다. 정부에 비판적인 사람들 혹은 단지 테러용의자들과 같은 이름이라는 이유만으로 테러리스트 감시목록에 포함되기도 했다.[116] 시민을 보호하고 국가안보를 강화한다는 명목으로 수행된 부시 정부의 테러와의 전쟁은 사실 '시민의 자유에 대한 전쟁A War on Civil Liberties'이었다. '우리 미국인'의 안전과 가치를 위해 '그들'을 배제하고 차별하는 싸움이었다.

소설가 폴 오스터는 어느 인터뷰에서 "뉴욕이 미국으로부터 떨어져 나와 독립적 도시국가가 되는 것을 보고 싶다"라고 말했다. 그만이 아니라 뉴욕에 애정을 가진 많은 이들의 바람이기도 하다. 미국을 특별하고 예외적인 국가라고 생각하는 '미국 예외주의'가 있다면, 다른 문화에 대해 오만하고 배타적인 미국인과 달리 자신들은 기꺼이 다른 사람들을 받아들이고 다양성을 존중할 줄 안다는 것을 자랑스럽게 내세우는 '뉴욕 예외주의'도 있다. 그래서 뉴욕에 사는 사람들은 '아메리칸' 보다는 '뉴요커'라고 불리기를 원하고, 제국의 국민보다는 관용이 살아 있는 뉴욕의 시민이 되고 싶어 한다. 이들은 이민자와 이방인에 대한 관용의 정신이 뉴욕을 뉴욕답게 만드는 힘이라고 말한다. 그러나 '뉴욕다움'은 계속 사라지고 있다. 한 공연에서 부시 행정부를 풍자하던 코미디언이 이렇게 말했다. "이제 더이상 뉴욕을 사랑할 수 있을지 모르겠다. 뉴욕이 점점 아메리카처럼 되어가고 있기 때문이다." 청중들은 오래된 농담 같은 그 말에 웃음을 터뜨렸다. 뉴요커로서의 자부심과 미국인으로서의 자괴감이 뒤섞인 씁쓸한 웃음이었다.

주류언론의 위선을 '보도'하는
짝퉁 뉴스앵커

저널리스트가 아닌 저널리스트

존 스튜어트는 짝퉁 뉴스 진행자 a fake news anchor 다. 그는 미국의 케이블채널 '코미디센트럴'에서 뉴스 포맷을 흉내낸 〈존 스튜어트의 데일리 쇼〉를 진행한다. 스튜어트는 월요일에서 목요일까지 밤 11시부터 30여분 동안 진행되는 이 쇼에서 뉴스앵커처럼 데스크에 앉아 갖가지 표정을 지으며 세상사를 들추어낸다. 〈데일리 쇼〉는 실제 뉴스 프로그램과 마찬가지로 아프가니스탄전쟁, 건강보험 개혁 등 미국 사회의 중요한 시사현안을 다루기도 한다. 스튜어트가 프로그램에서 진행자 역할을 하는 동안 다른 코미디언 출연자들은 현장특파원처럼 보도하는 척하거나 거리에서 실제로 시민들을 인터뷰한다. 또한 〈데일리 쇼〉는 매회 가수, 배우 같은 대중문화 스타나 정치인, 관료, 학자, 기자 등을 초대해 꽤 진지한 대화를 나눈다. 물론 풍자와 해학을 목적으로 하는 짝퉁 뉴스답게 '보도'보다는 시청자에게 웃음을 주는 데 초점을 맞춘다.

존 스튜어트가 미국에서 가장 웃긴 코미디언인지는 모르겠지만, 가장 영향력 있는 코미디언인 것은 분명하다. 자신은 저널리스트가 아니라고 말하는 그에게 사람들은 한사코 저널리스트라는 꼬리표를 붙이려고 한다. 스탠딩 코미디언 출신인 그는 자신은 사람들을 웃기는 "춤추는 원숭이"이고, 〈데일리 쇼〉는 기껏해야 신문의 한 컷짜리 만평 같은 구실을 할 뿐이라고 말한다. 스튜어트를 포함해 〈데일리 쇼〉 제작진들은 전문적 저널리즘 교육을 받은 적도, 저널리즘 분야에서 일한 경험도 없다. 그는 앞으로도 저널리즘 경력이 있는 사람들과 같이 일하지 않을 것이라고 말한다. 자신들의 쇼에는 보도와 분석을 목적으로 하는 저널리즘보다 유머감각이 더 중요하다고 생각하기 때문이다. 객관성과 공정성을 강조하면서도 편파적이고 왜곡을 일삼는 현실의 저널리즘은 실제 뉴스 프로그램을 주로 풍자하는 그들에게 아무짝에도 쓸모없을 뿐이다.

존 스튜어트가 〈데일리 쇼〉에서 펼쳐 보이는 장기는 예컨대 이렇다. 먼저 제작진은 〈폭스 뉴스〉 채널의 뉴스클립을 분석하고, 동일한 사건에 대해 그들의 입장이 어떻게 바뀌는지 추적한다. 그리고는 〈폭스 뉴스〉의 여러 장면을 적절히 편집해 말을 손바닥 뒤집듯이 바꾸는 뉴스 진행자들의 모습을 보여준다. 스튜어트는 이때 촌철살인의 한마디를 날

란다. "Fuck You!" 그는 시청자들의 속이 시원해질 만큼 큰소리로 '퍼어큐우'라고 내뱉는다. 방송에서 금지된 말이기 때문에 '삐이이' 하는 기계음이 울리지만, 시청자들은 웃으면서 중얼거린다. "퍼어큐우!"

〈데일리 쇼〉의 코미디는 NBC의 〈투나잇 쇼〉의 진행자 제이 르노나 CBS의 〈레이트 쇼〉의 진행자 데이비드 레터먼이 우스갯소리를 통해 정치인들을 꼬집고 넘어가는 것과는 다르다. 스튜어트는 정치인들의 수사, 정부의 정책, 미디어의 보도행태 등을 구체적으로 분석하고 풍자한다. 〈데일리 쇼〉는 이라크전쟁에 대한 부시와 관료들의 모순적 말들, 시시각각 바뀌는 텔레비전 뉴스 진행자들의 말들을 몽타주로 편집해 배치함으로써 텍스트들이 서로 충돌하도록 한다. 스튜어트는 중간중간 과장된 표정과 말로 텍스트들 사이의 모순을 웃음으로 전이시킨다. 이 과정에서 말의 찌꺼기들은 갑자기 웃음의 원료로 전환되고, 다시 웃음은 사회적으로 중요한 문제들을 대중에게 환기시키는 역할을 하게 된다.

〈데일리 쇼〉의 전략은 미국에서 가장 보수적 뉴스채널 〈폭스 뉴스〉의 전략을 정확히 뒤집는 것이다. 〈폭스 뉴스〉는 주로 민주당이나 진보적 정치인들의 말을 뚝 잘라 다른 맥락에 위치시키는 방식으로 사실을 왜곡하고 과장한다. 그리고 초대손님이나 출연자들이 뉴스 진행자의 주장을 반박이라도 할라치면 갑자기 화면을 끊거나 "닥쳐"라는 말도 서슴지 않고 외친다. 〈데일리 쇼〉는 〈폭스 뉴스〉가 탈맥락화한 텍스트를 원래 자리로 되돌려 놓고, 그들의 말이 얼마나 비논리적인가를 역추적해 보여준다. 이 과정이 〈데일리 쇼〉가 시청자들에게 주는 재미다. 물론 이것을 이해하기 위해서 약간의 정치적 지식과 시사 이슈를 이해하는 능력이 필요하지만 그다지 어렵지는 않다. 〈데일리 쇼〉의 단골 먹잇감이 되는 뉴스채널의 보도와 정치인들의 말이 스스로 모순을 드러내기 때문이다. '공정하고 균형 있는 뉴스채널'을 지향하는 〈폭스 뉴스〉의 왜곡은 '정확한 신문, 공정한 신문, 신뢰받는 신문'을 추구한다는 국내의 어느 신문만큼 노골적이지만 그 만큼 교묘하지는 않다.

미국 젊은이에게 가장 인기 있는 뉴스 〈데일리 쇼〉

〈데일리 쇼〉는 미국에서 가장 인기 있는 케이블 프로그램 중 하나다. 미국 사회와 정치인, 언론들의 위선을 적나라하게 까발리며 웃음을 주는 이 쇼의 열광적 시청자는 젊은층이다. 하루의 일을 마치고 집에 돌아와 〈데일리 쇼〉에 채널을 맞추고 웃다 보면 팍팍한 일상을 잠시 잊게 되고, 미친 것 같이 돌아가는 세상을 이리저리 뒤집어놓는 스튜어트의 말에 카타르시스마저 느끼게 된다. 한국 상황에 빗대자면 그의 입담은 인터넷 방송에서 활동하던 시절의 김구라에 비길 만하고, 신뢰도는 국민 아나운서 손석희 급이다. 야인시절의 김구라가 격한 말을 섞어가며 대통령의 말과 뉴스 보도를 잘근잘근 씹어대는데, 시청자들은 그를 국민 아나운서 손석희처럼 생각하는 것이다.

1999년부터 방송된 〈존 스튜어트의 데일리 쇼〉는 2000년대 '데일리 쇼 현상'이라고 불릴 만큼 큰 인기를 얻으며 영향력을 행사했다. 2004년 여론조사기관 PEW 연구센터가 내놓은 보고서에 따르면, 18~34세 젊은이 중 21퍼센트가 〈데일리 쇼〉, 〈새터데이 나이트 라이브〉와 같은

코미디 프로그램으로부터 정기적으로 대통령 선거에 관한 정보를 얻는다고 답했다. 이는 NBC 등의 네트워크 뉴스로부터 정보를 얻는다고 답한 23퍼센트에 거의 육박하는 수치였다. 〈데일리 쇼〉는 미국 정치에서 무시할 수 없는 프로그램이었다. 이를 보여주는 가장 대표적인 사건은 2003년 존 에드워드 상원의원이 〈데일리 쇼〉에서 민주당 대통령 후보 경선 출마를 공식적으로 밝힌 일이다. 유력 정치인이 코미디 프로그램에서 대선 도전을 밝힌 것은 유례가 없었다. 2004년 민주당 경선에 출마한 모든 이가 〈데일리 쇼〉에 출연했으며, 공화당과 민주당은 이 프로그램을 전당대회에 공식 초청했다. 2003년 〈뉴스위크〉는 존 스튜어트를 2004년 대통령 선거에 가장 큰 영향력을 미칠 인물 중 한 명으로 꼽았

NEW YORK LIFE

고, 2004년 CBS 뉴스는 "다가오는 대통령 선거에서 누가 이기든 간에 지금까지 존 스튜어트가 가장 큰 승자다"라고 보도했다.[117]

젊은층이 전통적 뉴스 보도 프로그램 대신 〈데일리 쇼〉와 같은 코미디 프로그램 시청으로 정치나 시사 정보를 얻는 현상에 대해 언론학계의 분석도 활발하다. 새로운 매체의 등장, 매체 이용방식의 변화, 전통적 매체의 뉴스 보도기능 약화와 질적 하락, 정치와 사회문제에 관한 무관심 증가 등이 원인으로 지적된다. 가장 손쉬운 설명은 젊은층이 정치에 무관심하다고 비판하는 것이다. 이를 반박하는 주장은 젊은층이 뉴스보다는 대중문화를 통해 세상에 대한 정보를 얻고 정치를 이해한다는 것이다. 어느 것이 옳든 간에 〈데일리 쇼〉는 객관적 보도를 중요하게 생각하는 전통적 저널리즘과 오락에 초점을 맞추는 코미디 프로그램의 경계를 무너뜨렸다. 주류 저널리즘의 비판의 칼은 무뎠으며, 기존 코미디 프로그램의 풍자는 구체적인 비판까지는 나아가지 못했었다. 그런데 〈데일리 쇼〉가 날카로운 문제의식과 직설화법으로 현실을 분석하고 풍자함으로써 뉴스의 비판 역할까지 한 것이다.[118]

젊은층에 미치는 스튜어트의 영향력은 지금도 여전하다. 2007년 미국에서 가장 존경하는 저널리스트를 묻는 설문조사에서 그는 30세 이하 젊은이들로부터 6퍼센트의 지지율을 얻어 〈폭스 뉴스〉의 보수적 뉴스진행자 빌 오라일리와 함께 공동 1위에 올랐다. 또한 모든 연령층을 대상으로 한 전체 순위에서는 CBS의 뉴스앵커였던 댄 래더, NBC의 뉴스앵커 톰 브로코 등 미국의 내로라하는 앵커들과 함께 공동 4위를 차지했다. 그는 또 2009년 전설적 뉴스 진행자 월터 크롱카이트가 사망한

직후 『타임』지가 인터넷에서 조사한 "누가 가장 신뢰할 만한 뉴스맨인가"라는 물음에서 44퍼센트를 얻어 NBC, ABC, CBS 등의 실제 뉴스앵커들을 압도적으로 앞섰다. 이런 스튜어트의 막강한 인기 때문에 정치인과 유명인사들은 〈데일리 쇼〉를 그냥 지나치지 못한다. 지난 미국 대통령 대선기간에는 오바마와 맥케인도 〈데일리 쇼〉에 출연했다. 그들은 이 쇼에 나와 난감한 질문을 받더라도 젊은층의 웃음 코드를 공유한다는 것을 보여주는 일이 친근한 이미지를 구축하는 데에 훨씬 유리하다는 사실을 알고 있었다.

주식을 사라고 윽박지르는 미디어와 〈데일리 쇼〉

2009년 초 〈데일리 쇼〉는 경제뉴스 채널 CNBC의 인기 프로그램 〈매드머니〉의 진행자 짐 크레이머를 공격했다. 베어스턴스 같은 대형 금융회사들이 무너지기 전까지 시청자들에게 공격적 투자를 독려하며 월스트리트를 예찬했다가 금융위기 이후 주눅이 든 크레이머를 〈데일리 쇼〉가 그냥 지나칠 리 없었다. 존 스튜어트는 늘 하던 대로 입에 거품을 물며 주식과 금융상품을 사라고 독려하던 크레이머와 기가 죽은 목소리로 누구나 실수할 수 있다고 항변하는 크레이머를 대비시켰다. 크레이머는 스튜어트가 자신의 말을 전체 맥락에서 떼어내 왜곡하고 있다며 〈데일리 쇼〉에 직접 모습을 드러냈지만, 스튜어트의 날카로운 추궁을 논리적으로 방어해낼 재간은 없었다.

스튜어트가 "당신은 은행들이 무슨 일을 벌이고 있는지 알았지? 하지만 그동안 시청자들에게 사라고만 권했어. 방송국 전체가 그랬지. 지금에 와서 이게 일생에 한 번 올까 말까 한 쓰나미와 같은 것이고, 전혀 예상조차 할 수 없는 일이 일어난 듯 말하고 있어"라고 다그치자 크레이머는 "프로그램에 출연한 많은 월스트리트 CEO들이 내게 거짓말을 했다"라는 군색한 변명을 늘어놓았다. 뒤이어 스튜어트는 "나는 당신이 금융을 오락으로 만들기를 원한다는 것을 알아. 하지만 그건 게임이 아니야"라고 지적하며 "당신과 나 모두 만병통치약 장수 snake-oil salesman 잖아"라는 말로 크레이머를 깎아내렸다. 미국 언론들의 표현을 빌자면 짐 크레이머는 "가톨릭 학교 학생"처럼 고분고분했고, "의회 소위원회에 출석한 증인"처럼 수세적이었다. 짐 크레이머가 〈데일리 쇼〉에 출연한 직후 〈데일리 쇼〉의 시청률은 20퍼센트가 상승했고, 〈매드머니〉의 시청률은 24퍼센트가 감소했다.

크레이머의 〈매드머니〉처럼 미국의 주류언론은 투기적 금융자본의 활성화에 주력해온 월스트리트와 시장논리의 확대를 지지하는 정치인들의 목소리는 여과 없이 전달하면서도, 금융 중심의 경제구조가 지닌 취약성과 그것이 가져올지도 모를 폐해를 지적해온 목소리에는 귀를 기울이지 않았다. 〈매드머니〉 같은 프로그램은 주식정보를 제공하고 투자를 독려하며 금융시장을 탄성과 한숨이 교차하는 게임의 장으로 만들었다. 존 스튜어트는 짐 크레이머에 대한 공격을 통해 언론이 견지해야 할 비판적 시각을 포기한 채 기업의 이해관계만 대변해온 미국 주류언론의 모습을 적나라하게 꼬집었다.

이처럼 미국 사회를 지배하는 미디어-대기업-보수정치의 동맹을 아

주 명쾌한 방식으로 비판하는 존 스튜어트를 보수세력이 눈엣가시로 여기는 것은 당연하다. 반면 비판적 저널리스트들은 스튜어트에 대한 젊은이들의 폭발적 관심과 지지를 보며, 미국 사회에 비판적 이성이 남아 있을지도 모른다는 희망을 가진다. 그러나 코미디 프로그램 〈데일리 쇼〉가 언론의 역할을 대신한다는 점은 미국 저널리즘의 무능과 태만을 보여준다. 그래서 미디어를 지배하는 대기업과 그와 궤를 같이하는 보수 저널리스트들은 자신들을 향한 비판의 날이 케이블 TV 프로그램이 만들어내는 웃음 속에 용해된다는 사실에 안도감을 느끼고, 비판적 저널리스트들은 코미디 프로그램이 언론을 대신한다는 사실에 자괴감을 느끼기도 한다.

존 스튜어트는 어느 자리에 가든 〈데일리 쇼〉가 코미디 프로그램이라는 점을 분명히 한다. 그는 정치나 시사 이슈에 관한 지식이 전혀 없는 이들이 〈데일리 쇼〉를 보며 그 웃음의 의미를 정확히 따라오기는 힘들다고 지적한다. 〈데일리 쇼〉의 정체성과 위상에 분명히 선을 긋는 스튜어트의 말은 사실 주류언론이 제 역할을 해야 한다는 비판이다.

짝퉁 뉴스 프로그램은 실제 뉴스와 정치인들의 말들을 기화로 삼아 대중의 피로를 풀어주지만, 실제 뉴스는 객관성과 공정성을 무기로 미국 사회에 대한 왜곡되고 편파적인 시각을 전달한다. 이런 저널리즘의 위기 속에서 〈폭스 뉴스〉의 진행자 빌 오라일리 같은 이들은 출연자들에게 "닥쳐"라고 말하며 호통을 치고, 코미디센트럴의 존 스튜어트는 짝퉁 뉴스쇼에서 미국의 정치인과 보수세력에 "닥쳐"를 외치고 "퍼우큐우"라는 말을 퍼부으며 주류사회의 위선을 '보도' 한다. 뉴스가 우스워지고 코미디는 더욱 웃기는 이런 '시추에이션' 속에서 뉴스와 코미디는 저널리즘으로서 서로 경쟁한다. 혹은 코미디로 맞붙는다.

존 스튜어트의 인기는 정치권력과 기업을 감시하기를 포기한 무능한 미국 언론의 현실을 보여주는 씁쓸한 풍경이다. 이는 우리 앞에 곧 닥칠 현실일지도 모른다. 보도와 분석을 하는 듯 보이지만 사실은 왜곡과 무시를 일삼는 한국의 주류언론의 행태는 존 스튜어트가 꼬집는 미국 언론의 모습과 별반 다를 바 없다. 아니, 어쩌면 우리의 현실은 더 암담할 수도 있다. 한국의 주류 보수세력은 '빵꾸똥꾸'라는 말을 정신분열증으로 몰 수 있을 만큼 꼼꼼한 '미디어 리터러시' 능력을 가졌다. 이들이 지금 한국의 언론 지형을 뒤흔들고 있다.

뉴욕의 커뮤니티 라디오 WBAI

할리우드에서 가장 정치적이었던 폴 뉴먼

    2008년 여름 어느 날, 뉴욕의 한 라디오 프로그램에서 진행자가 영화 〈내일을 향해 쏴라〉의 배우 폴 뉴먼에 대해 이야기하고 있었다. 이어 진행자는 청취자들에게 상업광고를 전혀 내보내지 않는 자신들의 방송국에 기부해달라고 요청하면서, 자기들은 이윤을 추구하는 기업과 폴 뉴먼 같은 유명인사로부터 돈을 받지 않는다는 말을 덧붙였다. 거대기업이나 유명인들의 '자선'이 아닌, 일반시민들의 자발적인 '참여'와 '기부'로 운영되는 그 방송국의 시스템을 강조하기 위한 이야기였다. 그는 기부를 통한 영향력 행사를 중요하게 생각하는 주류사회를 '비

판' 하기 위해 자선활동으로 유명한 폴 뉴먼을 언급한 것이다.

그 한마디로 폴 뉴먼은 졸지에 돈은 많지만 정치의식이 부족한 유명인사가 되어버렸다. 진행자는 노래 한 곡이 나간 뒤 바로 자신의 발언에 대해 사과했다. 폴 뉴먼이 미국의 대표적 진보주간지 중 하나인 『네이션』에 오랫동안 기부해온 사실을 말하며, 정치적 활동과 기부를 통해 사회에 헌신한 위대한 배우라고 칭송했다. 그는 왜 자신의 입에서 폴 뉴먼의 이름이 튀어나왔는지 모르겠다며, 몇 번이나 되풀이하여 폴 뉴먼에 대한 존경을 표했다. 아마도 노래가 나가는 동안 제작진의 지적이 있었거나 청취자의 항의전화를 받았던 모양이다.

그 일이 있고 나서 한 달쯤 뒤 폴 뉴먼은 뉴욕시 근교의 자택에서 세상을 떠났다. 뉴먼은 유기농 식품사업으로 성공한 사업가였지만, 단순히 돈만 많은 자선가로 여길 인물은 아니다. 그는 1960~1970년대 반전운동에 가담하고, 선거유세 지원이나 모금활동을 통해서 꾸준히 정치활동을 펼쳤다. 또한 민권운동과 여성 및 동성애자의 권리향상을 지지하고 핵무기와 군사주의에 반대한, 할리우드에서 가장 정력적으로 정치에 참여한 배우 중 하나였다. 닉슨 행정부가 만든 블랙리스트에 오른 '위험인물'이기도 한 뉴먼은 숨을 거두기 얼마 전에, "내 인생 최고의 영예는 그들의 적이 되었다는 것이다"라고 말하기도 했다.

99.5 정의와 평화의 커뮤니티 라디오

이번 장은 폴 뉴먼을 그저 그런 유명인사 중 하나로 지목했다가 사과

해야 했던 라디오 방송국인 'WBAI'에 관한 이야기다. WBAI(99.5 MHz)는 뉴욕시와 인근지역에서 들을 수 있는 FM '커뮤니티 라디오'다. 상업광고가 전혀 없으며, 청취자들의 자발적 회비납부와 기부로 운영된다. 그러나 결코 만만한 소규모 커뮤니티 라디오 방송국이 아니다. 엠파이어스테이트빌딩 꼭대기에 설치된 송신기를 통해 나가는 WBAI의 전파는 뉴욕시와 인근 뉴저지·코네티켓 지역의 2천만 명에 달하는 잠재적 청취자들에게 도달한다. 50여 년의 역사를 지닌 WBAI는 커뮤니티 라디오 역사의 첫 페이지에 등장하는 방송국이며, 전 세계 미디어 산업의 중심지인 뉴욕에서 한때 수십만의 청취자들이 즐겨 들었을 만큼 인지도도 높다.

프로그램의 면면은 뉴욕의 정체성만큼이나 개성이 넘친다. WBAI의 전파를 통해 방송되는 프로그램들은 재즈, 클래식, 언더그라운드 힙합, 명상, 연극, 문학, 예술 등에 관련된 주제뿐 아니라 건강과 의료문제, 도시세입자 문제와 생태, 환경, 노동, 교육, 여성, 법률, 동성애, 청소년, 이민자 등 정치·사회적 이슈까지 아우른다. 다양한 개인과 집단에 의해 만들어지는 커뮤니티 라디오의 특성상 모든 프로그램에 일관된 관점이 있지도 않다. 아메리칸 선주민에 관한 프로그램, 전 세계 흑인의 문화를 다루는 프로그램, 아이티와 쿠바의 정치에 관한 프로그램, 팬아시아 지역에 관한 프로그램, 진보적 유대인의 관점에서 만드는 시사 프로그램, 에스파냐어로 방송되는 뉴스 등 방송의 스펙트럼이 다양하다. 그중에는 9·11을 음모론으로 규정하는 진행자도 있고, 백인 지배사회를 거침없이 비판하는 흑인 내셔널리스트도 있다.

WBAI는 어떠한 의견이든지 자유롭게 말하고 공유할 수 있는 공간이라는 원칙 아래 운영된다. 그래서 상업논리에 의해 운영되는 주류언론이 소홀히 하는 지역사회의 문제들과 소외받는 집단·인종·계층의 목소리를 대변하는 프로그램이 많다. 2008년 10월 뉴욕에서 삼보일배 투쟁을 한 한국의 기륭전자 노동자들의 목소리를 들어준 유일한 방송이기도 하다. 비록 WBAI의 전파는 뉴욕시와 인근지역에만 닿지만, 진행자들은 공공연히 미국 전역과 전 세계에 있는 청취자들을 호명한다. 대부분이 뉴욕시와 인근지역에서 아날로그 FM 전파로 방송을 듣지만, 멀리서 인터넷으로 제공되는 실시간 스트리밍과 MP3 음성파일로 듣는 사람들도 적지 않기 때문이다. 프로그램 중간에 다른 지역에서 전화를 걸어오는 일도 종종 있고, 모금활동에 적극 참여하기도 한다. 2008년 가을 모금운동 때는 일본의 한 청취자가 1천 달러를 기부하겠다는 전화를 하기도 했다.

차별화된 방송으로 청취자를 확보하다

WBAI의 역사는 1957년으로 거슬러 올라간다. 제지업으로 돈을 모은 뉴욕의 괴짜 백만장자 루이스 슈바이처는 1957년에 FM 방송국을 하나 샀다. 더 적은 광고와 더 많은 클래식 음악 그리고 『뉴욕 타임스』 등 기존의 언론이 보도하지 않는 일에 대한 뉴스를 듣기 원한 그는 몇 년간 방송국을 취미로 운영했다. 개인 돈으로 방송국 재정을 충당해나가던 슈바이처는 1960년 캘리포니아주 버클리에 있는 '퍼시피카 재단Pacifica

Foundation'에 WBAI를 기부했다. 퍼시피카 재단은 백만장자 루이스 힐이 상업방송의 대안을 만들기 위해 설립한 단체였다.

제2차 세계대전의 참전을 거부해 감옥에 가기도 했던 평화주의자 힐은 전쟁을 지지하는 기업이 아니라 독립적 저널리스트와 예술가에 의해 운영되는 채널을 만들기를 원했다. 그는 1949년 청취자들의 기부로 운영되는 첫 라디오 방송국 KPFA를 만들고 방송을 시작했다. 그의 이상은 독립 라디오 방송을 통해 평화와 표현의 자유를 추구하는 것이었다. KPFA는 한국전쟁과 매카시즘의 광풍이 미국 사회에 몰아쳤을 때도 전쟁에 반대하는 목소리를 내보냈다.

KPFA는 가벼운 팝과 댄스 음악을 점점 많이 내보내던 상업방송과 달리 주로 고전 클래식, 재즈, 포크 등의 음악과 시, 드라마 등 점점 상업 라디오 방송에서 외면하던 장르들을 소개했다. 또한 상업방송의 짧은 뉴스브리핑과 달리 심도 있는 토론이 이루어지는 시사 프로그램도 편성했다. 차별화된 운영방식과 프로그램으로 청취자를 확보해가던 퍼시피카는 1959년에 로스앤젤레스의 KPFK, 1960년에는 뉴욕의 WBAI를 통합했다. WBAI를 비롯한 '퍼시피카 네트워크 Pacifica Network' 산하 방송국들은 이제 변화의 시대 1960년대의 한가운데로 들어가게 된다.★

★ 퍼시피카 네트워크는 WBAI와 KPFA 외에 KPFK(로스앤젤레스), KPFT(휴스턴), WPFW(워싱턴 D.C.) 등 5개 지역의 라디오 방송국을 거느린 미국에서 가장 오래되고 큰 커뮤니티 라디오 네트워크다. 각 방송국은 독립적으로 운영되지만 일부 뉴스 시사 프로그램은 5개의 방송국에서 동시에 방송된다. 퍼시피카는 또한 미 전역의 여러 커뮤니티 라디오, 퍼블릭 라디오, 저주파수 라디오 방송국, 대학 방송국, 케이블 등과 협약을 맺고 프로그램을 제공한다.

반문화, 라디오 전파를 타다

WBAI는 1960년대 뉴욕 반문화의 중요한 근거지 중 하나였다. 실험적 음악과 문학 등이 WBAI를 통해 소개되었고, 프로그램을 통해 각종 시위와 모임이 조직되었다. 당시의 대표적인 프로그램은 매일 밤 자정이 넘은 시간에 방송되던 밥 퍼스의 〈라디오 언네이머블〉이었다. 밥 퍼스는 그리니치빌리지의 문화와 정치를 프로그램 안으로 끌어들였다. 그는 카페나 바에서 자신이 듣던 음악과 그리니치빌리지의 중고음반가게에서 사온 음반을 틀었다.

밥 퍼스는 그리니치빌리지를 근거지로 활동하던 음악가, 언더그라운드 조직의 활동가 등을 프로그램에 초대했다. 젊은 포크싱어였던 밥 딜런, 국제청년당Yippies을 이끌었던 애비 호프만, 1950년대 미국의 새로운 문학·예술 운동을 이끌었던 이른바 비트 세대Beat Generation의 대표적 시인 앨런 긴스버그 등도 이 프로그램의 초대 손님이었다. 특히 고정출연자였던 밥 딜런은 방송에서 노래를 부르고, 전화를 걸어온 청취자들과 대화를 나누기도 했다. 그는 특유의 반항적이고 중얼거리는 말투로 청취자와 논쟁하기도 했고, 때론 여성 청취자와 시시껄렁한 잡담을 하면서 시간을 보내기도 했다. 딜런의 〈Blowin' In The Wind〉(1963)도 음반으로 나오기 1년 전에 이미 〈라디오 언네이머블〉에서 첫 라디오 전파를 탔다. 당시의 제목은 〈The Answer My Friend is Blowin' in the Wind〉였다.

〈라디오 언네이머블〉에서는 음악과 문학, 정치적 목소리들이 실험적으로 결합되었다. 거리에서 녹음해온 목소리들, 시위현장의 소리들

dated program

그리고 진행자와 초대 손님의 말들이 음악과 어지럽게 섞였다. 밥 퍼스는 형식에 구애받지 않았다. 어떤 사람이든지 참여하고 무슨 말이든지 할 수 있는 분위기를 만들었다. 그는 전화를 걸어온 청취자들끼리 이야기하도록 유도하면서 자연스럽게 뒤로 물러났다. 청취자들은 토론으로 나아가기도 했고 그냥 시시덕거리고 말기도 했다. 때로는 정치적 시위가 조직되었고, 마약에 대한 이야기들이 오가기도 했다.

청취자들은 야심한 시간에 라디오를 통해서 이야기를 나누는 익명의 자신들에 대해 '비밀결사단Cabal' 이란 이름을 붙였다. 그후 방송은 언제나 "안녕하세요, 비밀결사단 여러분" 이라는 밥 퍼스의 인사말로 시작했다. 수많은 열혈청취자가 생겼고, WBAI는 〈라디오 언네이머블〉로 배달되는 편지와 엽서, 전화를 담당하는 직원을 따로 둬야 했다. 청취자들은 자신의 삶 안에 〈라디오 언네이머블〉이 있음을 발견했고, 전파 너머의 누군가와 소통하고 있음을 느꼈다.

비밀결사단의 문화는 실제 한밤의 회합을 통해 최고조에 달한다. 열혈청취자들을 좀더 정치화시키려고 고민했던 밥 퍼스는 청취자들에게 한날 자정에 JFK국제공항으로 모이자고 제안했다. 지금으로 말하자면 번개모임이었다. 1967년 2월 11일, 수천 명의 청취자가 JFK공항에 실제로 모습을 드러냈다. 반신반의하며 공항에 도착했던 사람들은 공항 터미널에서 서로에게 꽃을 나눠주고 노래를 부르며 '비밀결사단' 의 존재를 확인하는 감격을 누렸다. 전파 너머로만 서로의 존재를 알던 사람들은 누군가와 함께 있다는 강렬한 느낌을 확인했다. 이들은 이후에도 한밤중에 센트럴파크나 톰킨스광장파크에 모여 연을 날리거나 '사랑' 같은 말이나 정치적 구호를 외치기도 하는 등 라디오 프로그램을 통한 소통을 계속한다.

당시 〈라디오 언네이머블〉은 "전쟁과 도시 내 갈등에 대한 리포트, 시와 산문의 암송, 정치적 선동, 마약에 관한 이야기, 그리고 소음과 침묵을 통한 실험들을 목격할 수 있는 포럼"이었다.★ WBAI의 여러 프로그램들은 〈라디오 언네이머블〉처럼 억압적 사회가치와 주류언론들의 고루한 방송을 전복하는 '전파'를 내보냈다.

WBAI '거리'를 중계하다

1960년대 WBAI가 전성기를 맞을 수 있었던 또다른 요인은 베트남전쟁의 장기화와 반전운동의 확산이라는 시대적 분위기였다. 1965년 WBAI의 뉴스디렉터였던 크리스 카치는 베트남 하노이로 가서 전쟁을 직접 취재했다. 그는 미국 저널리스트로서는 처음으로 북베트남에서 현장을 보도한 인물이다. 또다른 저널리스트 데일 마이너가 베트남의 '구정공세'를 직접 취재 보도하는 등, WBAI는 뉴욕 지역에서 베트남전에 대해서 가장 폭넓은 현지보도를 한 방송 중 하나였다. 1967년에는 워싱턴에 뉴스부서를 따로 설치하고 베트남전에 대한 정부의 정책을 취재 보도했다. WBAI는 또한 미군에 의해 5백여 명 이상이 학살된 '미라

★ 〈라디오 언네이머블〉은 여전히 주 1회 방송된다. 1962년 방송을 시작한 밥 퍼스는 50여 년 가까이 방송을 진행하고 있다. Marc Fisher, "Voice of the CABAL", *The New Yorker*, December 4, 2006 참고.

이My Lai' 사건을 조사해 폭로한 저널리스트 시모어 허시를 가장 먼저 초대해 이야기할 기회를 준 방송이기도 했다.

WBAI는 베트남전과 정부정책에 대해 심층보도할 뿐 아니라 반전운동이 조직되는 곳이기도 했다. 시위현장의 생생한 목소리들이 WBAI의 전파를 탔고, 사람들은 여러 프로그램을 통해 각종 반전시위를 조직하고 일정을 공유했다. 1968년 WBAI는 민주당 전당대회를 앞두고 폭동을 선동하려 했다는 혐의로 체포된 정치조직 지도자들에 대한 재판을 실시간 보도해 사람들의 이목을 집중시켰다. '시카고 세븐Chicago Seven'으로 불렸던 이 사건의 피고인 중 한 명이었던 애비 호프만은 〈라디오 언네이머블〉을 비롯한 WBAI의 프로그램에 수시로 전화를 걸어 시카고에서 진행되는 재판의 진행상황을 알렸다. 청취자들은 애비 호프만의 생생한 목소리를 통해 재판정에서 어떤 일이 일어나고 있는지 알 수 있었다. 인터넷의 실시간성이라는 개념이 존재하지 않던 시절에 WBAI는 이미 극적인 형태로 커뮤니케이션과 정치를 결합했다.

베트남전에 대한 반대의 목소리가 더욱 커질수록 WBAI의 청취자도 많아졌다. 1960년대 말과 1970년대 초 반전운동의 최고조기에는 50만~60만 명에 달하는 사람들이 WBAI를 들었다고 전해진다. WBAI는 더이상 일부 급진적 세력과 언더그라운드 조직들만이 추종하는 매체가 아니었다. 베트남전을 반대한 중상류층도 심도 있는 분석과 생생한 목소리를 전달하던 WBAI로 채널을 맞추고 기꺼이 방송국에 기부했다. 1970년대 초 정기 회비를 납부하는 청취자의 수는 3만여 명에 달했다.[119]

1960년대와 1970년대, WBAI를 비롯해 퍼시피카 네트워크의 라디오

방송들은 라디오라는 매체를 실험했다. 이들은 상업방송이 거의 사용하지 않던 FM 주파수 영역을 개척했으며, 공정성의 잣대로 선별해받던 청취자 전화를 모두에게 열려 있는 자유로운 포럼의 형태로 변화시켰다. 사람들은 생방송 프로그램에 전화해 어떤 말이라도 자유롭게 할 수 있었다. 청취자들은 단순히 라디오 수신기에서 흘러나오는 음악과 대화를 수동적으로 듣는 것이 아니라, 프로그램 제작에 직접 참여하는 주인이 되었다. 사람들은 방송국에서 자원봉사를 하고, 전화를 걸어 토론하고, 프로그램을 통해 각종 시위와 행사를 조직해 참여하고, 다시 프로그램을 통해 자신의 커뮤니티와 거리에서 일어나는 일들을 공유했다. 상업방송에 대한 반대로 시작한 독립적인 '자유 라디오 Free Radio'는 점점 '커뮤니티 라디오 Community Radio'로 불렸다.

하지만 미국 사회를 소용돌이 속으로 이끌었던 반전운동이 내리막길을 걸으면서 WBAI의 전성기도 끝났다. 반문화와 반전운동의 확산 속에서 지속되었던 대중성과 정치성의 연결고리는 점차 약해졌다. 거리의 열기가 식은 곳에 남은 건 현실의 냉혹함뿐이었다. 미국 사회는 보수화되어갔고, WBAI의 기부금 모금에 가장 큰 부분을 차지했던 백인 리버럴 청취자들은 조금씩 WBAI에 관심을 잃어갔다.

방송국 재정의 큰 부분을 차지했던 백인 중산층의 기부가 줄어들면서 WBAI는 만성적 재정위기에 처하게 됐다. 반전운동을 통해 한곳으로 모였던 세력들도 이제는 뿔뿔이 흩어졌다. WBAI 내부에서도 인종, 섹슈얼리티 등 정체성과 관련된 차이가 분명히 드러났다. 각 집단들은 더 많은 방송시간을 차지하기 위해 싸움을 벌였다. 이로 인해 1977년에는

50여 일간 방송이 중단되기도 한다. WBAI와 같은 소규모 독립미디어의 생존을 위협하는 가장 큰 요인은 상업방송의 영향력 확대였다. 미국 사회의 보수화 경향과 상업 미디어의 공고한 지배력의 틈바구니에서 선명한 정치성과 대중성을 확보하기란 쉽지 않은 일이었다.

여전히 WBAI는 상업광고 대신에 청취자들의 자발적 기부를 통해서 운영되고 표현의 자유라는 원칙은 변함없이 지키고 있지만 청취자 수는 계속 줄어들고 있다. 이제 몇몇 인기 프로그램을 제외하고는 거의 존재감도 없다. WBAI의 한 프로그램 진행자는 "청취율 조사를 보면 어떤 시간에는 1천 명도 듣고 있지 않다"라고 말한다. WBAI 청취자의 평균 연령은 62세다. 전성기 때의 청취자들이 아직 남아 듣고 있다는 말이다.[120] 게다가 점점 청취율이 떨어지고 고립되면서 내에서의 다툼이 더욱 늘어나고 있다. 2000년대 초반에는 좀더 많은 청취자들을 확보하려는 퍼시피카 네트워크의 경영진과 WBAI와 퍼시피카의 기본정신을 지키려는 제작진, 청취자들의 갈등이 발생하여 법정 문제로 비화되기까지 했다. 한때 수십만의 청취자를 거느리며 '커뮤니티 라디오'를 개척했던 WBAI는 지금 예전의 화려했던 시절에 비하면 아주 초라한 전파를 내보내고 있다.

〈데모크라시 나우!〉
전쟁과 평화를 말하다

민주주의 사회를 다시 만들기 위하여

　상업방송의 영향력 확대와 인터넷 같은 새로운 매체의 등장 등으로 미디어 환경이 급격히 변하는 가운데에도 WBAI에서는 주류언론에 도전하는 실험을 계속 진행했다. 대표적인 것이 〈데모크라시 나우! Democracy Now!〉라는 시사뉴스 프로그램이다. 1996년 대통령 선거기간 WBAI에서 선거보도 프로그램으로 임시 편성되었던 〈데모크라시 나우!〉는 청취자들의 요청에 힘입어 정규방송으로 자리잡았다. 이후 퍼시피카 네트워크의 대표적 프로그램이 되었다.
　정식 편성 후 전 세계에서 일어나는 분쟁과 시애틀 세계무역기구

WTO의 반세계화 투쟁 등의 사건을 주류언론과 다른 시각으로 다뤄 명성을 얻던 〈데모크라시 나우!〉는 9·11로 큰 전환점을 맞이한다. 퍼시피카 네트워크의 경영진은 9·11이 발생하기 직전인 2001년 9월 초 프로그램의 폐지를 결정하고, 진행자 에이미 굿맨을 해고했다. 위기에 처한 에이미 굿맨은 독립미디어 단체 DCTV Downtown Community Television Center와 시민미디어 public access 채널 'MNN Manhattan Neighborhood Network'의 도움을 받아 방송을 계속했다.

9·11이 일어났을 때, 에이미 굿맨을 비롯한 〈데모크라시 나우!〉의 제작진은 그라운드 제로에서 불과 몇 블록 떨어진 스튜디오에서 방송 중이었다. 사건 현장에서 가장 가까운 방송국이었다. 그녀와 스태프들은 경찰에 의해 출입을 통제당할 것을 우려해 스튜디오에서 숙식하며 보도했다. 거의 모든 주류언론이 미국 정부의 행동에 지지를 표명할 때, 이들은 전쟁으로 인한 희생자들의 목소리에 귀기울였다. 〈데모크라시 나우!〉는 9·11 공격으로 가족을 잃은 여성과 미군의 아프간 공격으로 19명의 가족을 잃은 아프가니스탄 출신 미국 여성의 반전 목소리를 전달하며, 분노를 표출하는 대신 평화를 추구하자는 메시지를 분명히 했다.

퍼시피카 네트워크에서 쫓겨난 〈데모크라시 나우!〉는 이 무렵 텔레비전 방송을 시작했다. 처음에는 단순히 라디오 방송장면을 그대로 찍어 시민미디어 채널에 내보내는 수준이었다. 전문적인 TV 방송 경험이 없는 제작진이 만들다 보니 기술적 결함이 자주 발생했고, 청취자가 전화를 걸어올 때는 한참 동안 전화기만을 비추기도 하는 등 화면도 엉성

하기 짝이 없었다. 그러나 점점 인기를 얻어가면서 진보적 케이블 네트워크 '프리스피치 TV Free Speech TV'와 프로그램 제공 협약을 맺는 등 채널 수를 늘려나갔다. 현재 〈데모크라시 나우!〉는 퍼시피카 네트워크의 라디오 채널뿐 아니라 시민미디어 TV, 커뮤니티 라디오, 위성과 케이블 TV 채널, 대학 방송국 등 미국 전역의 750여 개가 넘는 채널을 통해 방송되는 프로그램이 되었다.★

에이미 굿맨은 주류언론에서 권력을 감시하고 비판해야 할 저널리즘이 사라졌기 때문에 〈데모크라시 나우!〉가 성공할 수 있었다고 말한다. 부시 행정부의 대테러전쟁과 이라크 대량학살 무기보유 주장을 아무런 검증도 없이 그대로 받아들이고, 기업과 정치관료들의 이해관계를 충실히 반영하는 상업언론에 실망한 사람들이 대안적 독립언론을 찾고 있다는 것이다. 미디어 비평가들은 이런 상황에서 〈데모크라시 나우!〉가 라디오 방송에만 머물지 않고 TV와 인터넷 등을 통해 멀티플랫폼을 구축하고, 이용 가능한 모든 배급망을 통해 프로그램을 제공하려고 노력을 기울이는 등 현명한 전략을 선택해왔다는 점을 지적한다.[121]

〈데모크라시 나우!〉는 단순히 프로그램을 만드는 것을 넘어 시민들과의 직접적 연결고리를 구축하기 위해 애를 쓴다. 독립언론계의 스타가 된 에이미 굿맨은 자신의 책 홍보활동을 겸해 전국투어 방송을 한다.

★ 시청자와 비영리단체의 기부를 통해 운영되는 〈데모크라시 나우!〉는 퍼시피카 네트워크와 독립된 법인이지만, 퍼시피카의 네트워크로부터 일부 재정적 지원을 받는다. 〈데모크라시 나우!〉는 홈페이지(http://www.democracynow.org)를 통해 실시간 인터넷 방송을 하며, 방송이 끝난 뒤 음성·영상 파일과 대본을 올린다.

각 지역 방송국에서 직접 생방송하는 것은 물론, 강연을 통해 전쟁의 참상과 미디어의 역할에 대해 이야기하고 지역 방송국을 위한 모금활동을 한다. 놈 촘스키는 이러한 에이미 굿맨의 활동에 대해 "사람들이 다양하고 독립적인 세계관을 가질 수 있는 민주적 사회를 다시 만들어내" 기 위한 노력이라고 평한다.

침묵당하는 자들을 위한 마이크

1991년 동티모르 학살 취재 도중 인도네시아 정부군에게 사로잡혀 죽음의 문턱까지 갔던 에이미 굿맨은, 이후에도 저널리스트는 침묵당하고 소외받는 자들의 목소리를 전달해야 한다는 신념을 버리지 않았다. 그녀는 정치적 색깔을 드러내기보다는 주류 상업언론이 다루지 않는 폭력과 전쟁의 희생자들, 억압받는 민중의 삶을 전달하려고 노력한다. 〈데모크라시 나우!〉는 '전쟁과 평화에 관한 리포트'라는 슬로건을 내세우지만 세계화, 빈곤, 지구온난화와 같은 이슈까지 아우른다. 또한 실업, 이민자, 동성애, 여성, 인종차별 등과 같은 미국 내의 문제 등에도 관심을 거두지 않는다.

〈데모크라시 나우!〉의 제작진은 직접 중요한 사건현장을 취재하기도 하지만, 제한된 인원과 제작환경으로 인해 다른 상업언론만큼 폭넓은 현장보도를 하지는 못한다. 대신 〈데모크라시 나우!〉는 사건을 어떤 식으로 구성할지, 누구를 초대하고 전화로 연결해서 어떤 이야기를 할지를 더욱 중요하게 생각한다. 그래서 〈데모크라시 나우!〉의 한 시간은

조금도 늘어지는 법이 없다. 진행자와 출연자는 심층적으로 주제를 다루기 위해 숨 돌릴 틈도 없이 대화를 주고받는다.

에이미 굿맨은 부드럽지만 단호한 어조로 질문을 던지며 논점을 명확하게 만들기 위해 노력한다. 초대 손님이나 전화 연결자들과 '덕담'을 나누는 데 '전파'를 낭비하는 일은 결코 없다. 그녀는 진보적 성향의 출연자들이 나왔을 때는 주류언론의 시각과 다른 시점에서 사건을 분석하고 설명하도록 돕고, 보수적 정치인이나 정부관료가 출연했을 때는 논점을 명확히 해 정책의 문제점을 드러내도록 한다.

〈데모크라시 나우!〉에는 놈 촘스키, 하워드 진, 폴 크루그먼, 나오미 클라인 같은 미국 내 대표적 진보 지식인들이나 저널리스트, 시민사회 운동가들이 자주 출연해 주류사회와 다른 목소리를 낸다. 뿐만 아니라 연방준비제도이사회FRB 전 의장 앨런 그린스펀 같은 전현직 관료와 정치인도 출연해 자신의 견해를 밝히기도 한다. 이런 '빅스타'만이 아니라 미국 각 지역의 사정에 밝은 풀뿌리 운동가들이나 지역 저널리스트들도 출연해 지역 현안과 이슈를 심층 분석한다. 또한 세계 여러 지역에서 활동하는 저널리스트, 학자, 운동가들도 직접 출연하거나 전화와 화상 인터뷰를 통해 현지의 목소리를 생생히 전한다. 2009년 3월에는 영국 케임브리지대학의 장하준 교수가 직접 출연하여 세계 금융위기와 신자유주의에 대해 이야기하기도 했다.

권력에도 예외는 없다, 화가 난 클린턴

〈데모크라시 나우!〉의 저널리즘은 권력에 대해서도 예외가 없음을 분명히 한다. 에이미 굿맨이 전화 인터뷰에서 빌 클린턴을 당황하게 했던 일은 여전히 사람들의 입에서 회자된다. 2000년 미국 대통령 선거 당일 클린턴 대통령은 뉴욕 지역 40여 개의 라디오 방송국에 전화를 걸어 앨 고어 민주당 대통령 후보와 뉴욕주 상원의원에 도전하던 힐러리 클린턴에 대한 지지를 호소했다. 그는 호기롭게 〈데모크라시 나우!〉에도 전화를 걸었다.

에이미 굿맨은 방송 시작 몇 분 전에 백악관 직원으로부터 걸려온 전화를 처음에는 장난전화로 생각했다고 한다. "백악관white house의 대통령president이 방송 중에 통화를 원한다"는 이야기를 듣고, '백마white horse'라는 뉴욕의 유명한 술집을 떠올린 그녀는 사장president이 누구냐고 되물었다. 하지만 이내 냉정함을 되찾았고, 날카로운 질문으로 빌 클린턴을 당황하게 만들었다.

굿맨의 첫 질문은 "대기업에 매수당한 민주와 공화 양당에 투표하는 것이 아무런 차이가 없다고 생각하는 사람들에게 한마디 해달라"는 것이었다. 이어서 쿠바와의 관계, 이라크에 대한 경제제재 조치로 일어난 문제, 사형제 폐지에 관한 의견, 비에케스섬에 있는 미군기지 문제, 이스라엘 팔레스타인 문제 등에 대한 질문을 던져 클린턴을 곤란하게 했다. 또한 그녀는 "당신이 보수화되었기 때문에 랠프 네이더의 지지도가 이전에 비해 크게 올랐다고 생각하는 이들에게 한마디 해달라"라는 질문으로 클린턴의 심기를 건드렸다.

클린턴은 자신의 재임 기간 동안 미국이 나아졌다는 수치를 대다가 계속 그를 추궁하는 그녀에게 결국 화를 냈다. 클린턴은 굿맨에게 "그냥 내 말을 들어봐요. 나는 당신의 질문에 답하려고 하는 겁니다. 당신은 적대적이고 전투적이며, 심지어 무례한 말투로 질문을 했어요"라며 다그쳤다. 그렇지만 굿맨은 나프타NAFTA의 무리한 추진, 감옥의 수감 인원 증가에 대한 질문을 계속 던졌고, 기분이 상한 클린턴은 "당신의 문제는 말이에요……. 어쨌거나 미국은 지금 더 나은 상황에 있고, 오늘은 선거날입니다. 나는 다른 곳에도 전화를 걸어야 해요"라며 성난 목소리로 대화를 마무리지었다.

고작해야 2~3분 정도로 예정되었던 전화 인터뷰는 30분 가까이 이어졌고, 후에 백악관 대변인은 에이미 굿맨이 인터뷰에 대한 기본적인 규칙을 어겼다며 분노를 표시했다. 투표 독려를 위한 전화였는데 다른 주제를 가지고 시간을 끌었다는 것이다. 하지만 그녀가 투표 당일에 클린턴과 민주당에 대해 비판적 질문을 던졌기 때문에 백악관이 분노했다는 사실을 모르는 이는 없었다. 진보적 매체에 전화하는 호기를 부렸던 클린턴은 자기 꾀에 걸려 자기가 넘어진 우스운 꼴이 되었다. 〈데모크라시 나우!〉는 현직 대통령 인터뷰라는, 독립언론으로서는 쉽게 얻을 수 없는 기회를 논점을 명확히 하면서 알차게 살려냈다. 기껏해야 모니카 르윈스키와의 정사 스캔들로 클린턴을 곤혹하게 하거나, 정해진 질문에 맞춰 환담 수준의 인터뷰를 하던 주류언론과 확연히 다른 '30분'이었다.[122]

기존의 질서에 의문을 제기하라

미국의 언론학자들은 미국 역사에서 저널리즘이 지금처럼 위기에 빠졌던 적은 없었다고 말한다. 주류언론에서 권력의 감시라는 저널리즘의 기본정신을 찾아보는 일은 어려워졌다. 오히려 언론은 권력화한 상업 미디어 제국을 지키기 위한 파수꾼 역할을 하면서 민주주의의 타락을 부추긴다. 거대 미디어 기업들은 TV·라디오·신문·인터넷·잡지·영화·음악 산업 등을 수직적으로 통합하면서 뉴스 제작진에게도 영화나 쇼처럼 이익을 내라고 요구한다. 방송사들은 논쟁의 소지가 있는 뉴스를 보도하기보다는 더 많은 연예소식과 스타에 대한 가십을 전해주고 사소한 것을 과대 포장해 내보내는 선정주의에서 살길을 찾고 있다. 게다가 뉴스 시청은 더욱 보수화되는 경향마저 띤다. 미국의 24시간 뉴스채널 중 가장 보수적이고 선정적인 〈폭스 뉴스〉의 시청률은 CNN과 MSNBC를 합친 것보다 높아졌다.

그러나 이라크 대량학살 무기에 대한 정부의 거짓정보를 시민들에게 그대로 전달하고, 금융위기를 불러온 월스트리트를 제대로 감시하지 않았던 주류언론에 대한 실망감 또한 커졌다. 독립언론들은 전쟁의 불가피함과 장밋빛 세계화를 역설하던 상업언론과 자본의 공세에 맞서 전쟁의 참상과 세계화의 그늘을 보여주는 전략으로 '진실'에 목말라하는 시민들에게 조금씩 다가간다.

언론학자 로버트 맥체스니는 이데올로기적으로 편향된 미국의 미디어 구조를 민주적으로 바꾸기 위해서는 다차원적 개혁과 운동이 필요

하다고 이야기한다. 그는 독과점적 미디어 소유구조를 개혁하고 상업 방송에 공적 의무를 부과하는 것 이외에도 점점 큰손들의 기부에 의존해가는 PBS(Public Broadcasting Service, 공영방송)와 NPR(National Public Radio, 공영라디오) 등을 전체 공공의 이익에 복무하는 진정한 공영방송으로 전환하는 것이 기존의 미디어 환경에서 할 수 있는 개혁이라고 말한다. 이와 더불어 독립언론의 활동이 더욱 활발하게 이루어져야 한다고 주장한다. 비영리・독립 언론이 주류언론을 비판하는 것을 넘어 적극적으로 정치적 의제를 생산하고 진보적 관점에서 생산되는 정보를 유통시켜야 한다는 것이다.[123]

주류언론들의 영향력에 비하면 미약하지만, 〈데모크라시 나우!〉는 기존의 정치적 서사에 균열을 내면서 진보적 내러티브를 대중의 정치 담론 안으로 통합시키는 일을 가장 성공적으로 수행하는 독립매체다. 1990년대 중반 처음 방송을 할 때 WBAI의 작은 라디오 프로그램에 불과했던 〈데모크라시 나우!〉는 (맥체스니 교수의 말에 따르면) 현재 미국에서 "가장 의미 있는 진보적 뉴스 기관"이다. 〈데모크라시 나우!〉는 전쟁과 빈곤을 추인하는 것이 아니라 기존의 질서에 의문을 제기하는 저널리즘을 추구한다. 이들은 미디어 제국은 부유해지고 민주주의와 저널리즘은 빈곤해진 미국 사회에서 작은 희망의 불씨를 되살리기 위해 노력하고 있다.

1 「서울이 진짜 뉴욕에 빠졌나요?」, 『주간동아』 592호 독자투고, 2007. 7. 3.
2 "The Birth of Brunch", 〈Salte〉(http://www.slate.com/id/2148743) 참고.
3 Bon Morris, "Hangovers and Leftovers", *The New York Times*, May 8, 2005.
4 강준만, "중간계급은 포로수용소에 갇혔다", 『한겨레21』 699호, 2008. 2. 29.
5 John Urry, *Tourist Gaze*, Sage Publications Ltd, 2002 ed., pp.141~161 참고.
6 데이비드 하비, 구동회·박영민 공역, 『포스트모더니티의 조건』, 한울, 1997, 349~350쪽.
7 Sharon Zukin, *The Cultures of Cities*, Blackwell, 1995, pp.154~155.
8 John Lawrence, "COLORS Restaurant: A new democratic worker-cooperative challenges the industry", 〈Dollars &Sense〉(http://www.dollarsandsense.org/archives/2006/0706colors.html) 참고.
9 Emily Vasquez, "How Do You Manage: A New York restaurant's struggle to survive after 9/11", *The New York Times*, March 23, 2007.
10 Annette Bernhardt, Siobhan McGrath & James DeFilippis, *Unregulated Work in the Global City*, Brennan Center For Justice at NYU School of Law, June 10, 2007 참고.
11 Rae Rosen, Susan Wieler & Joseph Pereira, *New York City Immigrants: The 1990s Wave*, FEDERAL RESERVE BANK OF NEW YORK, 2005 참고.
12 Rae Rosen, Susan Wieler & Joseph Pereira, *New York City Immigrants: The 1990s Wave*, FEDERAL RESERVE BANK OF NEW YORK, 2005 참고.
13 Marshall Berman & Brian Berger eds., *New York Calling: From Blackout to Bloomberg*, Reaktion Books, 2007, pp.9~10.
14 "Daily Intel: 21 QUESTIONS", 〈New York〉(http://nymag.com/tags/intel/21% 20questions) 참고.
15 Tomas Frank, *The Conquest of Cool*, The University of Chicago, 1997, pp.1~33 참고.
16 Miriam Greenberg, *Branding New York: How a City in Crisis was Sold to the World*, Routledge, 2008, pp.71~96 참고.
17 Miriam Greenberg, *Branding New York: How a City in Crisis was Sold to the World*, Routledge, 2008, pp.71~96 참고.
18 마이크 페더스톤, 정숙경 옮김, 『포스트모더니즘과 소비문화』, 현대미학사, 1999, 51~84쪽: 피에르 부르디외, 최종철 옮김, 『구별짓기』, 새물결, 2006, 582~675쪽 참고.
19 Sharon Zukin, Point of Purchase: How Shopping Changed American Culture, Routledge, 2003, pp.169~196 참고.
20 Sharon Zukin, Point of Purchase: How Shopping Changed American Culture, Routledge, 2003, pp.169~196 참고.

endnote

21 David Harvey, "The Right to the City", *New Left Review*, Sept Oct 2008, p32.
22 Sharon Zukin, "CONSUMING AUTHENTICITY", *Cultural Studies*, 22: 5, 2008, pp.724~728에서 재인용.
23 Maureen Dowd, "Lotto Fever Turns Into $41 Millions Epidemic", *The New York Times*, August 21, 1985.
24 Alicia Hansen, "Gambling with Tax Policy: States Growing Reliance on Lottery Tax Revenue", *Tax Foundation Background Paper*, No. 54, July 2007.
25 *Final Report*, National Gambling Impact Study Commission, June 18, 1999(http://govinfo.library.unt.edu/ngisc/reports/7.pdf).
26 P. Edward French & Rodney E. Stanley, "Can Students Truly Benefit From State Lotteries: A Look At Lottery Expenditures Toward Education In The American States?", *The Social Science Journals*, Vol. 40, No. 2, 2003.
27 Clotfelter, Charles T & Philip J. Cook, *Selling Hope*, Harvard University Press, 1989, p.238.
28 "Rockefeller Bars Any Tax Increase", *The New York Times*, January 4, 1968.
29 Clotfelter, Charles T & Philip J. Cook, *Selling Hope*, Harvard University Press, 1989, p.43.
30 Danny Hakim, "New State Panel to Study Privatizing Public Asset", *The New York Tiems*, Octber 1, 2008.
31 "Daniels drops lottery privatization plan", AP, October 24, 2008(http://www.ibj.com/daniels-drops-lottery-privatization-plan/PARAMS/article/10340).
32 Joseph E. Stiglitz, "Letter to New York Governor David A. Paterson, New York Senate Majority Leader Joseph L. Bruno, and New York State Assembly Speaker Sheldon Silver", March 27, 2008.
33 Jeremy W. Peter, "Casino Complex to Be Built at Aqueduct", *The New York Times*, October 23, 2008.
34 Cornel West, *Democracy Matters: Winning the Fight Against Imperialism*, Penguin Press HC, 2004, pp.180~182.
35 Bakari Kitwana, *The Hip Hop Generation*, Basic Civatas Book, 2002 참고.
36 Marshall Berman, *All That Is Solid Melts into Air: The Experience of Modernity*, Penguin, 1988, p.292.
37 Marshall Berman, *All That Is Solid Melts into Air: The Experience of Modernity*, Penguin, 1988, p.293.

38 Marshall Berman & Brian Berger, *New York Calling*, Reaktion Books, 2007, pp.24~30.
39 Kim Moody, *From Welfare State To Real Estate*, The New Press, 2007, pp.14~19참고.
40 데이비드 하비, 최병두 옮김, 「제2장 동의의 구축」, 『신자유주의: 간략한 역사』, 한울아카데미, 2007, 59~86쪽 참고.
41 Sharon Zukin, *Loft Living*, Rutgers University Press, 1989 ed., pp.58~81 참고. 이 장에서 1960년~1970년대 소호의 역사는 주킨의 책을 참고했다.
42 Sharon Zukin, *Loft Living*, Rutgers University Press, 1989 ed., p.193.
43 Sharon Zukin, "CONSUMING AUTHENTICITY", *Cultural Studies*, 22:5, 2008, pp.724~748 참고.
44 David Ley, "Artists, Aestheticisation, and the Field of Gentrification", *Urban Studies*, Vol. 40, No. 12, November 2003, pp.2527~2544 참고.
45 Jason Hackworth, "Postrecession Gentrification in New York City", *Urban Affairs Review*, Vol. 37, No. 6, 2002, pp.815~843; Jason Hackworth & Neil Smith, "The changing state of Gentrification", *Tijdschrift voor Economische en Sociale Geografie*, 92(4), 2001, pp.464~77 참고.
46 Seth Kamil & Eric Wakin, *The Big Union Guide to New York City*, New York University Press, pp.116~117에서 재인용.
47 Sharon Zukin, *Naked City: The Death and Life of Authentic Urban Place*, Oxford University Place, 2009, p.125에서 재인용.
48 Low, S. and Smith, N. eds., *The Politics of Public Space, Routledge*, Routledge, 2005, p.144.
49 Samuel R. Delany, *Times Square Red Times Square Blue*, New York Univeristy Press, 1999, p.148.
50 Wayne Barrett, "Rudy! An Investigative Biography of Rudolph Giuliani", *New York*, 2000, p.2(Mike Davis, "The Flames of New York", *New Left Review* 12, Nov. Dec. 2001, p.43에서 재인용).
51 Nina Bernstein, "Police Arrest 125 in Nighttime Raids on Homeless Shelters", *The New York Times*, January 20, 2000.
52 Neil Smith, "Giuliani Time: The Revanchist 1990s", *Social Text*, No. 57, Winter 1998, p.1.
53 Neil Smith, "Giuliani Time: The Revanchist 1990s", *Social Text*, No. 57, Winter 1998, pp.2~3.
54 Tim Newburn & Trevor Jones, "Symbolizing crime control: Reflections on Zero Tolerance", *Theoretical Criminology*, Vol. 11(2), pp.221~243 참고.
55 Steven D. Levitt, "Understanding Why Crime Fell in the 1990s: Four Factors that Explain the Decline and Six that Do Not", *Journal of Economic Perspectives*, Vol. 18, No. 1, Winter 2004,

pp.163~190 참고.

56 "'FreedomIs About Authority': Excerpts From Giuliani Speech on Crime", *The New York Times*, March 20, 1994.

57 Andrea Fraser, "A 'Sensation' Chronicle", *Social Text* 67, Vol. 19, No. 2, Summer 2001 참고.

58 William Barrett, "Rudy's Shrink Rap", *Village Voice*, May 9, 1995.

59 James Traub, "Giuliani Internalized", *The New York Times Magazine*, February 11, 2001.

60 Alice O'connor, "The Privatized City: The Manhattan Institute, Urban Crisis, and the Conservative Counterrevolution in New York", *Journal of Urban History*, Vol. 34 No. 2, 2008, pp.333~353 참고.

61 Alex S. Vitale, *City of Disorder: How the Quality of Life Campaign Transformed New York Politics*, New York University Press, 2009, p.69.

62 Kim Moody, *From Welfare State to Real Estate*, The New Press, 2007, p.153 참고.

63 Loic Wacquant, "The Penalisation of Poverty and the Rise of Neo-liberalism", *European Journal on Criminal Policy and Research* 9, 2001, p.401~412.

64 Roy Rosenzweig & Elizabeth Blackmar, *The Park and the People*, Cornell University Press, 1992, pp.130~139 참고. 이 장에서 1970년대 이전의 센트럴파크의 역사는 로젠베이그의 책을 참고하였다.

65 Roy Rosenzweig & Elizabeth Blackmar, *The Park and the People*, Cornell University Press, 1992, pp.211~237.

66 "Throwing His Hat in the Ring: Henry George Runs for Mayor", 〈History Matters〉 (http://historymatters.gmu.edu/d/5321/)에서 인용. 2010. 3. 10. 검색.

67 Oliver Cooke, "A Class Approach to Municipal Privatization: The Privatization of New York City's Central Park", *International Labor and Working-Class History*, No. 71, Spring 2007, pp.112~132에서 재인용.

68 Low, S. and Smith, N. (eds.), *The Politics of Public Space*, Routledge, 2005, p.144.

69 Steve Wulf, "This Property condemned", *Time*, May 13, 1996.

70 Aaron Sharockman and Stephen Nohlgren, "Why replace the Trop?", *St. Petersburg Times*, September 7, 2008.

71 Huan Gonzales, "City Went To Bat For Yanks On Land Value. E-mail Reveal Pressure To Skyrocket Site Assessment", *New York Daily News*, December 17, 2008.

72 Charles V. Balgi, "A Question Mark Looms Over Three Expensive Projects", *The New York*

Times, June 13, 2008.

73 Mike Dodd, "Baseball's new palaces: Yankee Stadium and Mets' Citi Field", *USA Today*, April 3, 2009.

74 Greg D. Smith, "It's house that ruse built-pol", *New York Daily News*, September 17, 2008.

75 Charles V. Balgi, "Developer of Nets' Arena Can Use Tax-Exempt Bonds", *The New York Times*, October 21, 2008.

76 Charles A. Santo, "Beyond the economic catalyst debate: Can public consumption benefits justify a stadium investment?", *Journal Of Urban Affairs*, Vol. 29, No. 5, pp.455~479.

77 David Cay Johnston, *Free Lunch: How the Wealthiest Americans Enrich Themselves at Government Expense (and Stick You with the Bill)*, Portfolio Hardcover, 2007, pp.77~84.

78 David Cay Johnston, *Free Lunch: How the Wealthiest Americans Enrich Themselves at Government Expense (and Stick You with the Bill)*, Portfolio Hardcover, 2007, pp.9~23.

79 사스키아 사센, 남기범 역, 『경제의 세계화와 도시의 위기』, 푸른길, 1998, 47쪽.

80 David Harvey, "The Art of Rent: Globalization, Monopoly and Cultural Production", *Socialist Register*, Merlin Press, 2001, pp.93~110 참고.

81 뉴욕 관광청 홈페이지(http://www.nycgo.com/?event=view,press&id=61198) 보도자료 참고. 2010. 3. 10. 검색.

82 우경임, 「스타벅스는 금융위기의 척도?」, 『동아일보』, 2008. 10. 23.

83 이동연, 「문화의 세계화와 문화자본의 논리」, 『문화과학』 47호, 2006, 66~67쪽.

84 David Harvey, "The Art of Rent: Globalization, Monopoly and Cultural Production", *Socialist Register 2002*, Merlin Press, 2001, pp.93~110 참고.

85 Jerilou Hammett and Kingsley Hammett, eds., *The Suburbanization of New York: Is the World's Greatest City Becoming Just Another Town?*, Princeton Architectural Press, 2007, p31.

86 Manohla Dargis, "In 'Half Nelson,' a Student Knows a Teacher's Secret", *The New York Times*, August 11, 2006.

87 임재훈, 「미국 교육의 위기, 그 사회적 배경」, 『월간 우리 교육』, 2005년 9월호, 156~160쪽 참고.

88 Christopher B. Swanson, Ph.D., *Cities in Crisis: A Special Analytic Report on High School Graduation*, EPE Research Center, April 1, 2008.

89 Kevin Carey, "How the Dems Lost on Education", *The American Prospect*, September, 2008.

90 Dana Goldstein, "The Selling Of School Reform", *The Nation*, June 15, 2009.
91 백악관 홈페이지(http://www.whitehouse.gov/issues/education) 참고.
92 백악관 홈페이지(http://www.whitehouse.gov/the-press-office/fact-sheet-race-top) 참고.
93 Sam Dillon, "After Criticism, the Administration Is Praised for Final Rules on Education Grants", *The New York Times*, November 11, 2009.
94 Diana Jean Schemo, "A Miracle Revisited: Measuring Success: Gains in Houston Schools: How Real Are They?", *The New York Times*, December 3, 2003; Michael Winerip, "On Education; The 'Zero Dropout' Miracle: Alas! Alack! A Texas Tall Tale", *The New York Times*, August 13, 2003.
95 Bill Ayers, "Obama And Education Reform", *The Huffington Post*, January 2, 2009.
96 "D.C. Schools Chief Institutes Tough Changes, Weathers Controversy", 〈PBS NEWSHOUR〉, July 23, 2008(http://www.pbs.org/newshour/bb/education/july-dec08/schoolschange_07-23.html).
97 Kim Moody, *From Welfare State to Real Estate*, The New Press, 2007, pp.160~164.
98 Jennifer Medina, "Little Progress for City Schools on National Test", *The New York Times*, October 14, 2009.
99 Nancy Hass, "Scholary Investment", *The New York Times*, December 4, 2009.
100 Huan Gonzalez, "Rev. Al Sharpton's $500G link to education reform", *New york Daily News*, April 1, 2009.
101 George Orwell, *Nineteen Eighty-Four*, New American Library, 1983.
102 David Cole, "Bush's willing torturers", *The Guardian*, April 17, 2009.
103 "Obama Releases Bush-Era Memos Authorizing Torture Techniques, Rules Out Prosecuting CIA Interrogators who Carried Them Out", 〈Democracy Now!〉, April 17, 2009 참고.
104 "Obama Releases Bush-Era Memos Authorizing Torture Techniques, Rules Out Prosecuting CIA Interrogators who Carried Them Out", 〈Democracy Now!〉, April 17, 2009 참고.
105 Al Baker, "Group Sues for Details on Security Downtown", *The New York Times*, September 8, 2008.
106 Al Baker, "City Would Photograph Every Vehicle Entering Manhattan and Sniff Out Radioactivity", *The New York Times*, August 11, 2008.
107 Robert F. Worth, "Privacy Rights Are at Issue in New Policy on Searches", *The New York Times*, July 22, 2005.

108 *Special Registration Discrimination and Xenophobia as Government Policy*, A report from Asian American Legal Defense, 2004.
109 "As Nation Marks Sixth 9/11 Anniversary, a Look at 'Why America is Losing the War on Terror'", 〈Democracy Now!〉, September 11, 2007.
110 Stephen Graham, "Cities and the 'War on Terror'", *International Journal of Urban and Regional Research*, Vol. 30, June 2, 2006, pp.58~62 참고.
111 "Poll: Terrorism fears are fading", CNN, Wed July 2, 2008.
112 Sarah Husain, *Voices of Resistance: Muslim Women on War, Faith and Sexuality*, Seal Press, 2006, p.48.
113 AL BAKER, "New York City Police Report Explores Homegrown Terrorism", *The New York Times*, August 16, 2007.
114 Abu Bakarr Bah, "Rracial Profiling, the War on Terror, and Democracy: Changing Trends and Perspectives", 2005 Anual Meeting of The American Sociological Association 참고.
115 Daniel Pipes, "A Madrassa Grows In Brooklyn", *New York Sun*, April 24, 2007.
116 "Terror Watch List Counter: A Million Plus"(http://www.aclu.org/privacy/spying/watchlist counter.html) 참고.
117 Dannagal G. Young & Russel M. Tisinger, "Dispelling Late Night Myths", *The Harvard International Journal of Politics/Press*, Vol. 11(3), 2006, pp.113~134 참고.
118 Lauren Feldman, "The news about comedy: Young Audiences, The Daily Show, and the evolving notion of journalism", *Journalism* Vol. 8(4), 2007, pp.406~427 참고.
119 Jeff Land, *Active Radio*, University of Minnesota Press, 1999, pp.113~132 참고.
120 Michael Powell, "99.5 FM, Where the Board Meetings Make the Broadcasts Seem Tame", *The New York Times*, January 15, 2010.
121 Lizzy Ranter, "Amy Goodman's 'Empire'", *The Nation*, May 23 2005.
122 "Bill Clinton Loses His Cool in Democracy Now! Interview on Everything But Monica: Leonard Peltier, Racial Profiling, the Iraqi Sanctions, Ralph Nader, the Death Penalty and the Israeli-Palestinian Con", 〈Democracy Now!〉, June 22, 2004 참고.
123 Robert W. McChesney. Rich Media, *Poor Democracy*, The New Press, 2000, pp.281~319 참고.